不要站在我墳前哭泣
我不在那裡，
我不睡覺。

我是吹過的千縷清風，
我是雪中閃爍的鑽石。

我是成熟麥穗上的陽光，
我是秋日溫和的細雨。

當你在清晨靜默中醒來，
我是鳥兒默默成圈飛翔向上的衝力，
我是夜晚發光的溫柔星宿

不要站在我墳前哭泣
我不在那裡，
我未逝去。

——美國霍皮印第安人禱詞

目次

【譯者序】但願及早讀到…… 馬勵 7
【前　言】12

第一部 陌生的世界：踏上哀慟之路 17

1 緣起：作者的故事 20
2 最初幾週注意事項 32
3 了解哀慟造成的情緒與身體反應 47
4 哀慟過程的迷思與誤解 82

第二部 世界顛倒了：收拾我們的碎片 105

5 世界顛倒了 107
6 與別人連結 120

我還沒準備
說再見

I Wasn't Ready to Say Goodbye
Surviving, coping and healing after the sudden death of a loved one

布蕾克・諾爾（Brook Noel）
帕蜜拉・D・布萊爾（Pamela D. Blair, Ph. D.）◎著
馬勵 ◎譯

7 艱難的日子：假日、週年慶，等等 129
8 分開療傷，一起療傷：了解男女不同的哀慟方式 140
9 幫助孩子因應哀慟 151

第三部 故事分享 173

10 失去朋友 176
11 失去父親或母親 186
12 失去子女 197
13 失去伴侶 212
14 失去手足 233
15 英雄墜落 250
16 自殺 261
17 衆人之一：悲劇造成大宗死亡事件時 272

18 其他特殊的挑戰 281

第四部 哀慟途徑 289

19 前面的路：理解哀慟旅程 291

20 信仰 300

21 自助與心理治療 312

22 哀慟復原過程與練習 327

23 長路漫漫……作者的結語分享 346

【附錄】 357

【譯者序】

但願及早讀到……

馬勵

二〇〇七年夏天，我有個機會回到二十年前工作過的紐約市，在一所私立中學裡擔任中文教師。這是我從事英語教學與文字工作多年後嚮往的生涯轉變，所以在很短的時間就辭去台北的原職出國。卻沒想到就在半年間，年邁的雙親相繼離世。雖說他們均已年過九十，我們子女心中隱隱有數，但纏綿病榻一年多，情況時好時壞的父親，一旦感染，健康狀況迅速急轉直下，撒手人寰，還是令人有措手不及的感覺。而母親在睡夢中過世，雖說有福，卻也是突然。

去年五月跟橡樹林的編輯談到父母去世三年多，自己仍然極度哀傷，經常茫然失神，隨時激動莫名，淚水潸然而下。她介紹我閱讀這本由兩位哀傷治療師寫的專書，問我可有意願譯成中文。現在我想藉此向她表示誠摯的感謝，因爲翻譯此書既讓我解開了對自己這三年「舉止怪異」的疑問，也學到了喪失摯愛後怎樣才能療傷止痛。不僅如此，從許多喪親者的誠懇分享中，我也得到了心靈的洗滌與安慰。本書雖然針對因摯愛遽逝而痛苦莫名的人所寫，但作者的觀察與建議，完全適用在那些至親久病而逝的人身上。不論往生是否在意料之中，天人永隔都是人生最大悲劇，除非親歷，無法了解其中痛苦。

就在一口氣讀完原文，正要開始翻譯時，傳來當年我在政大東亞所的老師關中、他的愛女在上海墜樓的消息，媒體鋪天蓋地地報導了好一陣子，老師與師母悲痛逾恆的畫面不斷出現在電視上，令人動容與不捨。死者已矣，生者如何自處？旁觀者又如何幫助關心的人走過哀慟，繼續生活下去？我在閱讀原文時，不斷產生但願早已讀過此書的感慨；看到老師與師母強忍哀慟應付媒體時，更是遺憾書中訊息尚未廣爲人知，以至於實在太少人知道如何安慰與扶持哀慟中的人。

此書從兩位作者分享己身遭遇談起，首先表明之所以撰寫此書，實因自己在親歷生死大慟後遍尋無著療傷止痛的自助書刊。雖然西方文化對於死亡或許沒有東方文化那麼多忌諱，但在一個推崇成功與積極生活的社會中，死亡或悲傷這類負面事件依然令大多數人不自在。坊間固然充斥著規劃詳盡的勵志與自助書籍，卻鮮少實事求是、教人如何走出喪親哀慟的主題。兩人因此合作策劃此書，於一九九九年首次出版，問世後廣受好評。兩位作者也以心理輔導員和作家的身分繼續與讀者們溝通，並成立心靈工作坊，幫助許多人度過哀傷。二〇〇七年，她們增訂內容，推出新版，也分享了將近十年間自己的成長。中文版即根據原著二版譯成。

本書內容豐富，涵蓋了各種摯愛遽然離世的場景，小如毒蜂叮螫或車禍，大如海嘯或戰爭，也包含了自殺。悼亡的方式又因生者和死者的關係而有所不同。摯愛可能是父母，也可能是子女；可能是朋友，也可能是戀人；還有可能是無法露面的第三者，或不爲一般人接受的同性伴侶。作者們介紹了任何一種狀況下失去摯愛時可能出現的反應，也提出了自己如何面對，以及別人如何幫忙的方法。

由於此書的實用價值高，作者貼心地建議讀者不必重頭讀起，而是以閱讀參考書的方式，找當下對自己最有用的篇章先讀。以我的經驗，雖然因爲翻譯的關係而從頭讀起，但書中提到第一年到第三年每年可能出現的症狀那一段，我就覺得自己當年應該先讀。尤其是書中描述喪親初期那惶惶不可終日的慘狀，更令我心有戚戚焉，得到莫大的安慰。

當年兩度匆匆返台奔喪，再迅速趕回數千里外的異鄉爲人師表。在整理新居、應付迥異於台灣的家長與師生關係，以及緊湊的教學工作時程下，幾乎沒有爲喪親而悲痛的時刻。當時只覺得自己精力大不如前，注意力好像也沒在台灣時好。雖然一方面認爲這是自己中年轉行，自討苦吃；另一方面又恐怕自己是否有什麼毛病；隱隱地卻也懷疑或許與痛失雙親有關。讀了本書，印證了自己的懷疑，也確定了自己沒有毛病，正常得很。

作者指出，喪親第一年是非常特別的一年，幾乎可以用「靈魂出竅」來形容。這一年，雖然當事人未必自覺，但其實身心靈都因全力因應巨大的哀慟，以至於失去了往日的直覺。你可能經常恍神，也可能失去痛感。既然你連照料自己都有問題，那麼照顧幼兒與開車等需要專注的事就最好假手他人；也就是說，若要盡快身心復原，這一年的喪親者應該專心照顧自己的身體與內在，好好療傷。當事人的痛苦無可言喻，弔唁者簡單一句「節哀順變」沒有實質意義。朋友們能提供的最好的協助與安慰，就是了解當事人的力不從心，進而關心此人的日常作息，像是幫忙照顧孩子或購買日常用品，以及偶爾來幫忙做飯或帶他（她）出去吃一頓等等。當年的我不僅沒在療傷止痛上花時間，還要對付搬家、適應異域生活，以及改變工作場域的挑戰，難怪度過了可說一生中最慌亂的一年。

另外一個對我個人很有啓發性的論點是「情緒突襲」。以往只聽說有些人遭逢家變後迅速搬家，以免觸景傷情。但這本書說的，其實恰恰相反，因爲哀慟不能逃避，所以一定要腳踏實地走過這段痛苦歷程，才能離開痛苦（但是痛苦不可能完全消失）。壓抑或推遲於事無補。

母親走後那年的一個夏日清晨，我忙裡偷閒想到去逛中央公園，盼望在暖陽中的綠樹繁花間，舒緩一週緊繃的神經。在觀光客熙來攘往的人行道上，淡金色的光線穿過樹葉撒在肩上，我頓時感到身心舒暢。但也幾乎同時，我發現自己竟然熱淚盈眶。擦著眼淚，腦中浮現的畫面是母親去世前一年，我在週末帶母親外出喝咖啡的畫面。好像在看電影，我看到自己推著輪椅，母親坐在上面，兩人有說有笑地經過松仁路樹蔭，轉到信義路上世貿對面的咖啡廳。我扶母親起來，收好輪椅，扶她進去找個位置坐下。一人一杯咖啡，再叫份她喜歡的加了泡沫奶油的鬆餅。接下來總是她微笑著聽我天南地北胡扯。然後母女再沐浴著陽光，慢慢回家去。紐約中央公園樹蔭下那聞起來一模一樣的暖日香氛，把我帶回了台北那些晴朗的週末早晨。然而天倫之樂惘然，換成我的串串淚珠。這樣超越空間的情緒突襲不是我所了解的觸景生情，卻在書中看到不少實例。正如作者所說，喪親之痛無可遁逃，如果你與逝者關係密切，那麼隨時隨地都可能遭到情緒突襲。作者指出，我們要正面迎接這種突襲，每一次經歷都讓你的心靈得到一次洗滌，使你在療傷止痛路程上繼續邁進。

《我還沒準備說再見》充滿了眞人故事，作者筆端既有同理心，又有愛心，所有解釋與建議的目的，都是要幫助生者堅強走過哀慟。書中不乏打破習俗的說法。例如在安慰自殺者的親人時，她們提出了一個自殺者「完成」（而不是「採取」）自殺行動的概念。她們引用了自殺研究專家卡拉・范恩（Carla Fine）的話：「漸漸地，我了解到你有可能幫助一個怕死的人，卻未必幫得成一個懼怕生活的人。」表示自殺的原因往往是求死大於求生，在非自殺不足以解決痛苦的情形下，旁人不見得幫得了忙，因而不必以「要是我當時」的臆想折磨自己。

事實上，不只是自殺，任何原因致死，都可能讓悲痛莫名的生者發出「要是當時」「但願以前」等遺憾。這些後見之明不僅無濟於事，還徒生煩惱，不應該糾纏其中。正確而健康的做法是記住逝者的好，珍視曾經共同擁有的歲月，感激上天讓彼此進入對方的生命中，因而你要在美好的回憶中好好活下去。

前言

美國每年平均約有八百萬人失去一位至親。恐怖主義、戰爭、天災人禍，以及突發事件，都帶來了令人怵目驚心的死亡名單，而這種名單已愈來愈長。我們在媒體上看不到這些往生者的親朋好友。那些活下來的人在緊閉的門窗後、在我們的鄰里之間、在家裡和醫院的等候室裡傷心欲絕。他們或在加護病房外的走廊上來回踱步、或默默注視維生系統被摘除、或彷彿癱了似地坐在硬邦邦的椅子上，也有人焦躁地在旅館中等待遺體被尋獲。突如其來的電話把他們撕裂了，他們辛苦對付突然來到的死亡事件、突然的結束、突然的悲劇，其中沒有一人準備好了跟死者道別。

我們從呱呱墜地展開生命起，就相信生命的循環。嬰兒時期，我們相信父母會供應所需。孩童時期，我們相信周遭那些好人。我們受到的教導是，只要我們對別人好，別人就會對我們好。很快到了青春期，我們學到了事情有因有果。我們學到如果吃得營養，好好照顧身體，身體就會讓我們使用很長的時間。長大成人後，我們繼續相信這些循環。我們相信日出後必有日落，孩子一定會活得比我們久，我們有的是日子來珍惜所愛的人。

然而就在瞬間，一位摯愛遽逝的消息傳來，世界永遠變了，那個可以預期會不斷發生有秩序的世界結束了。我們被摔到荒原裡，手上能用的工具有限。我們沒有時間做心理準備，沒有時間收拾踏上旅途的必需品，更沒有時間處理未竟之業或道再見。生理上，我們或許可以說自己是由細胞、基因、皮膚和骨頭組成；但情緒上，我們卻是由思想、感覺、記憶，以及我們接觸過的許多人的片段組成。我們關愛的人的死亡創造了一個傷口，使我們多多少少因而改變。我們那根據正常生命循環的架構已永遠被打斷，只發現自己在昨日打下的地基上徘徊飄盪。

隨著悲痛而來的是，有時候你看著鏡子，竟然不再認識那注視著自己的眼睛。雖然太陽照舊升起與落下，但每件事看起來就是有那麼一點不同、一點扭曲。悲痛在我們四周投下了廣大的陰影。

我們兩人合作撰寫第一版《我還沒準備說再見》時，一般人用來描述哀慟的字彙很少。通常別人就是鼓勵我們「往前看，繼續走下去」「恢復正常」，或者要我們抑制悲痛。一年以後，美國遭遇了始料未及的攻擊，數以千計的人命因而斷送。政治領袖昭告全國，鼓勵美國人設法「正常生活」。

但是，在遽逝出現以後，「正常」已經消失，我們需要表達悲情與重建生活。那些政治領袖那麼說固然是好意，但社會上大多數人並不了解什麼是突然失親，也不懂哀慟是怎麼回事。二〇〇一年的九一一事件以來，許多事情改變了，卻也有許多事依然故我。儘管我們現在比較懂、也比較會彼此扶持，但當我們或我們親近的人突然失去親人時，我們了解世上所有的教導與準備都不夠。除非我們身歷其境，否則無法了解「哀慟」的眞實狀況。

根據寇爾（Michael C. Kearl）教授在《死亡社會學：死亡對於個人的影響》（*Sociology of*

Death: Death's Personal Impacts）導讀中所言，因喪親而來的哀慟，是人類最深沉、最具危險性的情緒之一。每年美國約有八百萬人喪失一位至親，生活模式因而中斷長達三年。國家科學院統計，大約八十萬喪失配偶的人之中，多達十六萬人經歷身心受創的哀慟。截至二〇〇七年四月，聯合國部隊已有四千名官兵喪生，戰爭慘況與傷亡眞相因而進入了我們的日常生活。每年美國有超過三萬兩千人自殺，超過十一萬條人命死於意外事故。死亡的因素愈來愈多。作爲一種文化，我們辛苦地協助周遭那些悲痛的人。

當我們因生活基石崩潰而處於廢墟中時，社會總是期待我們迅速乾脆地重新站起來，恢復正常生活。可是，沒有任何人教我們怎麼做。我們看不到痛苦以外的東西，社會給我們療傷止痛的時間太少。舉例而言，有大約百分之八十五的妻子活得比丈夫久。在《時間戰爭》（*Time Wars*）一書中，傑洛米．瑞夫金（Jeremy Rifkin）提到，一九二七年時，愛蜜麗．普司特（Emily Post）提出，寡婦正式的哀慟期爲三年。二十三年後，瑞夫金發現這段時間已縮短至六個月。一九七二年，愛米．范德比（Amy Vanderbilt）建議悼亡者，「在葬禮後大約一週，設法找出一條尋常的社交路徑」。我們就這樣定下了一個人傷痛的期限，而且視爲當然。雖然百分之九十的美國公司都讓員工請喪假，但大多數政策都只給失去家人者三天哀慟期限。

一個人無法向另一個不曾經歷過喪親之痛的人，解釋死亡悲劇的影響。除非你自己面對挑戰，否則便無法了解這種挑戰。你無法跟別人解釋失去至愛後的那種困惑、失焦與無助。

對於那些親人突然死亡的家人，不妨問問他們覺得自己能不能面對失去孩子、配偶、手足或好友的感覺。他們會告訴你沒辦法。許多人會說，若碰到這種狀況，他們一定會發瘋。大多數遽失摯愛者，從不認爲自己能夠踏上並走過哀慟這段路。但就是同樣的這些人確實遭遇變故，之後仍然爬出了深淵，重拾信心，重建生命。

這本書包括我們兩人的故事，也包括過去十年我們認識的一些悼亡者。故事中的人以勇氣重建生命，分享感受。我們經由這些故事認識自己，走出孤獨，進入一個大家一起走過復健迷宮的社群。

在這本新版中，我們增加了新的故事與智慧，以及一些但願當初自己受苦時已經有的資訊。我們還加入了一些比你們早抵達人生黑暗迷宮者的現身說法。書中侃侃而談的人曾經痛苦捶牆，顛簸前行，摔得遍體鱗傷，最後在一個新天地中站起來。這本書固然與死亡有關，其實也是在談一種開始。我們在失去某個心愛的人以後，開始過另一種生活。我們像嬰兒一樣學習如何邁出第一步、如何走路和說話、如何做不一樣的夢、如何重新釋出信任，以及如何一方面緬懷過去、一方面創造新生活。我們永遠在改變。我們用不一樣的眼光看待人生，也比任何人更知道每分鐘的價值，知道及時說該說的話有多麼重要。我們了解眞正重要的事情。

我們那時還沒準備好說再見，在我們之前經歷喪親之痛的人，以及今後許多會讀到這本書的人，也都還沒準備好說再見。本書的目的是要成爲一個身心健全的試金石，以便走過與遽逝相關的情緒高原。這座高原上高牆處處，濃霧將人密密裹住。我們與你分享哲學家卡爾·容格（Carl Jung）的話：「你面前若有一堵牆，就請像樹一樣把根埋下，直到清明智慧由最深沉之處出現，眼光遂能跨過高牆，繼續成長。」

布蕾克・諾爾
帕蜜拉・D・布萊爾
二〇〇七年九月十一日

第一部

陌生的世界：踏上哀慟之路

親近的人突然去世後，我們開始生活在一個陌生的世界裡。本書首先要探索這個毫不討喜的境界，提供一些想法，幫助讀者在黑暗中遊走。如果你是在摯愛去世後不久買了或收到別人餽贈的這本書，為了節省精力，請直接接讀第二章的「最初幾週注意事項」，然後再回來讀其他部分。

第三章在討論悲痛的情緒與生理層面上，有很重要的見解。在這個不熟悉的領域裡，我們會懷疑自己是不是瘋了。這一章幫助你了解因應喪親的許多方法。

第四章探討了涉及哀悼過程的各種迷思與誤解。我們過去幾年接到無數信件，說明了這個破除迷思的章節足以使身處混亂中的人得以安頓。

你也會從本章裡知道我們的故事。我們相信經歷過同樣苦楚的人較易了解彼此，交流情感，並互相鼓舞。希望我們的故事能幫你在最幽暗的時刻體認到生活能夠繼續，在陌生的世界活得下去。

1 緣起：作者的故事

我們所謂的開始往往是結束。
做一個了結也就是起了一個開始。
結束正是我們開始的地方。

——T·S·艾略特

帕蜜拉的故事

我相信，不論我們處於多麼痛苦的情況，內心還是有一種比痛苦更強的東西。那樣東西使經歷過最慘狀況的人想要活下去，並訴說自己的經驗。你可以從苦難臨頭仍設法保持尊嚴的人眼中看到這樣東西。看起來像是頑固，但你也可以稱其為上帝、靈魂、或是精神。這樣東西在我們被壓迫、擊倒、或拋棄時才會出現，使我們把握身上僅有之物。也就是這個內在的東西，讓我們在面對重大悲痛時繼續前行。

那個清晨超現實的細節，至今仍然歷歷在目。我醒來時聞到空氣中的咖啡香。電話鈴聲響起時，我正在溫暖的被窩和羽毛枕頭中努力再賴一兩分鐘。我抓過聽筒，放在耳邊，鈴聲不響了，卻聽到電話線那頭的人似乎上氣不接下氣。我當時想到，會不會是那種詭異的喘氣卻不講話的惡作劇，但緊接著就聽到麗安說：「帕蜜拉，喬治不省人事了……（停了很久）……他腦出血什麼的。」我只覺得試著跟喬治的妹妹說話時，空氣中微小的粒子正在增厚。「麗安，妳在哪裡？妳是什麼意思？我昨天下午才看到喬治呢。他看起來很好啊！」

她抽噎著、聲音微弱：「你跟易安一定要過來……在醫院。我覺得你很有必要現在就把易安帶過來。」我設法保持理智，想到我與喬治的十二歲兒子正準備下樓去上學，我還得幫他準備便當。我自忖，**爲什麼麗安要用這種事來煩我？不會有問題的。說到底，喬治年輕健康**（而且很帥）**，他那種人是不會昏迷的。我認識的人不會發生那種事**。

「麗安，我們何不等一等再說。他很可能會醒過來。再說，易安正要去學校，他今天還有考試。你何不等有進一步消息時再打電話給我，那時我再帶易安去醫院。事情也許沒那麼糟……」她很快打斷我的支支吾吾與不知所云，語氣近乎冷酷：「現在！現在就來！情況很糟。他腦子裡有一大堆血，也許會活不下去。」

腦子裡有血？我頹然坐下。我聽到什麼了？我聽到的是喬治這個我曾經深愛的丈夫、我孩子的父親，以及離婚後變成好朋友及共同撫養孩子的好伙伴，要離開這個世界了？得了吧，人總是誇大其詞。麗安一定是講過頭了。畢竟喬治對她的意義，就像對我、他的兒子易安、還有繼女愛咪一樣重要。

「好吧，麗安，我會請一天假，帶易安到醫院去。妳在哪裡？」

她的聲音微弱得我幾乎聽不見：「急診室。我在那裡等妳。」

我的四肢僵硬，臉上與頸部的血液已經消失，也不確定自己能開口說話。我結褵七年的丈夫史提夫已進城上班，孤立無援的我，必須自己告訴易安。我得告訴他那喜歡與他共度週末，以及熱中他的少棒賽與柔道比賽的爸爸，可能腦死了。我也得告訴女兒愛咪。一部分的我想著，只要我能看到喬治並大聲告訴他，他的兒子多麼需要他，或許他就不會進入死亡的黑暗中。就這麼辦。我要對他尖叫，把他拉回來。

總之，我讓自己的腳動起來了。一隻僵硬的腳放到另一隻前面。我在樓梯下面叫道：「易安，到我臥室來，我有事要告訴你。」我不斷告訴自己，**你要鎮靜……用邏輯思考……不要讓孩子太沮喪，保持鎮定就好**。

要怎樣才能形容這種奇怪的地獄邊緣的感覺？生命緩慢下來，周遭的一切都失去了重要性。就好像房裡沒有舒服的家具，不再有咖啡香味，沒有貓咪摩擦我的腿要我跟牠玩，行事曆上沒有約會——此刻唯一存在的，是小兒子直視著我的兩個小而圓的棕色眼睛。

我告訴易安自己知道的一丁點消息。他坐在我已經鋪得整整齊齊的床邊，眼淚奪眶而出。他深深啜泣，不斷地問：「怎麼會這樣？是怎麼發生的？」他的聲音撕裂，一下子高，一下子低，就是十二歲男孩聲音有時會出現的狀況。我安慰他，也知道這是我唯一的角色，安慰孩子，卻沒人安慰我。

我打電話給女兒愛咪，也是喬治的繼女。那時她懷著已經九個月的第一個孩子，她答應跟我們一起去。我們一路趕去醫院，沒人說話。易安看著窗外，我能感到他正在納悶，爲什麼那些開車經過我們的人看起來那麼正常，完全沒被我們的苦況影響。難道他們不知道發生什麼事了嗎？他們怎能在知道喬治快要死了、或者**已經死了**的情況下，做自己的事呢？爲什麼他們看起來好像什麼都沒發生似的？我覺得自己彷彿在經歷別人的電影故事，一切都在超現實中以慢動作進行。

每個人都有感覺。從初生嬰兒第一聲啼哭，到垂死著看家人朋友最後一眼，我們對周遭世界主要的反應是透過情緒上色的。不論我們覺得這個世界友善或有敵意、美麗或醜陋、令人愉快或無法忍受，感覺都影響了我們與人相處的方式，以及我們做的每件事。我不認爲這種感覺出現純粹是因爲環境或基因，雖然這兩者可能很重要。同一個家庭的人，放在同樣的處境裡，會有非常不同的反應。我們的情緒來自我們有意識地反映出過往經驗，只不過它們是自動整合的，呈現出我們的性格特徵。

那天，我發現自己的情緒與性格都消失了，只是一個由皮膚、骨頭、腦子和血管結合在一起走動著。表情凍結的臉上有一張慢動作的嘴，搭配了陌生的手臂和腿，腦袋不停轉動。**這太荒唐了，太荒唐了**。喬治的母親和妹妹正在急診室等著易安、愛咪和我。大家的外表都和上星期一樣，只是現在我們比較像機器人。房間裡放著硬邦邦的塑膠椅子，天花板上吊著電視機，我們或坐或站或走來走去。我沒無法正視喬治的母親那張溫和的圓臉和灰白的頭髮。她是位溫柔的婦人，六十二歲，有著一雙和喬治一樣善良的藍眼睛。我若看她，一定會看到痛苦。醫生曾經說她可能永遠無法生育。喬治對她是個奇蹟，是上帝的禮物——她的長子。

對我而言，情緒只有當我在每個生命體四周清晰明亮、而我能夠客觀感受到時，才是眞實的情緒。每次我們感受到一種情緒，情緒界就有一份能量釋出，這股能量強弱不定，於是就產生了頗具特色的律動與色彩，也就是那個特殊情緒的印記。我能夠「看見」室內的情緒。

喬治確定是腦死。醫生說，他有一個巨大的腦動脈瘤。他已經死了，但是看起來彷彿睡著，因爲機器讓他的肺繼續起伏，心臟繼續跳動，他的臉上有著健康的玫瑰色紅暈。我鼓勵易安去握爸爸的手，跟他說再見。他很勇敢，他做了。他哭著說：「再見，爸爸，我愛你。」愛咪也與他單獨相處了一會兒。就在上個星期，喬治還抽空去看了她的新公寓，把手放在她圓滾滾的肚皮上恭喜她。

喬治的妻子說我可以單獨和他待一會兒，因爲我相信處於昏迷的人「聽得見」。我對他說：「喬治，謝謝你給了我易安，謝謝你對愛咪的愛，我也爲我們在一起的時光感謝你。」我相信他聽見了，就算不是用耳朵，也是用靈魂。我請求他化爲守護易安一生的天使。我們一家人圍著病床，牽著手祈禱，醫護人員開始拔除機器。

我訴說我的故事，因爲我相信故事具有療癒人心的功能。我在對病患進行心理治療或帶領工作坊時，發現幫助別人說他們的故事很有用。我聽到的有關喪親的故事就像指紋那麼多樣，每一個都跟另一個略微不同。但當我們聚集在一起，就像在我最近帶領的一個小組上，參與者分享的故事馬上就能引起深刻的共鳴。不論我們正處於喪親的哪個階段，當我們體會並認知別人的痛苦時，我們就想幫忙。身處同質團體的感覺，對於精神與情緒的痊癒很有幫助。

佛教人類學家與深沉心理學家瓊．哈利法克斯（Joan Halifax）在所著《黑暗的正向效益》（*The Fruitful Darkness*）一書中，省視集體及個人故事。她寫道：「故事就像免疫系統，會保護我們，防止孤立無援感對我們的攻擊……它們是文化與天然之間、自我與別人之間，以及生與死之間的接合劑，將世界整合起來，由於傾訴，靈魂被激活起來。」

盧雲（Henri Nouwen）在經典著作《破繭而出》（*Reaching Out*）說：雖然我們自己的故事「可能很難敘述其中滿是失望與沮喪、轉向與停滯……但那是我們唯一的故事，如果我們不誠懇面對過去、不接受過去、也誤解過去，那麼未來就沒有希望」。

在你奮力找到一條路、跨越過悲哀之河、從傷痛森林中走出之際，但願本書的故事與資訊能減少你的孤獨感。我們希望多多少少能在這個非常時期成爲你的後援網路，以及回歸正常精神狀態的試金石。

布蕾克的故事

那個永遠改變我對生死看法的日子是在十月。那天我失去了哥哥，他不僅是哥哥，從很多方面來說也是父親、朋友和救生索。

以威斯康辛州的十月而言，那天暖和得有點不正常，十月已進入第四天，溫度計上卻顯示出將近華氏七十度（譯註：約爲攝氏二十七度）。在那種溫度下，沒有一個威斯康辛人會待在屋裡。我和丈夫、女兒決定到曼尼托渥鎮去，那裡離我們當時住的密爾瓦基市車程大約一小時，有個我們從沒去過的海洋博物館。我們主要是想去看一個有導覽的潛水艇。那天下午我們在街上漫步，看看商店，參觀了潛水艇，也爲兩歲半的女兒買了一頂藍色的帽子，上面有美國汀鯕鰍號潛水艇（U.S.S. Cobia）字樣。女兒戴著帽子照相，綻放出快樂的笑容。

我們大約五點離開曼尼托渥，打道回府。有個好朋友進城來了，我們打算六點碰面一起吃飯。我在車上看了看錶，知道自己會遲到幾分鐘。我們決定由她留言通知選好的餐廳，然後我去跟她碰面。

六點過了沒多久，我們到家。鄰居凱文和瑪麗安正在外面烤肉。我過去聊了幾句，讓珊曼莎秀她的新帽子。我爲自己不能久待而道歉，然後就鑽進屋裡檢查留言，想知道莎拉選了哪家餐廳。

紅色數字顯示有四通留言。我按下播放鍵。第一通是母親留的，「布蕾克，趕快打給我。」第二通是莎拉，留了餐廳名字。第三通還是母親，這次她的聲音低沉，使我無法不注意，「布蕾克，你一定要馬上打電話過來。發生了可怕的事。」我立刻按下停止鍵，撥了母親的號碼。

母親和哥哥還住在我長大的小鎮馬尼托威許，從我那時住的密爾瓦基開車過去大約五小時。那裡的生活簡單，工作、滑雪、享受樹林與湖泊、觀賞包裝者（Packers）球隊整季的賽事。外地人費很大的勁來此度假。這片北方的樹林經常被稱為「上帝之村」，生活既充實又有趣。

電話鈴只響了一聲，母親就接了。到今天我仍然記得我們的聲音，腦中還能出現自己站在大臥室拱門下面的畫面。「媽媽，是我，怎麼啦？」我問她，完全沒準備聽到聽筒那端傳來的簡單回答。

「凱樂柏死了。」

我的膝蓋癱軟下來，叫出「不！」後馬上就跌到地上。疑問與不信在我腦際縈繞。我問為什麼，可是沒聽見答案。我爬上客人睡的床鋪，無線話筒貼在耳邊，身體捲縮起來。女兒從後面走過來，輕輕拍著我的背。「媽媽，沒事的，」這是天真的兩歲孩子的聲音。「媽媽，沒事的。」丈夫安迪過來把珊曼莎帶走，而我只能吐出媽媽剛才說的短句：**凱樂柏死了**。

媽媽還在線上，她邊說邊哭，我無法重組她支離破碎的話，只記得一句，「布蕾克，安迪在嗎？你得掛上電話再打過來。叫安迪打電話給我。」我放下電線仍然捲曲在床上的電話，一心一意要逃出突然成為災難的、令人不舒服的現實。我起身走到客廳，迅速看了女兒與安迪一眼，很快就跑出屋子。後來怎麼回事現在已記不清楚，是別人告訴我的。

我進到鄰居的廚房，倒入她懷裡，告訴她這個消息。她很快把我帶到戶外，緊緊抱住我。她在木板台階上握著我的手。我瞪著水泥地。她在我耳邊說：「你嚇到了，現在設法呼吸，不要說話。」我記得自己的手和身體劇烈顫抖。「看看我的手，」我喃喃自語：「我的手怎麼了？」我看著手從左邊跳到右邊，不聽大腦指揮。她像是從另一個世界傳話來安撫我。「妳受了驚嚇，盡量設法呼吸。」

瑪麗安的先生凱文到我家去把珊曼莎帶到他家吃晚飯，然後瑪麗安護送我回到安迪身旁。他們倆一起打電話給我母親。

事情發生時的細節現在清楚了。當時凱樂柏帶著他忠實的拉布拉多狗跟三個朋友在草叢中打獵。他們已經划了大約二十分鐘，到達一個獵物最可能出現的地方。就在等獵場開門時，凱樂柏抬頭看天上飛過的雁群。這時，一隻黃蜂叮了一下他眉毛上方，沒幾分鐘他就昏迷了。朋友們一邊瘋狂向岸邊划回去，一邊對他施行心肺復甦術。他的狗不願離開主人，又擠不進小船，就自己游過水草。朋友們破窗進入他的小貨車，取出手機，通知救護車。救護車抵達時，二十里外一家醫院的特別急救小組也來了。

儘管朋友、護理人員與醫生們多方努力，凱樂柏對過敏急救針與其他藥物完全沒有反應。他們告訴母親，他被蜜蜂叮了以後，受到一種致命的深度過敏衝擊。以前凱樂柏也被蜜蜂叮過，但僅止於輕微反應。我們和他都不知道這種蜜蜂過敏現象。

我哥哥年輕、強壯、充滿活力，把印刷店經營得很成功，店面是他自己建的。他曾是全國赤足划水冠軍，體能極佳，也是一位出色的運動員。他的體重約有兩百磅，然而那天我們卻必須接受這個事實，一個長不及一吋的蜜蜂竟然奪去了這個英俊的二十七歲男人的性命。這是一件我們迄今仍然想要弄清楚的事。我不覺得我們能夠完全做到，但每個人都必須找到自己的方式處理它，然後好好地活下去。對於這位曾經進入我們生命中了不起的人，這是我們能夠給他的最好禮物。

凱樂柏死了以後，我尋找可以握住我的手，並且了解我的感受的人。我還沒準備好參加分享團體；我想做的只是捲曲在床上，躲開這個世界，希望某個人或某件事能夠說服我，事情會過去，生活會恢復正常。我走遍書店，找尋相關讀物，但是幾乎看不到跟遽逝有關的書籍。其他涉及死亡議題的書並未解釋遽逝這種死亡挑戰特別之處。最後我放棄了找書的計劃。

過了一段時間，我比較了解自己經歷過的事情，以及以後還要經歷什麼，才能繼續在生命中前進。我跟別人討論過這樣的經歷，有些人近期才失去親人，有些人多年前碰過這樣的悲劇。很多人都像我一樣尋找過指引。想到這些人，我決定寫一本當初但願有其爲伴的書。我之前寫《單親資源》（*The Single Parent Resource*）那本書時，碰到了現在這本書的合著者帕蜜拉。雖然她住的地方與我相隔兩千哩，但我們馬上就覺得彼此很親近。我決定寫現在這本書時，就想到一定要打電話給她，問她願不願意與我合寫。就像是命中注定要我打電話似地，因爲那時我完全不知道她也經歷過突然失親的痛苦。

我們無法提供仙丹靈藥，讓你馬上走出傷痛。我們也不能幫你列出一份整齊的大綱，將傷痛復原分爲幾個清楚準確的階段。我們不能向你保證六個月後，你的世界就會恢復秩序。我們已經太有經驗，知道不可能做出這種空洞的承諾。我們能夠保證的是，我們會在字裡行間盡最大努力，向你伸出我們的手，用言語帶領你走出這個不熟悉的迷宮。

再度經歷親人遽逝

布蕾克的故事……二〇〇五年二月

那個星期天的早晨，跟其他早晨沒什麼兩樣。威斯康辛州的天氣寒冷，還下著小雨。但是我的家裡溫暖舒適，女兒和丈夫都在。電話響起，中斷了我們的談話。許多人都說那次鈴聲跟往常一樣，但我聽到有迴聲穿過走廊，就像是對接電話的人發出警訊。六十一歲的父親在千里達的托貝格哥市進了醫院，短短三週內，他被診斷出得了末期結腸癌。他的病況一直不穩定，使我找不到機會把他帶回美國。

雖然這時我已很懂哀慟，但眼前這條路依舊陌生。

我體認到自己的悲傷不僅是爲了父親，也爲了哥哥，這次的感覺比上次更難對付。

我在走過這個新舊並陳的迷宮時做了一張表，列出自己沿途學到的功課，這張表我一直保存著。我在下面跟你分享這些功課，希望能夠安慰在療傷過程中的你。

我學到，有時候「不知道」是你唯一要知道的事。

我學到，有時候忘掉一切而睡上十或二十個小時是可以的。

我學到，我對自己還有很多不清楚的地方。

我學到，我們向外尋求的答案，有可能只會在我們內在找到。

我學到，我可以聲嘶力竭責怪每件事和每個人，但是當我停止問「爲什麼是我？」而開始問「我現在能做什麼？」時，力量就來了。

我學到，沒有任何事比當下更寶貴——即使「此刻」看起來一點也不寶貴。

我學到，我不能用明天「工作更努力」「做更多事」「更健康」或「花更多時間」來彌補今天。

我學到，我永遠也不會知道一天會發生什麼事，但這天結束時給了我什麼功課，是我可以決定的。

我又一次學到了要把握每一刻。

2 最初幾週注意事項

人們幫我接電話。
人們做飯給我吃。
人們理解我。
在我不能照顧自己時，
我最好的朋友照顧我。

——溫蒂・斐耶爾森（Wendy Feiereisen）

在你剛於一場悲劇中喪失親人的時刻，任何人都說不出什麼合適的話。我們雖然希望有辦法幫你得到平靜，但實際上卻找不到任何這樣的話語。我們現在向你保證會提供你所有能夠幫你走過這段歷程的東西。我們要幫助你找出一條路，走出混沌、困惑，以及集一切感覺大成的痛苦。

開始那一兩週，不要去想你該做什麼、該去哪裡、或者以後會發生什麼事。我們請你單單依此章所言而行。以後你會有時間對付、了解，以及處理這個巨變，但是現在你只需要照顧自己。

把自己當成加護病房的病人一樣照顧

你正在經歷一個人可能遇到最悲痛的經驗之一。你已經面對的生理與心理上的挑戰，會使你脆弱不堪、疲憊，以及衰弱。你務必聚焦在自己與依賴你的人身上。這幾週你要找到滿足自己需求的方法。

第一、二週你很可能呆若木雞，覺得無法應付迎面而來的壓力。你也可能感到痲木或歇斯底里。你的情緒系統關閉，暫時將你隔絕於喪親帶來的全面影響之外。你會經歷這些情緒，有時候看起來還應付得很好

芭芭拉・D・羅索夫（Barbara D. Rosof）在《嚴重的喪親之痛》（*The Worse Loss*）書中寫道：「你在震驚中可能無法自然地動作或說話，有些人還說他們無法思考。你對衝擊的反應也可能是積極與強烈的；你可能會尖叫，或從一個房間跑到另一個房間，或者攻擊把壞消息帶給你的人。這一切行爲都是爲了關閉情緒系統，或把你從尚未找到療傷方式的現實中抽離。你回過頭去看，當時的舉止或許怪異，完全不是平常的自己。記住，你的整個世界完全翻轉，你正如自由落體般往下墜落，而你的首要任務就是找到任何可以停止墜落的方法。」

葬禮結束，親朋好友各自回家，你的衝擊也逐漸消退。這時很重要的一件事就是，當你還處於震驚的狀態中時，不要做任何會對你的生活產生長久影響的決定（例如賣掉房子、把逝者的東西全部送掉等等）。

預期自己會心不在焉

事情剛發生的幾週，你的心裡滿是快速出現的想法與不熟悉的情緒。許多人表示他們連簡單的事情都做不好。遺失鑰匙、忘了車子要開去哪裡，以及反應遲鈍等，這些都是常見的現象。在你的身心同時設法處理每一件事時，分心是很正常的。請你特別小心，盡量避免開車或其他因爲分心而可能使人受傷的活動。

找個人陪你

如果可能，找一個好朋友陪你一兩個星期。讓這個人幫你做決定，聽你說你的害怕與擔心，做你依靠的膀臂。給他們這本書。過一段時間，當你在療傷過程中前行時，有某個「曾經學過」這件事且完全了解你在說些什麼的人在旁邊，對你會很有幫助。

接受朋友的幫助

喪親後頭幾週，我們的精力消耗得極快，連向外求助都很困難。本章後面我們附了一個表，你可以影印給最親近的親朋好友。或許你會覺得有點不太好意思，但還是要請你照著做。縱使我們不認爲現在自己需要，但其實還是需要的。布蕾克在下面分享了友情的故事。

> 我失去哥哥時，莎拉是我的靠山。那天晚上我並沒要她過來，但她一聽到消息就來了——雖然我跟她說沒什麼事給她做。她就只是坐在我身旁，然後她跑到樓上，幫我打包好下個星期要用的行李。我需要的時候她就擁抱我，我想獨處時，她就去隔壁房間坐。直至今天，我一想到她那時的溫情，淚水就會湧上來。我覺得這種由愛與關懷延伸出來的行動是很罕見的。

如果你像布蕾克一樣，因爲太悲傷而無法求助，那麼你可以把這本書給你的朋友們，讓他們讀這幾頁，這樣，他們對於你需要什麼，以及如何幫助你，就會有些概念。朋友們希望幫忙，但是他們不知道怎麼做。你若有隻手可以握，在傷痛週期就會比較好受些。

以下兩段動人的話語，簡單敘述了哀傷的人需要周遭提供的幫助：

「我要陪你哭，」
她低語
「直到眼淚枯竭，
即使永久如此，
我們也一起度過。」
就是這樣……一個簡單的
相連的保證。
這是傷痛與希望的
愛的聯盟
再度祝福了我們的
分離與結合。

——諾莉．傅米亞（Molly Fumia），
《安全通道》（*Safe Passage*）

徵求：一位堅強有深度的人士，有足夠的智慧讓我以眞我面貌盡情悲痛，夠堅強，所以聽得下我的痛苦，不會掉頭離開。

我需要一個人，相信太陽還會升起，卻不怕處於黑暗境界的我。一個能爲我指出

路上石頭，卻不把我當小孩而抱著走的人。一個能站在雷聲中看著閃電，卻相信彩虹存在的人。

——喬．馬洪尼神父（Fr. Joe Mahoney），《警察遺族關懷通訊》（*Concerns of Police Survivors Newsletter*）

（以上摘自一本寫得很好的討論悲傷的書，書名是《永遠懷念：來自失去摯愛的勇者關於希望、愛與安慰的訊息》（*Forever Remembered: Cherished messages of hope, love and comfort from courageous people who have lost a loved one*），Compendium 出版。）

照顧孩子

你若有年幼的孩子，請聯絡親朋好友來幫忙照顧。請考慮找個人陪你住，專門照顧孩子，否則孩子經歷另一種分離，可能會加重他們的心理創傷。本書第九章會特別談到孩子與哀慟。儘管我們天生想要照顧別人，但也要了解，在這個經歷考驗的時刻，我們可能連僅僅照顧自己的能力都不夠。就算我們想要幫助身邊的人，也是力有未逮。最好的做法就是讓這段時間只用來對付我們自己的悲痛。

找個人接電話、查電郵

如果去世的人是直系親屬，你會收到許多電話與卡片，也會有很多人來看你。找一個朋友來聽留言、開門、回電話。大多數致電者都不希望直接與逝者家屬講話，而只是想要表達悼念之意。請找個人帶著記事本，隨時記下名字與來電者的話語。

你要先有心理準備，偶爾會接到奇怪的電話或卡片。布蕾克有次聽到一則留言，那人先是表示哀悼她的哥哥，但緊接著就向她要一張她女兒的相片。帕蜜拉記得有個人在電話中說：「我確定喬治去世這件事不會讓你太難接受，畢竟你們已經離婚了。」這些念頭與評論都很不恰當，也可能很傷人，雖然致電者並無傷人之意。我們這個社會就是不知道如何處理哀慟與喪親的感覺。大家處理哀慟的方式都不同，很多人完全不知道該怎麼辦。仔細想想，我們的世界是由**贏得**與**取得**組成的，幾乎沒有人教我們如何對付失去。偶爾人們會問奇怪的問題或在卡片上寫下「不恰當」的話，要明白那不是爲了傷害你，他們只是不擅於處理「失去」與「跟失去有關的想法」。

找人幫忙安排喪事

除了請別人幫忙接電話和檢查電子郵件之外，也要找最信任的友人協助安排你責無旁貸的喪葬事宜。你可能必須親自安排葬禮事宜，也可能要聯絡保險公司或處理房地產。儘管這些事你都能、也都應該涉身其中，但還是一定要找個人幫你打大多數的電話，到葬儀社去討論細節、取得資料，然後讓你做最後的決定。悲劇剛發生的短時間內，你的判斷力可能打折，一個可靠的朋友可以指引你做決定。

不要擔心非聯絡朋友不可

開始幾天，你會打幾通電話給至親好友。之後就應該減少非打不可的電話，而盡量請朋友代勞。此外，你可能也應該找到逝者的通訊錄，請可靠的友人聯絡那些人。

讓身體做主

哀傷對每個人的影響不同。有些人變得活躍忙碌，有些人變得愛睡或甚至昏睡不醒。請讓身體做主，覺得累就睡，想哭就哭，餓了就吃。不要覺得你非怎樣做不可。現在沒有「應該」這個詞，只要順從你的身體而行。

注意一件事：親人在悲劇中喪生，難免有人會求助於藥物，小如吃安眠藥，大如狂灌酒精飲料。請設法拒絕這類衝動，因爲這些並不會減輕悲痛。在某些狀況下，醫生可能會開藥讓你好受些。要知道，藥物只能延遲你的悲痛，而天然的舒緩劑是存在的。請參考 www.griefsteps.com列出的多種選擇。

宗教傳統

你若已婚、但不熟悉摯愛信奉的宗教，可能會碰到讓你不舒服的宗教習俗。涉及死亡與葬禮的宗教儀式可能會令家人和朋友困擾。

舉例而言，馬嬌蕊的原生家庭認爲守靈應該持續數日，火化是首選。由於她得到兒子的監護權，曾定期帶孩子去主日學。年輕的兒子意外死亡時，信奉猶太教的前夫堅決反對她對葬禮的安排。猶太教徒必須在二十四小時內將死者埋葬，而火化被視爲褻瀆遺體。葬禮過後，猶太人會與近親同住數日以哀悼逝者（稱爲 sit shiva）。

在這種不幸時刻，重要的是關心並了解逝者與家人的傳統。爲了尊重逝者，生者必須找出妥協的方法。以馬嬌蕊爲例，由於自己的家族不曾涉入兒子的生活，而前夫的家族又與自己很親近，於是她決定爲兒子舉行土葬而非火葬。她的前夫也退讓一步，同意參加馬嬌蕊安排的基督教守靈儀式。

如果你不知道怎麼做，才是對你、你的家庭或遽逝摯愛最好的方法，你可以請教神職人員、家庭輔導人員或心理治療師。切記各人需求不同。布蕾克的哥哥去世時，她和母親決定爲親密的朋友們舉辦一個小型非正式的瞻仰儀式。凱樂柏許多朋友並沒有來，他們寧可記得他最後活著的模樣，另外有些人則覺得這樣做有助自己療傷。處理哀傷的方式無所謂對或錯，重要的是保持開放的態度，尊重每個人的需要。

遺囑與喪葬事宜

纏綿病榻的逝者通常會留下遺囑，告訴生者自己期望的葬禮與埋葬方式，然而那些死於意外的人，往往不曾告訴家人自己死後希望如何安排。這種情形增加了生者的負擔，因爲大家總是期望以逝者可能希望的安排來善後。在我們感情與體力耗盡的情況下，要做這些決定就更難了。辦法之一是跟一群了解逝者的好友討論你的想法。布蕾克和母親在思考要爲凱樂柏舉行何種葬禮時，先彼此商量，然後請凱樂柏的朋友提供意見。她們在眾人的幫助下，決定凱樂柏可能樂見的是一個紀念他的慶祝會。由於這是大家的決定，結果人人都很滿意。

文化差異

限於篇幅，本書不討論處理死亡與哀慟的特殊文化差異，我們能做的只是提醒你必須考慮這些差異。美國被認爲是一個大熔爐，有世界上各式各樣關於生命的意義與目的，以及死後會往何處去的想法。各人所屬的文化給了他死亡的意義，以及生者在摯愛離開時的情緒反應。有些人相信，喪親之痛可以因相信逝者或其靈魂繼續活在另一世界而得到舒緩。有些人相信逝者會以一個更好的生命重生。在喪親家人因爲知道逝者會庇佑他們而感到安慰的文化裡，逝者的靈魂直接影響生者。

每個文化都有幫助喪親者悼亡的儀式與習俗。儀式提供了表達悲哀的文化支柱，以及社群成員扶持喪親者的機會。遽逝可能帶來嚴重的混亂和困惑，文化儀式使得喪親者與社群感到有某樣東西可以按計劃進行。請謹慎考慮下面的文化習俗和儀式：

＊死亡前後要進行的儀式。
＊遺體如何處理：大體應該如何潔淨與著衣、誰可以處理身體，以及應該土葬或火化。
＊應該安靜而私密，還是像公開哭泣或號啕大哭那樣在別人面前喧嘩地表達悲傷。
＊男女有別或長幼有別的悼亡方式。
＊必須進行的儀式，以及誰應該參加，例如孩子、社群成員、朋友等等。
＊家人應該如何哀悼：他們應該穿什麼、舉止怎樣才適當。
＊逝者家人預期承擔的新角色，例如寡婦是否應再婚、長子是否成爲家中領導者。

如果受到期待的儀式與習俗不曾進行，就可能干擾了必要的悼亡過程，使人感到喪親這件事沒有處理好。大家熟悉的儀式與習俗讓人有穩定安全的感覺。要找到更多來自其他文化的逝者的習俗與哀悼方式，可以請教來自相似文化背景的人、到圖書館找書看、或者上網搜尋。

回到工作崗位

視個人情況與公司政策而定。你可能發現能夠請假的時間最多一兩週，或可能只有三天。回到工作崗位之前，先想想其他可能性。如果你有足夠積蓄或其他辦法，請考慮四到六週不工作。如果做不到，最好找時間跟老闆或直屬上司談談你剛經歷過的事情。

我們強烈建議你回去上班前跟雇主約個時間吃午餐，問問有沒有可能前幾週先做半工，或者縮短每天上班時間。如果不可能，就請他們了解和支持你。讓老闆知道你的精力有限，也容易情緒化。請他或她對你有耐心，容忍你。讓他們知道雖然你不會以悼亡作爲不工作的藉口，但在找到如何一邊療傷一邊工作的方式前，你需要一些轉寰的餘地。許多上司在知道你眼前的經歷時，都會盡量配合。你也要讓同事知道你需要幫助（或許可以參考後面幾頁列出的建議）。很多時候人們不知是否可以像以前一樣與你相處，他們可能覺得在你面前需要特別謹慎地談論某些事情。只有你知道自己希望別人如何對待你。別憋在心裡不說。如果你告訴別人此刻需要什麼，很多人都會樂意接近你，並且會在你給他們機會時幫助你。有些公司會給喪假。如果你公司也有，要跟人事部門查清楚你的福利。市面上也有提供給企業主的資訊。「鰥寡人士服務協會」出版了《當員工失去摯愛》說明書。哀傷狀態出版社提供了「在工作場所傷逝」方案，協助美國企業界了解哀痛中員工的需要。

哀傷時段

布蕾克在自己帶領的哀傷分享小組中建議「哀傷時段」的概念，也就是為我們的感覺特別安排一段時間。我們在忙碌的日子裡，有時刻意，有時無心，會藉著各式各樣的活動來化解哀傷的感覺。但是我們不可能除去實際上還沒有經歷過的感覺。

有些人發現花一小時在散步中體會哀傷很有用，有些人坐下來寫日記抒發情感。我們的哀傷狀況因人而異，哀傷時段也是如此。在喪親後緊接下來的幾個月裡，這樣的時段有助我們處理情緒。

* * * * *

這些日子艱難而漫長，纏繞你的任何痛苦似乎沒有解決之道。這是OK的。你感到沒有希望，人生似乎失去焦點或目的，這都沒關係。你體會的是自然而正常的感覺。請相信生活會繼續。假以時日，你會重新定位，眼前只要好好照顧你自己。如有必要，幾個禮拜後再回來翻閱這本書，請相信你會再度看見前面的光亮；一兩個月後，當你準備好開始處理悼亡路程中更多的事情時，這本書仍能助你一臂之力。

悼亡者友人手冊（影印分發給親朋好友）

別想找出消除痛苦的神奇言語或公式。你的朋友或至親當下面對的痛苦悲劇，沒有任何事能磨滅或除去。此刻你的主要任務就是「陪伴」。別擔心要說什麼、做什麼，只要在旁邊，讓那個人需要時有人可以依靠就行了。

別想淡化悲劇或讓此人心情變好。我們關心某人時，就受不了他們受苦。為了減少他們的痛苦，我們經常會說「我知道你的感覺」或「也許這樣最好」這類的話。這個方法在某些情形下或許有用，但在悼亡這方面絕對行不通。

幫忙承擔責任。就算一個生命已經終止，其他的生命還要繼續。幫助別人的一個好方法就是代他出門辦事、做飯、照顧孩子、洗衣服，以及簡單的維修工作。

別期待那人來找你。許多人會說：「如果需要我幫忙，儘管打電話來。」但是在這個階段，哀傷的人連拿起電話都可能是一項大工程。如果你與此人很親近，請直接過去開始幫忙。他們需要這種幫忙，但不會想到開口說。一個人開心時會有很多人接近，但生命黑暗期時通常不會有什麼人去陪伴。

讓朋友說他們的決定。許多人在悼亡階段中都說很難做一些決定。你可以扮演聽眾，讓朋友在講述中做出決定。

別怕提起逝者的名字。那些悼亡的人通常會不斷提到逝者。你或許難以相信，但他們其實很需要聽到逝者的名字與故事。事實上，許多喪親的人都很高興能聽到跟逝者有關的事。

（摘自布蕾克・諾爾與帕蜜拉・D・布萊爾博士合著《我還沒準備說再見》）

記住，時間不會治好所有的傷痛。你的朋友或親人會因為已發生的事而改變。每個人哀慟的方式不同。有些人當時沒事，但一年後開始傷痛，也有些人事情一發生就陷入哀慟。沒有固定的時間表，沒有規則，要有耐心。

提醒悼亡者照顧自己。如果生活被連綿起伏的情緒充滿，那麼連進食、休息，以及照顧家人都變得困難起來。你可以幫朋友的事情包括了準備好份量充足的健康食物，或是熟食、或是容易料理的食材；幫他們洗衣服；代做幾件需要出門的事，讓他們可以喘口氣。不過，不要催他們做還沒準備要做的事。許多哀慟中的人都表示：「但願朋友們照我的節拍做事。」儘管你因友人失去了往日的積極而失望，但你要知道這是正常的。等他們準備好了，就會重新投入生活。

不要論斷。不要告訴悲傷的朋友該如何處理情緒或某種情況，只要讓他們知道你扶持他們，而且願意盡可能幫忙。

請他們吃一頓飯。因為吃飯時間最可能感到孤單，建議你定期請朋友過來吃飯，或者帶飯到他們家去吃。也可考慮在特殊的日子上館子吃飯，像是逝者逝世一周年或逝者的生日等。

開一個清單，列出所有要與悼亡者一起做的事。單子上可以包括付帳單或澆花等鉅細靡遺的事，按重要性排列。盡可能多幫助悼亡者做些事。如果事情太多，就看看能不能多找一些朋友來幫忙。

自己承諾要幫助悼亡者度過難關。死亡事件可能改變或瓦解友誼。許多人不知道如何跟哀慟中的人相處，或者不耐煩與一個傷心的人在一起。你應該向自己承諾，會陪這位朋友或摯愛度過這段歷程，做他們黑暗時刻的靠山。

（摘自布蕾克．諾爾與帕蜜拉．D．布萊爾博士合著《我還沒準備說再見》）

3 了解哀慟造成的情緒與身體反應

震驚已重組我們的內在。
手足無措的感覺來自尚不認識這種重組。
悼亡是一個蛻變的過程，我們褪去已不再適合新我的部分。
這不是了解任何事情的時候。

——史蒂芬妮．埃里克森（Stephanie Ericsson），
《黑暗中的伴侶》（*Companion Through Darkness*）

親近的人驟然去世，會使我們覺得周遭世界突然陌生起來。以往的日常行事現在令人疲憊不堪，連最簡單的事情也很累人。哀慟既影響我們的情緒，也影響我們的身體。我們了解哀慟如何影響自己後，就比較知道如何對付它的侵襲。雖然我們寧可永遠不必了解這些情緒，但了解之後，我們的日子就會比較好過一些。

覺得自己快要發瘋了，是處在哀慟之中的人常有的感覺。這種感覺又強又頻繁，使得那些

人往往以為自己是唯一有那種感覺的人，或者覺得自己不該有這種感覺。我們在之後的篇幅中會指出許多這類的感覺。你沒瘋，你也不是唯一有這些感覺的人。了解這些感覺，代表了我們準備踏出療傷的第一步。

愛娜．蕾莉．柏薩斯博士（Alla Reneé Bozarth, PhD）在她的《哀慟旅程：溫和明確的方式，幫助你走過哀慟中極度艱難的階段》（*A Journey Through Grief*）一書中寫道：「哀慟時，你的情緒無法預料，也不穩定。你可能會覺得自己記得的經驗不連貫……你可能時而沮喪，時而興奮；時而激情痛哭，時而木然消沉……如果你經歷了喪親，感到受創，那麼，出現不合理的反應其實是合理的。」

我們在本章將探討哀慟影響我們的許多方式。有些悼亡者表示他們很早就經歷過這些痛苦，有些人表示稍後才會體驗到，也有些人說他們幾乎沒有這些經驗。你跟那位去世摯愛之間的關係，使你受到哀慟的影響異於他人。

疲憊

哀慟最常見的症狀可能是疲憊與困惑。凱瑟琳．M．桑德斯博士（Dr. Catherine M. Sanders）在她的《活過哀慟》（*Surviving Grief*）書中解釋道：「我們衰弱到以為自己得了流感，由於以前沒有過精力透支的經驗，我們被這種衰弱嚇到，也覺得困惑。喪親之前，我們只在生病時才有這種衰弱的感覺。」

以前覺得輕而易舉的小事，像是寄一封信，現在可能變成耗時一天的大事。買一加侖牛奶成了艱鉅的工程。穿衣打扮、開車、領錢、在商店結帳、提著牛奶、開車回家——光是想到這些步驟就讓人疲憊不堪，巴不得躺到床上去。

布蕾克在對付哀慟情緒時求助過一位心理治療師。這位治療師對於疲憊的看法很寶貴。

她一開始就對我講了幾句簡單有力的話。她說：「布蕾克，現在發生在你身上的事，對你的影響，就像你剛動過一個大手術一樣。想像你躺在加護病房裡，就那樣對待自己吧。」她的話如當頭棒喝。我雖然在情緒上動了一個「心臟搭橋」的大手術，心裡卻希望第二天就能慢跑。我的身體說出了它的需要，那就是休息與加倍調理。

對付疲憊的療法很多，可以服用維他命、運動、好好吃、保持忙碌等等。那位心理治療師的建議可能是最重要的。**你正在復原，給自己一些時間，讓情緒自動調整**。如果你急著想讓自己忙碌，那麼哀慟過程中被擱置的部分，日後還是會回來。感到疲憊而想休息是正常的。讓時間來療傷。不過，如果你想自殺、沒有胃口、脫水、或者出現其他嚴重的症狀，就應該馬上找專家幫忙。我們的網站 www.griefsteps.com 上也有關於疲憊的另類療法，可以下載。（編註：台灣的自殺、憂鬱症防治求助管道有：衛生署自殺防治中心、張老師基金會、董氏基金會、台北市生命線協會等等。）

分心的日子

大多數人處理日常生活都沒問題，我們知道事情該怎麼做，生活要有條理，會完成計劃好的事。但是在經歷過喪親之痛後，我們就好像失去了生活基本技能一樣，那些平常輕而易舉的事，現在卻變得困難無比。布蕾克在哀慟開始幾個月發現，分心是很難對付的問題。

我記得凱樂柏走後沒多久，有一天我需要稱兩封信的重量，然後去郵局寄。我在家中的辦公室裡有一個小秤，我總是會用它來稱，免得到小鎮那個一人郵局佔一個排隊的位子。可是，那天我竟然找不到那個小秤。

我找遍了辦公室、客廳，甚至還檢查了廚房、臥室和浴室，都沒有。我整天找找停停，停停找找，花了三個小時搜尋整棟房子來找那個秤。在筋疲力盡的情況下，我最後決定不找了，而把信帶到郵局去稱重量。

我從郵局回來走進辦公室後，發現秤就在我桌上。它一直都在那裡，沒被任何東西蓋住。那塊區域我足足找了四個小時，卻沒看見它。這就是常常隨哀慟而來的一種分心狀態。

我注意到自己並不是經常沮喪或傷心，但是當我設法對付哀痛卻沒有出口時，這種情況就發生了。這種分心的狀況頻頻出現在凱樂柏去世的頭兩個月，成爲我的警訊。這些日子裡，我會減少工作量，純粹放鬆自己，專心應付哀傷。

有一天我準備付一張帳單時，類似的挑戰出現了。有大約一個鐘頭，我找不到支票簿。等我最後找到時，帳單卻不見了。這種貓抓老鼠的情況持續了幾次，我就這樣在寄出一張支票這麼簡單的事情上耗了一整天。這類事剛發生時，我會督促自己設法把事情做好。但到了一天結束時，卻總是沮喪得想哭。

這些分心的時刻是身體的訊號，提醒你要慢下來。不論要做的事多麼微小，現在對你來說都太多了。小心不要累壞自己，降低你的期望值。知道你處事的能力會回來，只是需要時間。你的能力需要復原期。

否定新局面

我們通常不知道自己在否認事實。我們會沒有察覺，否認有時候會變成一種妄想，像是「他只是去旅行了」，或者「她隨時都會走進來」，或者「他不可能死，我們說好這個暑假要出去玩的，他不會就這樣讓我失望」。

否認是一種自然、直接、具有保護性的反應，爲我們爭取一些融入現實的時間。芭芭拉·D·羅索夫告訴我們，「震驚淡化後，你的心智與身體重新主控，就會開始接受事實。但這事實可能還是難以應付，你可能一下子接受，一下子又否認。這種情況可能持續數小時或數天。否認是另一種方式，讓你不至於過分痛苦而無法接受現實……雖然在別人眼中可能很不理性，但它有存在的必要。它是一種心理方面的急救措施，一個暫時的先發制人的策略。你還沒準備好正面對抗喪親之痛。」

對某些人而言，這種否認階段的壓力會在讀訃聞、看報上的照片、讀死亡證明、或注視墓碑時增加。照顧者不應阻止對方做這些事。

短期內，否認的現象可以讓人放鬆，但人必須離開這個階段，進入親人去世的痛苦現實，開始經歷那種感覺。你若發現自己跳不出否認的階段，就要尋求專業幫助。

哀慟與憂鬱消沉的差別

憂鬱消沉是在喪失摯愛親人或事物後，比哀傷更嚴重的感覺。臨床憂鬱症指的是全身失序，可能會讓你平日的思考與感覺方式完全變調。憂鬱症的症狀如下：

- 褪不去的悲傷焦慮或虛空的感覺；
- 不再對平日喜歡的事感興趣；
- 沒精神、疲勞、覺得「懶洋洋的」；
- 睡眠方式改變；
- 沒胃口、減重或增重；
- 難以集中注意力，記不住事情，難以作決定；
- 覺得沒有希望，鬱鬱寡歡；
- 有罪惡感，覺得自己無用，失去希望；
- 想到死亡與自殺，或有自殺傾向；
- 無法治癒的疼痛。

如果你最近喪親或有其他重大損失，以上感覺可能是正常哀慟過程的一部分。但若一直沒有好轉的現象，就應該看醫生。

資料來源：美國國家衛生署全國心理健康資訊中心

憤怒是正常的反應

心愛的人突然喪命，從我們的生活中消失，誰不會生氣？在這種情況下，憤怒是正常的，也是療傷止痛過程中一個健康的過程。然而，憤怒有很多形式，有些屬於健康型，有些就不健康。

我們來看看那些出於自然、但不健康的憤怒。有些人如果得不到朋友、家人或職場的扶持時，就會生氣。我們可能被層層的哀慟包裹著，可是通常不會主動請朋友幫忙，反倒是會對那些最親近的人顯露敵意、發脾氣、吹毛求疵。如果我們能夠知道怒氣從何而來，就可將其導向正面。憤怒也是一種線索，顯示出我們沒得到需要的扶持。我們必須多做要求，或是尋找其他分享團體。

生氣的對象轉移，表示怒氣走錯方向。我們希望有人替事件負責，有人受到懲罰。我們可能會對那些待在醫院照顧逝者的人發脾氣、亂吼亂叫，也可能對逝者發脾氣。錯置的怒氣完全正常，在你學著接受事實後就會減少。

我們在想起煎熬、痛苦，以及尚未解決的憤恨時，怒氣也會浮現。我們突然體認到再也無法與此人有任何身體上的互動。當這種狀況出現時，回憶如潮水湧現。這些記憶片段中一定會有煩躁不安、爭吵，以及傷害對方的內容。懷著但願有更多時間與對方相處的遺憾，我們可能會過度責怪自己過往與對方發生衝突。然而，在任何人際關係中要求完美都是不實際的。我們若是沉浸在「但願」「要是」的悔恨中，就永遠無法有效處理當下的憤怒。

憤怒也會在我們壓抑自己的感覺時出現。憤怒一般不被視爲正面情緒。事實上，很多人不認爲憤怒也是悼亡過程的一部分。支撐每個人的力量來自不同的群體，每個人面臨的情況也不同。可能有些人會建議我們不要讓別人看到我們的憤怒，在這種情況下，憤怒雖然存在，卻無處宣洩，只好往內發展，於是就可能產生很多問題。我們可能生病、沮喪、發展出慢性病，也可能開始作噩夢。我們應該開始尋找健康的紓緩怒氣的方法。

悲劇性的死亡最容易令人生氣，因爲我們既無法停止、也無法防止這種損失，只能設法去解釋，於是我們感到挫敗與無能爲力。哭泣是抒發這種憤怒最常見的形式。我們很容易選擇不釋放這種憤怒，而將其壓抑在心中。如果你覺得自己可能會這樣，建議你找個朋友或諮商人員談談，設法將這種怒氣排解掉。

我們全都希望最後能做到適當的憤怒。在這種階段，我們能夠承受不論任何形式的憤怒，並且抒發出來。適當發洩怒氣的方法很多，其中包括：

* 捶打枕頭。
* 創造一個別人聽不見也看不到的空間，你可以進去趕走怒氣。
* 利用寫日記的方式來宣洩。
* 到一個人煙稀少的地方尖叫，直到憤怒感消失爲止。

✻跟朋友、心理輔導師或諮商人員暢談。
✻參見附錄的其他想法。

帕蜜拉有一位年輕的病患叫做莎拉。她曾經說：「我很氣我的未婚夫，我覺得自己好像一直在生氣。我是說，他就在我們打算結婚的前一個月死了。爲什麼我會這麼氣他呢？又不是他自己要死的。」

一旦我們關心的人或曾經保證會照顧我們的人死了，世界瞬間豬羊變色，整個翻轉過來。我們的平衡感沒有了，我們會想像、也會感覺到以前認爲沒能力做的事。

女人對憤怒特別不自在，因爲女人受到的教養是要溫順，要設法解決問題，而不是製造衝突。海莉・樂南博士（Harriet Lerner, PhD）在《憤怒之舞》（*Dance of Anger*）一書中說道：「在認知憤怒且直接表達憤怒上，長久以來婦女都得不到鼓勵。我們是用糖和香料做的。我們是撫育者、撫慰者、和事佬，也是上下顛簸船隻的安定器。」相反地，男人一般易怒，卻拙於應付悲傷。

請感覺你的憤怒，面對它，了解這是哀慟過程正常的一部分。你若不發洩憤怒，而將其悶在心裡，就會有沮喪的感覺。憤怒內化就是沮喪。或許你可以向專家求助，讓他們幫你安全地抒發怒氣。如果你能以安全的方法釋放這種正常的情緒，就會覺得不那麼「發瘋」，而較能感到平靜。

警訊

你在經歷哀慟的過程中，有必要檢視自己，以及自己度過的各個階段。你可參考下面的項目表，分辨哀慟過程健康與否。如果你懷疑自己的哀慟過程可能對身心有害，就應該求助於親朋好友、宗教導師或心理治療師。

- **過度封閉自己**：如果你太長時間不想見朋友與家人（超過三個星期），就應該求助專業人士。每個人都需要別人幫忙度過哀慟期。
- **沒有照顧自己**：應付哀慟需要精力，所以一個人首先要能照顧自己的基本需要。如果你做不到這點，一定要找人幫忙。
- **否認期過長**：如果已經好幾個月過去，而你還在否認階段，就需要尋求後援度過此關。
- **自我傷害的念頭**：哀慟期出現這些想法並不奇怪，但它們應該很快會消失。如果你不但不能揮別這些念頭，反而越陷越深，最好諮詢專業人士。
- **宣洩不當的憤怒**：我們若缺少抒發情緒的管道，就很容易亂發脾氣。這種舉止一旦傷害到你自己、工作領域或者別人，就應該立即向外求助。
- **持久的沮喪或焦慮**：不接受悲劇的發生、沮喪、或焦慮感久久揮之不去，都是你要向外求助的時候。
- **自己服藥**：如果你過度以食物、酒精或藥物等東西來克服內心的痛苦，就應該求助治療這些症狀的團體或專家。

本章描述的階段與處理方式只是指導原則。每個人經歷與處理哀慟的情況不同，選用適合你的方式就好。請記住，只要你努力，假以時日，你的生活一定會變得比較輕鬆、比較好應付。

哀慟沒有固定時間表

現代人從小到大已經習慣照著時間表做事，大多數人都有至少一本行事曆或日記本，但哀慟是無法按表操課的。你可能在一個正常的、開心的活動進行時，突然傷感起來。要知道，哀傷的情緒確實可以在毫無預警的情形下湧現。身爲作者的我們都有這種經驗：

我記得那是跟丈夫一起看一個電視情境喜劇時，整個節目我都在大笑，已有一段時間我不再因凱樂柏的去世而流淚了。但這時電視上出現一個爲兒童募款的廣告，主題音樂是〈奇異恩典〉。

火化凱樂柏的前一天，我們爲家人和他的好友們辦了一場瞻仰遺容的聚會。事前並沒有特別要求牧師做什麼，但牧師自己決定唱這首歌。那時我無法抑制淚水。這回我的眼淚就在電視播放廣告時奪眶而出。一年半後，我在紐奧良街頭漫步時，聽到一個街頭藝人唱〈奇異恩典〉，再度淚流滿面。

帕蜜拉有個類似的經驗……

喬治是披頭迷。他過世後好幾個月，我在一家速食店吃飯。漢堡吃到一半時，餐廳突然響起約翰藍儂的〈想像〉，我的心立刻揪了一下。

生活中我們幾乎不能眞正控制什麼。哀慟就是一件無法控制的事項。前三個月到半年，類似上述的狀況很可能經常發生。你與逝者的關係通常會影響發生的頻率。一年以後頻率將減少，但仍會不時出現。

身體症狀

我們被哀慟的陰影籠罩時，感覺往往跟生重病時一樣。我們的情緒與生理系統都喪失了防衛能力，各式各樣的症狀都可能出現。雖然這些症狀是哀慟過程的一部分，卻也可能警示了更嚴重的情況。我們建議你去看醫生，聽聽他們對這些症狀的意見。

你雖然必須注意這些症狀，但也要知道它們並不是你要發瘋的訊號。這些症狀如果是哀慟引起的，那麼隨著我們慢慢度過哀慟期，就會消失或減輕。你若發現任何症狀勢不可當或無法忍受，就應該去看醫生。以下是一些常見的症狀：

胸部不適　　暈眩
睡不好　　口乾舌燥
胃口不好或吃得太多　　哭泣
身體不自覺的抖動或顫抖　　疲憊或衰弱
四肢麻木　　呼吸急促
迷惘　　無精打采
偏頭痛或頭痛　　心悸

我覺得自己四分五裂，不止是情緒而已，肉體上也是如此。有時候我想自己就快死了。怎麼回事？我能做什麼？

你在走過哀慟歷程時，要考慮身心許多層面。在你努力保持平衡時，心理、精神、營養，以及社會層面都扮演了重要的角色。

摯愛遽逝會震撼你的整個系統，因為你的思想與看法會影響身體的每個細胞與激素。人的健康最常被忽視的，是情緒因素及其對肉體健康的影響。

你若不知道這種震撼可能對身體造成的影響，就不太可能在最需要照顧自己時照顧好自己。有些人會過分依賴尼古丁、藥物、酒精、睡眠或食物。

如果你希望防止哀慟產生的負面效果傷及身體，就必須特別注意你傳給自己的訊息。你因為寧可代對方死去，而向自己傳達出「死亡」訊息嗎？你因為深信應該更努力拯救對方，而向自己發出「我不配活下去」的訊息嗎？

情緒力量很強大。克里斯蒂・諾斯若普博士（Dr. Christiane Northrup）在《婦女健康智慧》（*Health Wisdom for Women*）一書中寫道：「大腦及免疫系統以兩種方式溝通：一是透過大腦控制的激素，二是透過蛋白質分子，即神經傳送素和感覺器官將訊息來回輸送。這些同樣的分子不僅在你的大腦中，也在胃、肌肉、腺體、骨髓，以及其他的器官與體液裡面。由於網路遍佈全身的每一個器官，你的每一個思想與感受到的每一種情緒，都會傳到體內各個細胞。」

單憑意志力可能不足以阻止傷害自己的行為，許多時候我們需要一個後援團體或心理治療師協助。你在瀕臨「崩潰」之前，務必要求助。

情緒突襲

死亡剛發生時那種深沉的痛苦與悲傷，有時會在意想不到的時間浮現。就在你以為自己的情緒處理得很不錯時，可怕的突襲來了！強烈的情緒不知從哪裡又跑了出來：不相信已發生的事、過往相聚畫面如走馬燈似的重現、感到恐怖、感到要發瘋……而沒多久以前你才告訴自己與朋友：「我終於覺得好多了。」

特殊的日子如生日、週年、假日，以及任何你預計參加的某種慶祝活動裡，情緒突襲特別容易發生。

你可能完全清楚什麼地方或事情會觸動你，例如購物商場的某家店、兒童嬉戲的聲音、披薩的香味、一首歌、一場足球賽，所以你能選擇避開這些場合。然而，有時候意想不到的狀況會發生，淚水開始流下，怒火再度燃起。帕蜜拉有過這樣的經驗：

> 我記得有次去超市，看到貨架上有摯愛喜歡的罐頭湯品，當時我馬上淚如雨下，睫毛膏融化，弄髒了襯衫。你可能會在公眾場合戴墨鏡。我也那樣遮住紅腫的眼睛與熊貓似的黑眼圈。我還隨身帶著面紙，並且告訴陌生人自己正在對付一種難纏的過敏。但有時候我就實話實說。

實事求是的做法是停止逃避、正面迎上。體驗這些感覺，要哭就哭，捶打枕頭，打電話給後援團體的某個人或每個人。讓痛苦全力碾過你，然後它就過去了。

提醒你一句話，如果哀慟在你開車時突襲，務必把車開到路邊。開車時又哭又氣是非常危險的。

哀慟與夢

有些人會夢到逝者，有些人不會。我們每個人都有獨一無二的潛意識，應付生活與創傷的方式各不相同。你可能知道有些人能記住夢境，有些人醒了就想不起任何事。同樣地，哀慟如何在夢中影響我們也因人而異。如果你夢不到逝者，也不用擔心。

如果逝者不入夢

瑪蓮．金（Marlene King）在《直覺》（*Intuition*）雜誌上發表了一篇文章：〈代夢者：一對夫婦送給一位哀慟朋友的禮物〉（The Surrogate Dreamers: One couple's gift to a grieving friend）。瑪蓮邀請一對她認識的夫婦週六晚上來烤肉。次日夜晚，那位四十四歲的丈夫史提夫在與妻子共舞時，死於心臟病。接下來的一週，瑪蓮協助那位妻子處理這場悲劇的細節。她寫道：「在這段期間，潔妮絲告訴我，她想藉由夢與丈夫聯絡，可是她沒作夢。由於我知道情緒往往會在我們的肉體上造成阻礙，於是我安慰她說，等她情緒沒那麼脆弱時，夢一定會回來的。」

這次對話過後幾天，瑪蓮夢到史提夫。她夢見他穿著燕尾服，她覺得很奇怪，因爲史提夫通常打扮得很隨意。她在文章中接著說：「我把夢告訴潔妮絲……電話那頭寂靜無聲，我不禁懷疑自己是否不該告訴她這件事。原來她之前沒告訴我的是她在前一天已經將史提夫火化，而且讓他穿的正是我夢中看到的那套衣服。這件事過後好一陣子，我和先生彷彿成了她的代夢者。我們對她的愛，似乎使我們能在潔妮絲因情緒不穩而無法與先生在夢中溝通時，代她做了這事。」

你如果沒有夢，要知道這是正常的。這些日子裡我們的情緒起伏極大，以至於與平常的夢境來源失去連結。聽聽與你親近的人的說法，聽聽親朋好友們做了什麼夢。如果他們沒有告訴你，你也可以問一問，他們的夢有可能帶給你某種訊息。

如果你夢到逝者

夢境日記

建議你準備一本夢境日記。許多人相信，親人死後不久所作的夢，是逝者試圖與生者聯絡的方式。你可能希望保存這些夢。如果記得夢境，不妨每天早晨花十分鐘記下你的想法與印象。如果只記得片段，也把片段寫下來。往往只要寫幾句話就會喚起更多記憶。

跟逝去摯愛有關的夢，可以開啓其他的療傷方式。但是你可能不知道自己正在作夢，或者你記不住夢境。醒後仍可記住夢境的方法之一，是保持睡姿躺著不動，不要起身上廁所，也不要開燈。從你記得的任何一丁點片段開始，試著把整個夢境拼湊起來。也可以將夢境的片段先寫下來，其他部分當天可能會浮現。茱迪．沙琪（Judith Sachs）在她寫的《自然界的百憂解》（*Nature's Prozac*）中建議這樣記住夢境：「睡覺前在床邊放好紙和筆，告訴自己你要記住夢境（此舉可能需要數晚才能深入腦際）。當你在床上自我放鬆時，給自己一點時間探索白天沒有好好注意的心智各層面。我們通常在睡醒前眼皮會快速轉動，並且出現夢境，所以最好把鬧鐘收音機設在輕音樂電台，而不是新聞或搖滾樂，這樣你可以慢慢醒過來，記住仍盤旋在腦海的東西。」

困擾人的夢

有些人提到他們作過噩夢或惱人的夢，這些夢可能是生者與逝者發生衝突，或者是看到逝者正在死去或受苦。

死亡突然來臨時，我們幾乎得不到任何資訊。夢就是我們的潛意識設法理出頭緒的地方。如果你從一個不開心的夢裡醒來，要知道那是潛意識在督促你。盡量回想你的夢，設法將空白處塡滿。盡可能審視夢境。如果你覺得自己無法面對這些夢，或者你無法客觀，可以請信任的朋友或心理分析師跟你一起檢視這些夢。寫夢境日記也有助你從惱人的夢中看出端倪。

另一個處理惱人夢境的方法是「重組」夢境。把令你沮喪的夢境全部想一遍，然後設法從中找到可以讓情況轉爲正面的地方。選擇一個你覺得比較舒服的不一樣的結尾，然後把這個夢在腦中重新想幾遍，尤其是在快要睡著之前。這樣做有助改變或消除壞夢對你的影響。

如果噩夢糾纏不去，可能因爲你睡前服藥。醫藥研究員茱迪．沙琪說，如果你服用諸如巴必妥酸鹽（barbiturates）或抗焦慮的苯二氮（benzodiazepines）等安眠藥，就有可能作噩夢。另外也有人表示，抗憂鬱症的藥使他們產生身歷其境般恐怖的夢境。停止服藥也可能讓人作噩夢。所以你要跟醫生提到這些副作用，在醫生的監督下停止用藥。

與逝者溝通的夢

你如果是個會作夢的人，記住這些夢可能很不一樣。有些可能很平和，有些可能讓你心神不定。在你一步步走過哀慟歷程時，潛意識會以各式各樣令你吃驚的方式回應。布蕾克在哥哥死後作了一個詭異的夢：

> 凱樂柏死後三星期，我第一次夢到他。大家都說這樣算很快了。此後我有好幾次在夢中看到他。我想是因爲我很努力當別人的支柱，所以才在睡覺時經歷我自己的哀

慟與感覺。

凱樂柏死後三週，我那本關於單親的書逼近交稿期。為了準時交稿，我把自己關在一間旅館，以便眞正寫出一些東西。我通常在放任自己寫作時會工作到夜裡一、兩點，但是這次我很想躺下來讀一些自己的筆記。我撲通一聲跳上床，腳搭在枕頭上，頭在床尾。我沒摘下隱形眼鏡，時間也才九點。我知道在眞正睡覺前，還得至少再工作五小時。

等我再注意時間時，已經是清晨六點四十五分了。我在床上的位置沒變，但我夢到了哥哥。

我們在兒時居住的北威斯康辛州，房間就跟小時候一樣是對門。我在自己的房間，就跟凱樂柏去世後那個星期我待在北方時一樣。夢中的我很清楚哥哥已逝，而自己正全心全意在哀悼他。

突然走廊上響起熟悉的腳步聲。毫無疑問，那是凱樂柏。起先我從門縫往外看，看到凱樂柏站在他的房裡。他的臉、身體、衣服，我都看得清清楚楚。

凱樂柏穿著火化時的衣服。他翻動房內的東西，好像有點洩氣。然後他看到我，就說：「布蕾克，我的衣服呢？」他望著自己的運動包。

我僵在那裡。我知道他死了，但我也知道他在我面前，便直接說：「凱樂柏，你死了。」

他抬頭看我，說他知道，但他還有一些事要辦。首先，他得換衣服。

「你要到哪裡去？」我問。

「我只是去看幾個人。」他一邊說，一邊從桌上抓了什麼東西。我沒看出那是什麼。

「凱樂柏，」我輕輕地說：「我覺得這個想法不太好，大家都認爲你死了。有的人可能會被你嚇到。」

「眞的嗎？」他偏著頭，露出疑惑的表情。

「凱樂柏，不要不抱我就走。」我的淚水湧上來。哥哥把我摟進他強壯的臂彎。我又說了一遍：「你不能走。每個人都認爲你死了。請不要離開——我再也看不到你了。」

他把我的頭抬起來對著他，把我臉上一撮頭髮拂開，嘻嘻笑著說：「你們這些可憐的小孩。」那一刻我了解他說的是他仍繼續活著，雖然不知道是用什麼方法。

我覺得有點昏昏的，就起身慢慢在屋內走動。我感到與凱樂柏難以想像的接近，這讓我激動不已。在這個專門寫作的週末裡，我隨身帶了一個打算抽空整理的盒子，裡面有相片、紙張，以及其他從凱樂柏抽屜裡找到的零零碎碎的東西。我想把它們分類，然後把相片分送給他的朋友，也希望能找到任何跟遺產有關的文件。

我走過去打開盒子，伸手拿出一張凱樂柏的相片。我再伸手進去，拉出一張卡片，卡片裡面是凱樂柏手寫的一段話，來自《天地一沙鷗》：

如果我們的友情要靠時間與空間維繫，
那麼我們已經破壞了彼此的兄弟之情。
落實空間，我們只擁有此地，
落實時間，我們只擁有此時，
在此地與此時之間。
難道我們不會偶爾看到彼此一兩次嗎？

直至今日，當我重述此夢，人們總會問我覺得寓意何在。許多人想知道，我是否覺得眞與凱樂柏接觸過，抑或只是凱樂柏想要跟我說話。我只能說，在一個我們本應被死亡和不可知阻擋而相隔最遠的夜晚，我感受到了與他從未有過的親近。

哀慟路上的注意事項

- 記住，如果有人說類似這樣的話：「現在是你該繼續自己生活的時候了。」你有權利說：「我照自己和上帝的時間表過日子，而不是照你的。」
- 在悼亡時期，如果你想穿黑色衣服，就穿黑色衣服，但你也可以穿任何其他顏色的衣服。
- 如果你想獨處一段時間，完全可以。等你準備好了再回到人群中。
- 如果你有發瘋的衝動，就找一個合適的地方和時間讓自己瘋一下。到林中對樹木丟石頭，對電視豎中指，或者穿著逝者的衣服睡覺都行。
- 善待自己。沒必要做到完美，沒有終點，只有過程。用不著評價自己哀慟的程度，單是處在這個過程中就已經足夠。
- 承諾自己的未來。諾言使你超越恐懼、心中不再逃避，也不再找藉口，讓你能夠面對當下經歷的任何過程。
- 不要擋自己的路。治療喪親之痛最大的阻礙，是認為我們不該停留在當下，而應該及早往前邁進與成長。請放棄這種想法。
- 肯定你自己。你以前怎樣與以後會怎樣，都沒有你現在怎樣重要。
- 恐懼未必是壞事。你若讓自己全然經歷恐懼，完全不逃避，你的內在就會出現變化，開始脫胎換骨。

生命中沒有任何經驗不能讓你增加知識與成長。如果我們不再把重大喪親事件看成是對自己的懲罰，而開始用過程的角度來看，那麼它必定會成為創造新生命的途徑。這個過程從一段關係的死亡開始，經過哀慟與悼念的過程，以及死亡被承認與接受，最後止於重生。

感覺到逝者在場

感覺到逝者在身邊，就像有些截肢的人仍能感到失去的臂膀一樣。很多人都覺得自己的一部分已經喪失。有些配偶會感覺另一半在床上。聽到腳步聲，聞到那人的味道，哀慟期間很容易會聽到逝者的聲音，或看到逝者漂浮而過的身影。這種逝者在場的現象，往往出現在我們努力將死亡事件合理化，以便理解原因時。有人正在向我們發出訊息嗎？我們被告知了什麼嗎？我們「正在失去」它嗎？

凱瑟琳．桑德斯博士在《活過哀慟》書中談到忽隱忽現的現象。「我們視線外緣看到的印象形成了閃爍的陰影，於是馬上想到逝者；但等我們全神貫注在那個區域，卻又什麼都沒有。」

這些影像或感覺很可能是逝者想要安慰我們，想要突破什麼界限。當我們設法將其理性化，以便從中找出意義時，就奪走了其中的神奇之處。我們既然不懂爲什麼這些意外的死亡事件會發生，就也沒必要誇大這些彷彿逝者再臨的時刻。就讓它們爲生者提供安慰吧！

如果你感受不到逝者在旁

有些生者因爲無法像他人一樣感受到逝者在旁而情緒低落。請你不要因爲感受不到摯愛與你溝通，就認爲自己不被愛或不重要。別爲了「線路不通」而爲難自己。

有些人可能難以相信自己可以感到與逝者同在。如果你也是這種人，試著找出可能證明摯愛就在眼前的簡單記號。例如喬治死後，帕蜜拉有次在電梯中聽到他最喜愛的歌，因而覺得當時他在身旁；而父親去世後，她有一次在野外散步，看到一隻獵鷹在空中盤旋。因爲父親經常訓練獵鷹，她馬上就有了與父親同在的感覺。

與心愛的人溝通（假設你還沒有這個經驗）

某些人能從與逝去的摯愛溝通，而得到莫大的安慰。帕蜜拉在諮商課上會鼓勵求助者說出他們來不及跟遽逝親人說的話。例如，一位經歷九一一事件的寡婦在丈夫那天離家工作時還在睡覺，所以沒跟丈夫吻別，她寫了一封給丈夫的情書，親吻自己的簽名，然後大聲唸出來——

先在帕蜜拉的辦公室，接著在哀慟小組，然後把信放在丈夫的墓碑旁。

她在一次諮商課上說：「有時候我會在開車上班時跟他說話，我要他保佑孩子們，在我的時間到了時等著我。有時候我覺得他有回應，有時候覺得沒有連上他。但是跟他說話對我有益，我才不管別人會不會認爲我瘋了。」

有位接受布蕾克輔導的女士覺得自己異於別人，因爲她一直沒跟遽逝的母親講過話。她所有的姐妹們都說曾經感受到母親，或者跟母親說過話。布蕾克探索這位被輔導者的情緒，發現她對於追尋母親這件事很緊張。**萬一她不認同我做的一些選擇，怎麼辦？要是她現在對我的生活一覽無遺，卻不喜歡我做的一些事，怎麼辦？**布蕾克鼓勵她一點一點地慢慢打開連結。我們的自我懷疑會阻礙我們跟摯愛連接。人與人之間的眞愛是沒有條件的，對方會愛我們的優點與缺點，就算他們不了解或不認可這些特質也一樣。

世界好像夢一樣

許多突然失去親人的人會覺得世界變成一個超現實的地方。我們就像在漂浮，看不見也不了解周遭的一切。事事模糊，時間不再有意義。我們用逝者死去多久來數算日子，去世一天了，兩天了……所有的標準觀念都逐漸消失。有些人形容這種感覺像是舉步艱難地走在糖漿裡、活在慢動作的電影中，靈魂與軀體分開了。或許這就是大自然讓我們放慢腳步療傷的方式。

《悼亡手冊》（*The Mourning Handbook*）作者海倫．費滋傑羅（Helen Fitzgerald）寫道：「哀慟開始的一段時間，你會有麻木感，覺得無法融入周遭世界。有這種經歷的人告訴我，他們好像在看一齣戲，自己不參與其中；也有人覺得發生的事只是一場噩夢，自己終究會醒來，回歸正常生活。」要知道這是身體因應悲劇的一種方式。我們的身心知道，在遭受重擊後，這樣的安排比把我們直接扔回殘酷的現實好。因此，我們被慢慢地、一步一步地推回日常生活。

一段退縮的時間

許多人度過哀慟期會有一段失去知覺的階段。世界要不是彷彿夢境，就是與此人隔絕。那些曾經讓你發笑的人，現在完全起不了作用；你以往喜歡的活動，現在也失去吸引力。

有些人的這個階段可以短到只有幾天，有些人則久久無法揮別麻木狀態。這都是身體採取的措施，爲的是讓我們避免遽然喪親產生的重大情緒傷害。我們變得反應遲緩，所有外界訊息都經過篩選，而不是蜂湧而至。原來的感覺會恢復，但是需要時間。

我們在疲憊的狀態下從事日常活動，連通常會喜歡的活動都可能感到吃不消。許多人無法在緊接著震驚的日子裡維持平常的活動量。請盡量減少對自己的期望，免得增加壓力。你可聯絡那些事件或活動的組織者，告訴他們你可能需要長期休息。舉例而言，如果你參與孩子在家裡或學校的活動，也許你是壘球教練，或定期保齡球練習的一員，就請個假吧。眼前你要專心一致的只是度過這段艱苦的時間。

以上忠告跟很多人的想法相反。許多人會督促你「繼續參與活動」「多做些事」，或者「試試新的活動」「回到正常的生活節奏中」。但是那些建議沒有道理。你如果精力不足，或者不能專心照顧自己，又何必承擔更多責任？當然，那些事可能讓你短期內不去想傷心的事，但你終究必須度過哀慟期，這個過程無法迴避。

有害的自言自語

以下這些自言自語有可能會阻礙哀慟過程，使你卡在那裡。這些說法是哀慟者腦際非常可能閃過的錯誤觀念。

- 我的摯愛已與上帝同在，這是有原因的，所以我不應難過。
- 哀慟是一種精神病症。
- 對逝者生氣是錯的，也不應該表露出來。

- 我若接受喪親的事實，恐怕自己也會死。
- 我應該先死的。
- 我若讓哀慟浮出檯面，一定會發瘋。
- 我若哀慟，別人會認為我軟弱。
- 我若經常流露悲傷，恐怕會使家人不安。
- 我若在教堂裡哭泣，其他教友會認為我失去信仰。
- 孩子們若看到我哀慟，他們的感覺會更糟。
- 逝者不希望我哀慟。
- 我應該笑笑後就置之腦後。
- 如果我停止哀慟，別人就會希望我快樂起來。

發現自己陷入有害的自言自語中時，必須主動提出正向的說法作為平衡。先寫下有害的想法，再寫下比較正面的、合乎實際的想法。舉例而言，「逝者不希望我哀慟」這個念頭毫無助益，你就可以寫下「逝者了解且尊重我的各種情緒」。任何時候一個負面的念頭進入腦際，就代以一個正面的、比較實際的說法。

衝動的生活方式

固然有些哀慟者會退縮，但也有一些人會刻意積極地改變生活。那些想法通常是「生命短暫，最好及時行樂……把錢花光，賣掉房子，搬到夏威夷，寫書，休掉老婆等等」。還有些人會冒不必要的險。

喪親後第一年，你一定要好好監督自己的行為。不要做衝動的決定，不要買房子、改變居住地、跟妻子離婚等等。待迷霧散盡，你可以清楚看見眼前選項時，再做決定。

瞬間重演與強迫性想法

哀慟期的某個階段，我們可能不斷回想起與逝者同處的時光，腦際也可能顯現死亡發生時的各種場景，試圖作出解釋。某些人的心智完全被這種回顧佔據，不管我們怎麼想改變，就是不會想其他的事。

就跟創傷後壓力症候群一樣，你發現自己不斷在經歷死亡事件發生前，你與逝者共處的那幾天、幾小時或幾分鐘。你不斷想著「但願我沒開那條路……但願我說了『別去……』、但願我當時在場，或許就可以阻止意外……」。

我們剛聽到悲劇時，腦子就像篩子一樣工作，會在現實與細節裡進行篩選，只留下赤裸裸的事實讓我們知道。我們無法承擔太多細節，因此我們的腦子篩了又篩，知道我們的身心能夠再承受一點。等到某個時刻身體恢復得比較好了，腦子就會讓更多訊息進來。這時出於本能，我們渴望解決之道。我們拚命想了解究竟發生了什麼事，這時就出現了瞬間重演。我們探索各種可能，而有些實在匪夷所思。這些探索使我們得以慢慢接受一個事實，那就是，那個我們熟悉的生活已經不一樣了。

在哀慟過程中，這是關鍵時刻。到了這裡，或接近這裡時，我們終於承認了死亡這個事實。

大腦玩的「但願」遊戲

「但願」是一個折磨許多生者的罪惡感遊戲。在意外死亡發生時，「但願」的問句會密集浮現。因爲眼前呈現的是過度無法控制的局面，所以人類本能就拚命找尋能夠控制這種失控局面的方法。我們在渴望找出原因時，能夠掌控的理由往往就是怪罪自己。

「我早就該知道」或「如果我能跟他再談兩分鐘」，正是悼亡者可能對自己說的話。你首先要了解，這種罪惡感只是設法掌控無法控制局面的一種方式，接下來，你要努力去掉這種感覺。記住，它每次出現時，是因爲我們想要控制局面，請你不要對這種罪惡感妥協。我們不能改變已經發生的事，更何況事實上你無法事先左右其結果。沒有人知道這些事會發生，沒有人能夠掌控或預知。布蕾克也有「我早該知道」的經驗。

我跟許多失去摯愛的人談過，不論逝者在什麼情況下過世，生者都可能責怪自己。即使是我哥哥那種怪誕的離世方式，我們仍然找得到理由說出「早該知道」或「應該有辦法避免」。但是，當我們每個人闡述所謂能夠趨吉避凶的方式時，別人很容易就看出漏洞百出。沒有任何人能夠阻止已經發生的事。

帕蜜拉輔導的芭芭拉，有個在伊拉克戰場上喪生的兒子布萊恩。她誠懇地談到自己的罪惡感：

布萊恩極想爲國效勞，特別是在九一一事件以後。我知道他天生不喜歡暴力，所以我不懂他爲什麼突然改變價值觀。他堅持說，這樣做不僅能服務國家，軍隊訓練對他以後的平民生活也有好處。我不認識什麼會把兒子推向戰場的母親，我自己絕對不會。可是我但願自己能夠更堅定地不讓他去打仗。然而你能怎麼做呢？拿走他們的汽車鑰匙和 iPod 手機嗎？他是成年人，做出了成年人的決定。但他同時也是我的小男孩，我應該可以想出制止他的方法。

從那以後，芭芭拉了解其實沒有任何方法能夠說服孩子做出另外的選擇。她保持以兒子爲傲的感覺，罪惡感因此減少了。她最近對帕蜜拉說：「每個人都會做出影響生命的決定。儘管我反對，但布萊恩做了他心中覺得正確且榮耀的決定，我在有生之日都將尊重這個決定。」

不要用這種罪惡感繞來繞去地折磨自己。如果你發現無法停止責怪自己，請向專業諮商人士、心理治療師或神職人員吐露你的經歷。哀慟中的我們是不客觀的，專業人士可以幫助我們了解這些想法有多麼不切實際與缺乏根據。

恐懼

在哀慟過程中，我們可能因心懷恐懼而軟弱。有些人只在少數層面經歷恐懼，有些人則被恐懼感充滿。這種害怕的感覺是完全正常的。我們剛經歷了最難預料的悲劇。一般常見的恐懼包括：害怕任何與摯愛喪生有些微類似的情況，害怕其他我們愛的人也會受到傷害，害怕我們無法繼續活下去，害怕自己會死，害怕隨便什麼簡單的活動都會導致死亡。

「恐懼」有幾個存在的理由。在悼亡初期，恐懼讓我們在已經發生的死亡事件之外，還能注意到別的事情。恐懼感也有助我們的掌控能力。如果我們因爲害怕搭車可能致死而選擇不搭車，我們就創造了一種掌控的假象。前面已經解釋過，我們受到悲劇性死亡事件的打擊後，會很自然地尋求任何能夠掌握的控制感。大多數時候，恐懼感會自然消失。如果你發現有某種恐懼感使你變得衰弱，或讓你感受到恐慌性的攻擊，就應該求助專業人士。

在你回想本章時，請記住哀慟的經驗因人而異且十分獨特。如果你經歷過本章沒有列出的症狀，或者你的症狀比較少，都很正常。重要的是知道你必須走過這些感覺。有時候你需要別人幫助。在哀慟的過程中請仔細觀察自己。你內心深處很清楚，自己此刻正向歷程的終點走去，或是卡在開始或中途。人生有很多事情我們必須單獨面對，但哀慟不必如此。

4 哀慟過程的迷思與誤解

哀慟不必是消極被動的。
哀慟是你生命遭受重大損失後治療創傷的首要之務。

——鮑勃・戴茲（Bob Deitz），
《喪親後的生活》（*Life after Loss*）

哀慟就像異鄉，在這片土地上，我們說與聽一種自己無法了解的內在語言。爲了讓我們在異國大地上有個嚮導，此章將描述常見的迷思與誤解，以利你遊走於內在的疆域。

學校或家庭幾乎不教生活因悲劇而破碎時，情緒上或實際生活上應該如何因應，特別是當意外死亡事件發生時。突然喪親可能使人陷入旋風般的情緒與內心深處的反應，我們被糾結反轉，直到落在一個感覺怪異如在其他星球的地方。就像龍捲風一樣，我們沒有時間準備，事前幾乎沒有任何警訊。

我們從沒想過生命會如此脆弱。然而一旦經歷了悲劇性的喪親之痛，我們看待生命便從此不同。我們變得能夠敏銳了解人這種生物的微妙本質，生命也呈現出以往沒顯現出來的珍貴性。

你會清楚了解自己對於哀慟這件事的感覺，已經從「降臨到身上的事」轉爲「爲了療傷而做的事」。記住，當生命彷彿失控，此時也確實失控，你在如何哀慟這件事上是有主控權的。這種主控權可以增添你的力量。

本章我們要談許多人迄今仍然相信的哀慟迷思。你或許已經碰過這些錯誤的信念。了解這些迷思後，我們才能將自己準備得更好，以應付日後的挑戰。

迷思一：
死就是死，突然發生或長期拖延都一樣，我們哀慟的方式也一樣

所有人的哀慟過程當然有共同點，但根據我們的生活經驗、年齡、性別、變通程度、喪親次數、健康狀況、文化期待，以及與逝者的關係，每個人各有獨特的哀慟方式。沒有任何兩個人的生活史以及與逝者的關係完全一樣。

第一個迷思是，那些在毫無預警之下喪親的人，度過哀慟期的方式與節奏，跟那些目睹親人長久纏綿病榻或受傷後很久才去世的人完全一樣。如果所有人哀慟的方式都一樣，事情該有多麼簡單，只要印一本哀慟手冊就行了。但事實不是這樣。你用不著向別人解釋何以你哀慟的方式與別人不同，重要的是你了解自己獨特的哀慟過程。

迷思二：

我只要保持忙碌，就能減少或除去哀慟

爲了避免痛苦，悼亡者可能選擇保持忙碌。我們或許會清理房子、撣去書櫃上的灰塵、清理抽屜，以及從事其他耗時的工作。不過，你會發現忙碌只是一條臨時的岔路，只在很短的時間裡有效。

沒有方法可以逃避哀慟。保持忙碌或許能暫時改變心情，就像酒精、藥物或暴飲暴食一樣，但你終究必須面對摯愛**已經離開**的事實。

迷思三：

我必定正在發瘋或失控

遽逝使生者在很多方面受傷，這些遭受打擊的人可能表現出旁觀者想像不到的行爲。許多人說他們此時沒有感覺，也不關心任何事。你周圍的人或許原先期待看到你明顯的心煩意亂，因而此時他們會說：「哇，你應付得眞好。」或者「我以爲你會很慘。」你會覺得自己彷彿置身迷霧之中，無法做出任何決定。你可能表現出一副無所謂的樣子，也可能工作效率特別好。當你內心設法對付難以想像的事情時，外表最常出現的是眼神空洞，有時候你或許哭不出來。這些表現可能令外人和家人很困惑，但很多人都表示有過這樣的經驗。這些情緒是**正常而且暫時的**。

某些原始文化完全接受「發瘋」，但我們這樣的文明社會卻用藥物讓生者克制自己的情緒。我們爲什麼這麼害怕自己的感覺？我們知道有醫生開藥，特別是開給女人，讓她們度過困難時期。他們所做的實際上只是在拖延正常的哀慟期。有限度的發瘋完全沒問題，也是哀慟過程中一個正常的部分。釋放出痛苦情緒正是準備開始療傷。

迷思四：我要確定別哀慟太久——一年應該夠了

社會習俗與宗教信仰有時會添加一些悼亡的規則，例如悲傷時間的長短、服喪時該穿什麼、喪期的舉止行爲，以及何時何地跟誰談論死亡悲劇。我們遭逢遽逝或任何死亡事件時，必須找出自己能夠走過這段經歷以便再度擁抱生活的方式。重建生活通常需要兩年或更久，有時候也可能永遠無法完全復原。我們紓解哀慟的方式，必須因應我們從彷彿毫無意義的悲劇中找出意義的需要，而這種事是無法限定時間長短的。

迷思五：如果我對上帝或死亡事件當時的狀況生氣，我就是壞人，必須「付出代價」

憤怒會帶給某些人極端不舒服的感覺，但卻是最需要紓解的情緒之一。如果你氣上帝，別太譴責自己。猶太導師厄·洛曼（Earl Grellman）寫道：「你可以對上帝尖叫，祂受得了。」

《聖經》詩篇中充滿了對上帝不公平的憤怒。我們相信上帝能夠處理我們拋給祂的任何東西。不過，你若發現自己的憤怒逐漸失控，像是摔壞貴重物品、威脅且準備殺掉某人、打算燒掉教堂或醫院、或是有自殺傾向，就必須馬上求助專業人士。

迷思六：朋友們告訴我現在應該放手了。既然別人都已恢復正常生活，我也應該

你可以繼續保有從逝者而來的愛的回憶、學到的功課，以及得到的禮物，也可以在內心某處繼續愛著逝者。或許你的親朋好友不是這樣說，但你渴望保有個人生命史中重要的一部分，並不會阻礙生命的進展。我們可以舉布蕾克的母親爲例。她總是說自己是兩個孩子的母親，其中一個孩子死了。**死亡不會抹去那人曾經存在的事實，也不會抹去那人在我們生命中產生的影響**。紀念逝者並重溫過往特殊歲月，仍然可以讓你重返正常生活。雖然「我選擇不遺忘」的立場，似乎與生活向前看的概念相左，但其實有助你加速復原，並讓你能夠多少掌握一種似乎失控的情況。

過了一陣子，你的親朋好友可能會（依他們的時間表）設法要你重新生活，鼓勵你「忘掉過去，重新往前走」。他們是出於好意，說的話也有幾分道理，不過你可能還有一些事情未了。我們建議你保持對逝者的感覺，繼續珍惜那些回憶，也就是在面對當下、走向未來的同時，仍然記住過去。

迷思七：
我一定要在一段時間內穿黑衣，否則別人會認為我不尊重逝者

葬禮著黑衣的習俗由來已久，起源於人們認爲精靈會圍繞在遺體四周，其中有些是邪靈，而穿著黑衣可以使生者不彰顯，免得被邪靈騷擾。

十九世紀時出現了明確的規則，限定哀慟期長度與該時間內的衣著。寡婦應該哀慟兩年，不多也不少。《美國早期的死亡習俗》（*Death in Early America*）一書作者瑪格麗特・M・柯芬（Margaret M. Coffin）說：「維多利亞時期，婦女哀悼父母或子女時必須穿一年黑衣，時間比哀悼丈夫少一半，但服飾類似。若是哀悼祖父母、手足，或留下部分遺產給你的朋友，那麼穿黑衣的時間是半年。哀悼叔伯或侄甥晚輩的時間是三個月，而且可在衣服上加白邊。」

幸運的是，美國悼亡的習俗至今已經改變很多，喪親的程度不再以衣服的色澤來衡量。更何況服飾的色彩絕對會影響我們看待自己的感覺——色彩鮮豔的衣服可以提高我們和周遭人的精神。因此，儘管穿著讓你擁有最好心情的衣服吧。

帕蜜拉認識的一位女士在丈夫葬禮上、並且不時在持續數月的哀悼期內，穿著紅白藍三色的衣服。她先生曾在戰爭期間服役，遽逝時仍是非常愛國的人，她的服飾顯然有助自己紀念丈夫。

迷思八：

我用不著這麼哀慟，如果我用酒精或藥物來減少悲傷，感覺會好得多

有些生者會使用或加強使用酒精或抗憂鬱藥。傷痛感不會消失，只是暫時隱身，伺機再現。人們誤信「我若在喝酒時除去傷痛，清醒後傷痛就沒有了」。事實絕非如此。當你停止使用這些轉變心情的外物時，必須從當初離開的哀慟點經歷整個過程。終止哀慟是沒有捷徑的。

當然，找到一位願意開鎮靜劑的醫生並不難，買一瓶琴酒也很容易，但是長期以外在物質作爲解決之道則是弊多於利。你會更加困惑，痊癒之日遙遙無期。

不過，如果你感到特別焦慮、沮喪或缺乏足夠的休息，以應付情緒與做決定，那麼暫時以藥物解決困擾，以便身體能發揮功能就可能有必要。在喪親初期的痛苦中，使用處方安眠藥或抗焦慮的藥物並不罕見。在做這種決定之前，應該請教專業人士。

你或許也可以上網查查含天然成分的草藥療方，很多人曾經受益。

鮑勃·戴茲在《喪親後的生活》中說：「你若要做哀慟情緒的主宰，就必須用全部感官來面對喪親這件事。但你若處在飄飄然的狀態，就不可能那樣做。」

迷思九：我若談論喪親之痛，只會覺得更糟

你一定要談及此事，說出來，不斷地說。找一個願意傾聽的人，說到你一時無法再說爲止。然後等到你覺得還想再說，就重頭再說一遍。除非你經歷哀慟的過程，否則你就無法走出來。不論隱藏或否認，都只會延長哀慟期。跟其他經歷過哀慟的人見面討論，有助你走出這段過程。愛倫・蘇・史德恩（Ellen Sue Stern）在《與喪親共存：哀慟寡婦的冥想》（*Living with Loss: Meditations for Grieving Widows*）中寫道：「重要的是讓自己盡量多講。回想你的丈夫或摯愛，腦中重演他生命最後的日子、葬禮，以及任何其他與死亡有關的細節，這樣可以加快復原。現在，請只跟那些扶持你、體諒你、你願意講多久他們就溫柔的聽多久的人在一起。」

愛倫的故事

愛倫目前正在適應結縭三十八年的丈夫驟逝的初期。她覺得自己在社區裡沒有朋友，那種孤立的感覺巨大且強烈，以至於需要用藥物來克制焦慮。這也是她生平首次必須處理自己所知甚少

的財務與財產事務，因此她的焦慮更為嚴重。她參加了一個扶持團體，很快就被接受與肯定。才不過兩次聚會，她整個人就很明顯地上升到一個較高、也較正面的水平。她現在定期去這個團體，覺得自己遠沒有以前那麼「發瘋」，也更能控制哀慟過程。在團體的扶持下，她請律師與會計師放慢腳步，把事情解釋得更清楚一點，也不再做太多決定。她又從一位團體成員那裡知道了何處可以取得更多房地產資訊，也向團體成員請教財務意見。

迷思十：

我不是應該堅強地獨力撐過去嗎？

這回可別期待靠自己度過，你需要所有能夠得到的支援。這些支援可能要由親朋好友提供。你可能誤以爲過一陣子就應該靠自己撐過去，但是只有在一種坦誠相交、溫柔扶助、且能分攤重擔的氛圍中，我們才能從喪親之痛中復原。找一個扶持團體，或者也可自己設立一個，讓你在其中釋放痛苦，處理遲遲揮之不去的罪惡感，並看到未來的希望。「看到」自己成長最好的方法之一，是參加一個可以告訴你「成功了多少」的扶持團體，我們在團體裡可以看到有人還落在我們以往的處境中、有人的療傷進度已經超過我們、有人正準備開始一段新戀情、也有人剛剛踏上哀慟之路。不管這些組員處於哀慟的哪個階段，當你們分享經驗時，你都可以發現與自己相似之處，從而得到激勵。

孤軍奮戰很難治癒親人遽逝所造成的創傷，甚至還可能損及健康。當你碰到一個問題時，與一位有過同樣經驗的人談談，不是很舒服嗎？跟那些了解你所經歷的痛苦與生活變化的人談談，會有一種自在的感覺。當你講述自己受的苦，以及你在這種情況下完成的事，會看到許多人點頭稱是，這就可以產生很好的療效。研究顯示，團體能提供的好處之一就是增強免疫能力！你在幫助別人時，自己的療傷速度也會加快。團體不論大小、是否由專業人士帶領，都能提供了解、扶持，以及實際有用的各種訊息。

迷思十一：
親朋好友都離開我，我一定做錯了什麼事

在哀慟期時，親朋好友有時會因爲自己需要療傷而跟你疏遠。他們可能認爲如果跟你互動，你的哀慟或許會增加，而那是沒有必要的。還有些人只是希望你往前走，他們不想看到你繼續活在傷痛中。如果親朋好友不能支持你，你會覺得被遺棄，你會生氣。但是別勉強他們做他們做不到的事，你去找其他的扶持團體吧。

迷思十二：

他們沒有受太久的苦，我應該鬆一口氣

你或許聽到別人說：「至少他走得很快。爲他們高興吧。」如果你失去的摯愛年事已高或纏綿病榻已久，或許你也是這樣想。但是對大多數人而言，遽逝總是來得不是時候，對逝者與倖存者都發生得太快。即使有所謂的輕鬆，也是非常微小的。

迷思十三：

將來我還會有（配偶、孩子、父母、愛人……），而那人可以減少我的痛苦，取代我所失去的

沒錯，也許有一天你會有「另一個」，但是期待那人取代你所失去的摯愛，不僅對那人不公平，也會讓你日後更痛苦。健康的態度是，知道你將來還有愛的能力，建立類似的關係，同時也清楚沒有人能取代另一個人。

迷思十四：

一旦我度過哀慟的某個階段，就會自然進入下一階段

因爲庫伯勒．羅絲（Kübler-Ross）提出的「哀慟五階段」太有名了，有些人誤以爲哀慟就

是一條筆直的道路。前面已經說過，復原的路不是一座電梯，將你從修補傷痛的地下室送到平安釋懷的頂樓安樂窩。它比較像迷宮，你向前幾步，退後幾步，重新走一些路，結果發現自己回到原點。它也像佈滿鏡子的遊戲場，你不斷看到自己，而且是扭曲變形的，直到你走到外面爲止。

迷思十五：

我如果回憶以往的歡樂時光，就會困在痛苦裡

有些回憶會困住我們，也有一些可以幫助我們前行，時間會教你分辨這兩種。就目前而言，不用擔心對摯愛的回憶會阻礙你復原。

迷思十六：

兒童未必了解死亡的真義，或許不用參與葬禮計劃與追悼會

第九章「幫助孩子哀慟」中會提到，這個觀點要配合兒童發展階段來看。其實許多孩子已經懂得死亡，並且深切體會到喪親的感覺。死亡突如其來降臨時，孩子不再感到世界跟以前一樣安全。不管怎樣，請依孩子的年齡與能力將他們納入葬禮或追思會的規劃中。讓他們寫一段話或畫一張圖，然後放進棺木中。有些幼兒可能害怕看到遺體，你也要尊重他們。不要逼孩子做會嚇到他們或困擾他們的事。同理，如果他們持續明確地要求參與悼念儀式，也不要拒絕。

面臨遽逝這種失控的情況，鼓勵他們參與葬禮能夠提供親密感與少量主控性的活動，對他們其實是很有益處的。

迷思十七：為了給逝者恰如其分的尊榮，我必須採用合乎標準的守靈與埋葬儀式

儘管許多人都會採用標準的葬禮儀式，但是也有一些另類做法可以用。布蕾克的哥哥去世時，家人們覺得葬禮對凱樂柏不合適，一個紀念他的派對或慶祝活動或許還比較恰當。他們後來決定在城裡他最喜歡的一家酒館餐廳開派對，有超過四百位賓客參加，城裡各處都有商店捐贈食物與飲料。布蕾克與母親決定不在當地墳場立一個墓碑，而是在一塊銅牌上刻了凱樂柏最喜愛的一段話，然後在凱樂柏最喜歡的湖邊，將銅牌嵌在一塊岩石上。做你覺得最好的安排。如果你策劃了一個你覺得逝者會想要的守靈、追悼會或葬禮，就不要因爲葬儀社或神職人員的說法而改變。

迷思十八：我害怕哀慟會「把喪親的感覺拋在腦後」，我不要忘記他

哀慟不是病，不會「消失」或痊癒。哀慟是通往新生活的一段歷程，其目標不是遺忘或解決，而是與人生再度和好。

在痛苦與失落時，我們傾向抓住記憶中的分分秒秒。許多哀慟者不整理逝者的遺物，妻子們會把丈夫的衣服留在衣櫥裡，父母們會把孩子的房門關上。當你準備好時，整理或送出逝者的遺物，並不表示你要扔掉回憶。

害怕忘記逝者或彼此的回憶會消退，這種恐懼的力量十分強大。然而，我們如果抓住逝者的點點滴滴，那麼邁向新生活的步履就會僵硬、遲緩，有時候根本無法向前走。我們的目標是在抓住過去與放手之間取得平衡。珍視屬於你們彼此的特殊記憶，保持它們，記錄下來，不要放棄。但換句話說，當你能夠不再依戀一些能引起回憶的物品時，你的成長與復原也就指日可期了。

迷思十九：救命！我卡在快速重演的處境裡，無法去掉這些念頭。我一定有毛病

不斷重演最可怕的一件事就是不斷質疑自己做過的抉擇。例如：我是不是可以早一點叫救護車？如果我會心肺復甦術，結果是否就不一樣？我是不是錯過了什麼警訊？我可不可能採取任何行動讓這件事不發生？如果長期重演這些念頭，就很難接受事實而讓哀慟期告一段落。

重演是心靈與不可理解之事妥協的一種方式。有些重演有必要，但太多則會阻礙我們復原。如果你的快速重演已經成癮，不妨試試每天撥出十分鐘來對付這件事。

另一個技巧是心理治療師所謂的「中斷思想」。你可以用這個方法停止當時的念頭而刻意

轉換主題，這個動作並不複雜，比你想像中簡單。

你若特別被那樁死亡事件困擾，腦中可能就會不斷重演那個畫面。如果逝者去世前最後幾分鐘或幾小時給你的恐怖印象，像某個爛電影裡的畫面一樣不斷重現，你首先就要面對那個恐怖畫面，然後用一個你們初次相遇時的畫面代替，一個畫面取代一個畫面。

《困境商數：化障礙爲機會》（*Adversity Quotient: Turning Obstacles into Opportunities*）一書作者保羅．G．史托茲（Paul G. Stoltz）寫道：「用遏制器武裝自己。任何時候當危機出現時，既常見又無用的反應就是焦慮，它像情緒野火一樣四處蔓延，使人難以用理智好好應付問題。你會因此馬上將事情災難化，覺得無助與絕望。要避免想像最糟的場面出現，請用我說的『遏制器』重新主控。

＊當你覺得壓力過大時，建議你拍打膝蓋或任何堅硬的表面，大叫：『停止！』這個刺激會把你驚嚇到比較理智的狀態。有些人在手腕上繫一條橡皮筋，感到焦慮時，就把橡皮筋拉開六吋，然後放開。

＊專注在不相干的事物上，像是一支筆、壁紙的圖案、或是一件家具。你若能將注意力從危機中移開，即使只是一下子，也能回到採取有效行動所需要的鎮定。

＊歇息一下，做一會兒活動。只要十五、二十分鐘的快走或其他運動，就能讓你的腦筋清醒，精力提升，腦中湧入腦內啡那種帶來樂觀心情的化學元素。

＊讓自己置身於一個感覺渺小的場景。災難化會將問題擴大到不切實際，而改變視角可以讓災難感覺的幅度縮小。開車到海邊眺望大海，站在一棵大樹下，仰望雲朵，或是聆聽一段氣勢磅礡的音樂而讓偉大感籠罩你。」

迷思二十：這種事不會發生在我家人身上

你之前可能沒有親人死亡的經驗，現在突然要面對令你震撼的創傷性死亡事件，你或許會想：**我們住在好社區，從不嗑藥，不忘去教堂，敬畏上帝，爲什麼這種事會降臨在我們頭上？**這是用合乎邏輯的思考方式去應付一個不合乎邏輯的情況，而這種做法也是「否認」的一種形式。跳脫否認最好的方式就是繼續面對實情，一點一點地接受。

猶太導師哈洛德．庫希納（Harold S. Kushner）在這方面寫了一本很好的書《當好人遇上壞事》（*When Bad Things Happen to Good People*，二〇〇六年，張老師文化），他說：「自然法則不爲好人破例。子彈沒有良心，惡性腫瘤或失控的汽車也一樣，這也解釋了何以好人生病或受傷的機率跟其他人一樣多。」

迷思二十一：

我一定有問題，我居然不哭

每個人都哭，只有我不會。也許我不像自己以爲地那麼在乎他／她。

你可能不哭，但這不表示你沒有心。如果哭不出來，很可能因爲擔心一旦開始流淚就停不下來。也或許你被教導過，堅強的人不在公開場合掉眼淚；或許你的文化背景跟你無法流淚有關係。不管怎樣，你可能現在得學習哭泣了。

流淚有助你除去梗在心頭的悲傷。有人比喻哭泣爲「精神的營養品、心靈的清潔劑」。可靠的科學資料提到，人在流淚後可以得到疏緩與鎮定。研究也證明，健康的人哭得更多。哭泣時，眼淚會分泌對付壓力與痛苦的化學物質。醫學報告指出，淚水含有腦啡（encephalin），可以減輕肉體或情緒的痛感，分泌具有鎮定作用的促腎上腺皮質激素（ACTH）。

迷思二十二：

我哀慟的方法不對，應該做些不同的事

也許我太快回去工作了，如果我眞的愛他／她，應該身心交瘁得更嚴重。

這些內在的自我評價會阻擋哀慟，有害無益，讓你有挫敗感。你或許是在比較別人與自己的哀慟方式。然而，世上沒有兩個人完全相像，也沒有兩個人的哀慟方法完全一樣。有些人維

持高效率的生活方式，有些人茫然失措。有些人非常內斂，有些人又哭、又罵、尖叫，連帽子掉到地上都會大發雷霆。這些差異大都與處於哀慟的哪個階段，以及人的個性有關。文化差異也會產生影響，而男人通常比女人顯現較多的哀慟差異。此外還有一項參考指數，那就是喪親經驗的多寡。多重喪親經驗的效果會累積，因而影響你處理傷痛的方式。之前已經說過，每個人都用自己特殊的方式來表達哀傷。

迷思二十三：我應該有罪惡感

你如果不需爲死亡事件直接負責，或許會有一種「生者罪惡感」。《生者罪惡感》（*Survivor Guilt*）一書作者艾佛狄特．瑪薩吉斯博士（Aphrodite Matsakis, PhD）表示：「生者罪惡感涉及存在主義的問題，例如，何以你受的苦比別人少，何以你活著而別人卻死了。」一直問「爲何是他們，而不是我？」會使你焦慮、痛苦，並且懷疑自己，以至於久久困在哀慟中無法自拔。你或許覺得，罪惡感是一種你爲了活下來而付出代價的方法，而沉重的罪惡感則是你對逝者表示敬意的方式。但是，罪惡感影響我們的不止於此。你需要與可靠的朋友、心理治療師或神職人員討論罪惡感的問題。敬重逝者最好的方法之一是拋棄罪惡感，放下責打自己的棍子，繼續你的人生。

迷思二十四：我不應該這麼憤怒

對你的摯愛生氣，可能是所有情緒中最令人洩氣的一種了。但是，你不抒發怒氣就可能走不出哀慟。你或許沒想到，抒發自己對於意外喪親的憤怒，最後你可能就不再那麼生氣了。若你認爲憤怒與恨意沒有出口，那麼你的精神與情緒就可能無法成長。你是有血有肉的人。此外，心中久久懷著怒氣會消耗精力，而哀慟復原需要很多精力。解放怒氣吧！我們在五十五至五十六頁已建議了一些方法。

迷思二十五：我再也不會快樂了

我們每遇到一次挫折或喪親事件，就更容易悲觀與負面一點。我們曾經訪問過一個近幾年連續失去三位至親與一份工作的男子，他變得漠然、怨懟、幾乎失去繼續努力的理由。他已經熟悉了這塊幽暗的心靈角落，雖然不吸引人，卻令他感到自在。我們越熟悉某事，就越難與其分開，即使那是一處黑暗且讓人沮喪的所在。不過，這些感覺不是我們逃避痛苦與重建工作的藉口。重建的過程緩慢而艱難，但我們只要全心全意努力，總會成功。

迷思二十六：

再過一陣子，我就不會想、也不會感受到這次的喪親了

你或許在最沒準備的情況下遭到哀慟的襲擊。我們不會忘記自己的摯愛，也不可能完全不再哀慟。你在以後的日子裡，仍然不時會重溫喪親的感覺。

迷思二十七：

為了有效地完成哀慟歷程，我必須走過「哀慟五階段」

許多人用著名的「哀慟五階段」來解釋這項複雜的過程，以及通往治癒之路。但很多人不知道的是，這著名的五階段來自伊莉莎白．庫伯勒．羅絲描述**垂死病人面對死亡的情境**，也就是：

＊震驚
＊否認
＊洩氣
＊憤怒
＊接受

由於作者寫作的目的原是幫助垂死者，許多悼亡者在覺得自己無法對號入座時會有困惑之感。這些階段實際上只有部分適用於悼亡者。遽失摯愛者會經歷更多需要克服的階段與狂亂的情緒。

將哀慟分為時期、階段，以及程度，乃是提供我們行走在未知領域的指導。人類的腦子必須靠結構與秩序運作，在突然喪親這種混亂的時期，我們依靠這些模式幫助我們了解自己的處境，並找到前行的途徑。然而，百分之百接受「階段」或「時期」的意義，卻可能產生不實際的期待。你不見得會經歷每一個時期，也不可能是沿著直線，一個接一個度過。比較可能的是發現自己被壓縮進一小時、一分鐘或一天的各種不同的情緒與階段，而在其間設法取得平衡。

既有的研究結果加上我們的觀察證實，視一個人在復原上花了多少功夫而定，親人纏綿病榻致死帶來的哀慟，大約維持二至五年。纏綿很久的死亡會有一段死前哀慟期，因此當真正的死亡來臨時，親朋好友已經哀慟了一段時間。遽逝呈現出不同的場景。當它發生時，各個階段會壓縮成一小時、一分鐘或一天。

在現實中，哀慟比較像是情緒迷宮，而不是一個從地下室升到平安釋懷的頂樓安樂窩。就像在迷宮裡，我們往前走一點，然後又退回原來的途徑。如果我們學習在穿過充滿情緒的迷宮時，也能愛自己與接受自己，或許就能看見我們的人性弱點與破損的自我，其實是通往個人成長的門檻。不論怎樣，重要的是向自己保證，無論你在迷宮中可能感到多麼瘋狂與失落，一定會走出迷宮，達到彼岸，而且不是孤單無助。

迷思二十八：
哀慟最後的階段是接受

接受是最難了解的概念。當某人緩慢死去時，你有機會慢慢地進入到接受的階段。當某人突然辭世，接受就顯得格外困難。帕蜜拉有一個學員質疑「接受」。

曾經有個學員對我說：「爲什麼你不斷說，接受是復原的最後階段？『接受』聽來像是同意，好像說我覺得死亡沒問題，並且同意此事發生。但我不同意。逝者是我丈夫，我從來不會覺得OK……那麼所謂的哀慟最後階段是接受，究竟是什麼意思？」

《美國傳統字典》（*The American Heritage Dictionary*）對於acceptance的解釋是：

1. 接受作爲一種動作。
2. 被接受或被認爲可以接受的。
3. 討喜的接待會，核可。
4. 相信某事，達成協議。

我們建議不稱此階段爲「接受」，而稱其爲「認知」。「接受」的意思與「同意」太接近，而一個人怎麼可能接受突然失去某人？你或許在三到六個月間能夠認知你失去了某人。在那之後，你還是偶爾會想否認一陣子，只是想讓自己覺得好過些。通往治癒的途徑必須經過痛苦的認知。

＊　＊　＊　＊　＊

以上是我們十年來與許多哀悼者共同努力而注意到最常見的迷思與哀慟瓶頸。你當然還會發現其他各種形式的迷思。扶持團體和自主練習能夠很有效地除去這些障礙。本書後面的哀慟復原與練習那一章會有一些建議。

第二部

世界顛倒了：收拾我們的碎片

在喪親初期的震驚與麻木逐漸減輕後，我們了解自己的生活已永遠改變，碎片已經取代了以往堅固的基礎。本章就要探討那些我們據以重建生活的碎片。

喪親事件雖然終止了我們所熟悉的世界，但世界其他部分卻一如往常地一天一天前進。當我們試圖與這個世界或那些不曾親身經歷遽逝的人重新連結時，挑戰來了。我們訝異何以「自己無法回到正常」。離群索居的念頭可能閃過腦際，但是長遠而言，這個世界仍充滿禮物、未來，以及希望。我們將探討回到人群，以及重新定義沒有摯愛的生活所面臨的挑戰。

我們也要探索如何自助，以及幫助那些我們關愛的人——父母、子女、家庭。

5 世界顛倒了

大約八點半時門鈴響起，我沒在等誰，
所以心頭湧現奇怪的感覺。我從鑰匙孔往外看，
望見弟弟丹佛和他太太愛麗森站在走廊。
我讓他們進來。接下來是一陣沉寂，
我從弟弟眼裡知道發生了什麼事。他甚至用不著說什麼。
他把我攬入懷裡，世界從此永遠改變。
我的眼睛轉向兒子幼年時的一張照片，
他那剪成平頭的紅頭髮緊緊貼在頭上，
藍色大眼睛望著我。
我的世界進入黑暗，生活再也不一樣。

——歌手茱蒂・柯林斯（Judie Collins）談兒子克拉克去世

「我仍然記得那天自己注視著太陽，看著它落入林中。我記得自己全心全意希望太陽不要下山。我知道，兒子還活著的最後一天就要結束了。」這是一位母親的話。不過，太陽雖然帶走了我們與至親相處的日子，世界卻換了新面孔，使我們不得不質疑自己在其中的位置。

許多哀慟者提到覺得周遭一切都顛倒、不對勁。幾秒鐘的時間，我們就知道這個世界已經改變，跟以往再也不一樣。接下來就是震驚的階段。死亡事件如果降臨在長久纏綿病榻之後，親人可以事先準備一切，但那些遭逢親人遽逝的人卻需要馬上處理一切。我們在一個完全沒有心理準備的時刻被迫理解死亡，因此心中油然而生各種疑問，也會有失去生活目標的感覺。可能也有人會產生靈性問題，或者重新梳理宗教信仰。我們在本章中檢視世界如何顛倒，並提出一些這個困惑時刻的因應之道。

生活的前提被粉碎

我們突然喪親時，無法不重新思考某些關於自己的假設。我們或許感到不堪一擊，而生命無比脆弱，也可能開始質問世界有無意義，秩序何在。我們或許生平首次看到自己的無助與不足。那些從未應付過遽逝重創的人，也可能在生命某個時刻質問這些假設，但他們不像親人遽逝者一樣**被迫**質問這些假設的基本眞理。

我們都不得不面對個人肉體的死亡。大多數人在中年時思考這個問題，那時我們開始看到自己年老或父母、祖父母死亡，這種情形合乎自然法則。但是，作爲親人遽逝的存活者，不管我們年紀多大，都被迫在中場時刻面對生死問題。通常在死亡事件發生幾分鐘、幾小時或幾天之內，我們很快就感受到生命本質的脆弱。

艾佛狄特·瑪薩吉斯博士（Aphrodite Matsakis, PhD）在《創傷後的信任》（*Trust After Trauma*）中說：「……（這種認知）雖然有助他們餘生成就更多，但也有可能令他們及別人恐懼，因而寧可避免面對自己逃不掉的死亡。」

你或許曾經想過：「這種事不可能降臨在我頭上。」但它確實發生了，而你可能覺得世界不再安全。容易受傷的感覺會帶來宿命感，或自己來日不多的想法。你可能也會經歷令人喘不過氣來的恐懼，覺得創傷可能重複，而其他家庭成員也可能會死去。

瑪薩吉斯博士繼續說道：「公正世界的邏輯無法解釋發生在你身上的事。你一向認爲自己小心、誠實、善良，因而能夠躲過災難。但是這個創傷告訴你，不論你多麼努力，也不能防止最糟的事。或許你看到別人無辜死亡，或受到不該受的傷。因此，雖然你很願意相信世界條理分明、善惡各有所報，但事實上你的經歷與這些信念相反。」

當我們下方的基石被沖走，我們就開始質疑生命的基本要素。雖然表面看來很瘋狂，其實這些基本假設的瓦解正是哀慟的一部分。**我們必須重新評估以往深信不疑的道理，走過廢墟，用我們所學重新奠基**。

失去目標

許多哀慟中的人感到人生不再有目標。畢竟我們以往所知的是一個確定的人生，我們確定那個人會在那裡，從不懷疑。但是突然地，我們不再確定，並發出像這樣的疑問：這件事為什麼會發生？如果一個人會這樣突然死去，為什麼還要努力成就任何事，好好活下去？布蕾克在得知凱樂柏去世時，內心曾經這樣交戰過：

我一直是高成就者，我規劃並整理生活，因此我能夠爬過一山又一山，不斷尋求更高的地方。凱樂柏死後，我懷疑這些登高有什麼意義。我突然了解，沒人保證我會活到七十歲，甚至未必能再活一星期。那麼這些辛勤耕耘的目的何在——如果根本沒機會收割的話？

我迷失在這個問題裡，於是向一位很棒的好友求助，就是我教區的牧師傑夫。我們常常一起吃午飯，他的話總能安慰我。我隔著桌子瞪著他，簡短地說：「還有什麼事是重要的？」他給了我一句話，有點像謎語：「因為沒有一件事重要，所以每件事都重要。」吃飯時我設法去理解這句話，可是它一直在我腦中打轉，最後只好請他說清楚。

傑夫解釋，做長期計劃或預先準備不是很重要；當然，我們多多少少會為未來做點準備，但是過分爲未來著想是很蠢的，因爲生命可能瞬間消失。「你此刻做的才是重要的事。」他表示：「你應該活在當下。任何爲明天而活的人，不是眞正活著。」那時我正在徬徨自己的寫作生涯方向何在，以及下一步要做哪個案子。想到眼前有整整一本書要努力就令我卻步，覺得沒什麼意義。我害怕開始做任何事，擔心可能永遠無法完成。傑夫問我此刻什麼事最重要，我說：「過得去。」當我們四目交視時，我知道那就是我在乎的。我要寫關於過得去的東西，因爲那對我有意義。如果生命明天就消失，我會滿足於自己今天做的事。

因爲未來沒事重要，所以此時此刻的每件事都重要。學到活在當下，把握此刻的恩賜，就是我們能夠爲別人、當然更是爲自己，所做的最好的事。

重新界定自己

我們失去某人時，也失去了部分的自己。我們與此人越親近，就越需要重新界定自己。我們的身分認同絕大部分來自與別人的關係。例如有位女士三十年來都用某某人的妻子與某某人的母親介紹自己，但有一天家人全在飛機失事中罹難，這位視自己爲妻子與母親的女人變得既無丈夫也無子女。用別人來定義自己固然可以充實我們的生活，卻也意味著當這些人消失時，我們必須爲那份空白尋找意義。

當你想到重新定義自己時，要記住沒必要馬上得到所有的答案。沒有人應該強迫你或要你在特定時間內馬上弄清楚自己的新身分。這段過程涉及靈魂探索、勇氣，以及重新發現，是需要時間的。要知道你用不著放棄原來的自己，只需適應未來的角色。以先前的例子而言，那位女士永遠都知道身爲妻子與母親的意義，她終其一生都會記得那樣的角色，並在心中與行動中重返那個角色。縱使我們的生活顛倒、角色突然轉變，也不能否認過去生命的重要。

說得簡單些，問題變成了「那現在怎麼辦？」你原來期待生命照著既定軌道而行，但生命自己選擇了一條路，與你的計劃大相逕庭。同樣地，請慢慢來。如果你一直喜歡繪畫，要知道將來你仍然能做畫家，注意你深深了解的那部分自己。檢視你一直想做的那些事，選擇一項專心去做。一次一件事，等你準備好時，再把其他一部分加進努力的計劃裡。

有些人需要花好幾個月重建自己，有些人需要一輩子的工夫，但是你可以一樣一樣來，最後就能把全部碎片補回去。

現在還有什麼事重要？

重建自己時，我們可能會問：「現在還有什麼重要的事？什麼是我人生的目的？」當我們明白一切都可能在毫無預警的情形下失去時，我們爲明天編織的夢想與計劃的目標，似乎都沒有意義。有個人問道：「既然明天可能不存在，又何必爲明天打算呢？」很多人可能都會同意他的說法。

人人都得走上自己的靈魂小徑，自己探索。我們必須重新評價生命中重要的事。如果跟家人相處很重要，那麼現在就應該開始這麼做。我們不該眼前只管辛苦工作，同時一廂情願地等待以後情況好轉時再專心致力於家庭。我們應該學習在日常生活中整合重要的事情、需要，以及夢想。

什麼是你生命內涵的先後次序？你在乎什麼？怎樣才能活得不一樣？最重要的是，你如何讓每天都活得值得？就很多方面而言，我們能爲逝者做的最好的事，就是同意他們永久改變了我們的生活。讓你的生活有起伏，讓那些重要的事情與愛意浮現，然後活在其中。我們這樣做就是對逝者最大的敬意。我們告訴他們，雖然他們已經離開，但他們已經改變了我們的生活，使我們活得更圓滿。想想看，如果你明天就會死去，有什麼事比留下讓別人活得更完整的力量還好？

找一個開始、中間與結束

我們在悲劇中失去至親後，心中頓時湧現一大堆疑問。不像那些親人久病去世的人，我們幾乎沒有時間詢問醫生、了解診斷、質疑信仰、或者跟逝者道別。

從小到大，我們學到生命有週期：年齡有週期、上學有週期、工作有週期、節食與運動也都有週期，幾乎每件事都可以用開始、中間、結束三個階段的週期來理解。因此，我們在經歷悲劇性的失落感時，心智馬上會嘗試進行同樣的運作，尋找開始（發生了什麼事？）、中間（他／她怎麼感覺、反應、煎熬？），以及結尾（他痛苦嗎？有沒有最後的想法與遺言？）。但是，除非我們當時在現場，否則得到的只是一個接一個問題。我們為了達到能夠全面思考這個經驗的地步，必須盡可能地了解這樣的週期。

這就是何以與別人談論摯愛的最後幾分鐘那麼重要。哀慟者一遍一遍地講述他們的故事，期盼從中找出意義，了解從開始到結束的週期。通常可以從某些管道得到更多訊息。警察、目擊者和醫生都可以提供事故何以發生的線索。等我們蒐集到足夠的資訊，就能拼湊出一個讓疑問減少的故事。問題減少後，更多療癒的空間就會出現。

《回來：危機與喪親後的生命重建》（*Coming Back: Rebuilding Lives After Crisis and Loss*）一書作者安．凱瑟．司德恩斯（Dr. Ann Kaiser Stearns）有以下的建議：「刻意找出喪親或危機事件中沒有意義的部分。你或許可以問自己：他／她去世這件事，什麼最困擾我？哀慟的哪個部分困擾我？還有什麼其他的事困擾我？」

在尋找你自己的開始、中間與結束之前，練習以上的做法會很用。探索你的感覺，記下想法，作為蒐集必要資訊的提示。

布蕾克與母親有很多疑問。

母親和我從不知道開始進入喪親哀慟的人，有所謂過敏性（anaphylactic）震驚。我們連怎麼唸這個字都不會。一開始我們完全不能相信這個事實，所以在醫院裡一個問題也沒問。但是日子漸漸過去，我們的問題一個一個浮現：**凱樂柏以前也被蜜蜂叮過，這次是毒液累積造成的嗎？很久以前他的胸口曾經痛過，可是沒去看醫生，他的死會不會跟那件事有關？他曾經抽過血而被認定有過敏反應嗎？如果他的死亡證明書上寫的是十二點五十四分，而朋友們說他是十一點十五分就陷入昏迷，那段時間裡發生了什麼事？**

我盡可能自己蒐集資料來研究這些問題，然後去找醫生。我首先讓醫生放心，表示我相信他已經盡了全力，也不質疑他的能力。我提出問題，主要是想理清事情發生的次序。我們談了將近一小時。

將醫生的說法與我的研究湊起來，我能夠很有把握地認爲凱樂柏死於蜜蜂致命的一叮。救護車抵達時或幾分鐘之前他就死了，而在那之前他已經昏迷了很久。他一直到十二點五十四分才被宣告死亡，是因爲醫生們都在祈禱奇蹟出現。那些年輕健康的醫生一直努力想用心肺復甦術把他救回來。

我了解蜜蜂過敏這種事不會遺傳，但我也發現，那些知道自己會過敏的人會隨身攜帶一支腎上腺素注射筒。腎上腺素可以解除過敏反應，或延緩反應以等待救援。

有了這樣的資訊，再加上平和的心態，我去看一位過敏專家，請他爲我及三歲的女兒做檢驗。他幫我們抽血，送到美優醫院化驗。化驗結果是陰性。不過，因爲這種過敏可能在任何時間爆發，他還是給了我們兩人腎上腺急救包，讓我們比較放心。儘管每年只有十個人死於跟昆蟲有關的致命反應，我覺得能得到那份心安十分重要。

跟別人討論，有助你得到發現自己哀慟初期、中期與結束所需的資料。資料蒐集會是一個重要的催化劑，讓你從哀慟過程裡的「發生了什麼事？」，進步到生命重建的階段。這樣做可使心智以週期性的方式走過哀慟全程，而不是停下來問問題，卻迷失在「誰」「什麼」「何時」「何地」「爲什麼」「怎麼會」裡面。

爲什麼會發生？

每個經歷遽逝事件的人都一定會想到命運與老天爺，我們問：爲何此事一定要發生？當然，這沒有具體答案。我們可以揣測，也可以設法想些理由安慰自己與家人，但是說到底，我們就是不知道。或許這是突然失去某人最難對付的部分。我們置身習慣有答案的西方世界，我們知道二加二等於四，也知道可以把太空梭送到月球再收回來。我們清楚自己的退休投資方案現在的價値，也很確定花園裡的花五月一定會開。我們是一個尋求答案的文化，沒有答案就坐立不安。

然而就在此刻，我們面臨了沒有答案的困境。哀慟狀態中一個極具挑戰性的要求，就是讓這個問題永遠處於問題狀態。詩人里爾克說得非常好：「現在先與問題同處。或許你會漸漸地、不知不覺地，在遙遠的某一天與答案共處。」

布蕾克終於能夠相信，有一天自己會明白。

> 許多人問我怎麼會有這種信心，其實我花了許多夜晚才領悟出來。我推算了各種可能性，各種可能引起這件事的發展。沒有一樣能給我答案。事實上，幾乎沒有一樣能安慰我。最後，我了解自己在鑽死胡同。唯一的出路就是承認找不到答案。我非常艱難地屈服於這種結論，停止尋找，接受不可知。
>
> 有天晚上，我在崇高宇宙的腳下卸下心防。我對大地、對世界說：「我不懂，我準備停止弄懂了。我準備好同意宇宙比我知道得更多，而我在準備好時就會了解。在那之前，我祈求平安。」
>
> 平安沒有馬上降臨，但終究還是來了。我得到平安時，有了新的信心。但這種信心與我以往知道的信心不同，這是相信有人會陪伴我，引領我到非知道不可的答案。在這種信心裡，我不帶任何期望地臣服於不可知。我相信過程，相信在適當的時候，答案就會出現。

我們眞的會復原嗎？

從重大的遽逝打擊中復原，需要一生的時間。隨著時間過去，痛苦確實會漸漸減少，但是你要有偶爾被悲傷突襲的心理準備。悲傷可能在十一年後你的結婚紀念日時來襲；在你兒子或兄弟應該高中畢業的那年來襲；在你看到夫妻、伴侶們在公園漫步時，或兒童在沙堆裡玩耍時來襲，甚至可能在你幸福地再婚後來襲。佛洛伊德在寫給一位失去兒子的男士信中這麼說：「雖然我們知道在這樣的喪親痛苦過後，最深刻的悲傷狀態會慢慢消失，但我們也知道，我們永遠都無法撫平傷痛和找到替代物。不論如何塡補失去的那塊，甚至塡得滿滿的，都永遠是別的東西。事實上也理應如此。唯有這樣，我們才能保存那份我們不希望滅絕的愛。」

你可以預期，當你眞的感到快樂時，那份喜悅是強烈的，只是有點不一樣而已。請期待好日子會多過壞日子，確實如此。生命會以一種新的意義顯示其重要性。凱樂柏母親的詩〈哀慟〉（*Grief*），描述了哀慟隨著時間所產生的變化。

你不會完全忘掉它
你只是走過它
你不是與它同行
因爲你無法接近它

它不會「變好」
只會變得不一樣
每一天……
哀慟換上一張新面孔

蓋伊．韓瑞克斯（Gay Hendricks）在《學習愛自己》（*Learning to Love Yourself*）一書的練習本中，提出另一個看待痛苦時間與情緒的方式：「……把痛苦的感覺想像成營火，起先很燙，不能靠近，過一陣子可能還會悶燒。然後，你可以從上面走過而不感到痛苦，但你知道那裡面仍然有火的元素。按照你自己的步調，但最後一定要從上面走過。你一定要這樣做，因爲不管逃避什麼，那逃避的都會回來。」

6 與別人連結

走開。不要打電話來。不要試著跟我講話。
我受不了你，我確信你也受不了我。
如果你想幫忙，就帶食物來。要不就走開。

——史蒂芬妮・艾瑞克森，《黑暗中同行的伴侶》

由於身處哀慟，生活的世界也不同以往，我們與他人的關係可能變得困難，尤其是與那些不曾直接面對悲劇性喪親的人。我們看待世界的角度改變了，也反過來在很多地方改變了我們。我們一向與朋友的自然互動變得困難起來，而某些情形必定需要適應。本章將檢視我們與人連結時會面臨的挑戰。

太敏感

遭遇悲劇後一段時間，原本熟悉的情況可能變得難以應付。舉例而言，失去一個孩子的父母看到帶著兒女的人，可能會很痛苦。寡婦可能覺得很難置身於夫妻一同參加的場合。敏感時刻難以預期，有些你或許可以猜到，但也有一些就是莫名其妙的出現了。

一位新寡的女侍表示，她原本覺得丈夫去世後，自己復原的過程很有進展。六個月後，她回去工作。快到先生去世一周年時，某日有對夫婦走進餐廳，男士的年齡與他先生差不多。他點了她丈夫最喜歡的酒。「我當場崩潰。我已經好了幾個月，但那時突然完全失控。」

如果可能，在你準備好之前，盡量不要讓自己置身此類處境。與別人相處之道無所謂「時間範疇」或「正確與否」。別聽別人說你必須「做這做那」，只要服從自己心靈與身體的暗示。如果有個引起你強烈情緒的狀況出現，建議你退席離開，然後去找一個可以釋放情緒的地方。

你不一樣了

布蕾克發現，凱樂柏死後，自己變了一個人。

我記得在凱樂柏去世後幾星期打電話給一個好朋友。她正在跟我講一件事……我現在不記得講什麼了。但是她停了一下，接著說：「布蕾克，你聽起來不像是你自己。」

我想都沒想就回答她：「我已不是三個星期以前的我，以後也永遠不會是了。」

我很訝異自己會這樣回答。後來我告訴在凱樂柏死後一直幫助我的心理治療師，她說：「你當然不是同一個人。你現在能爲自己做的最好的一件事，就是知道你是不一樣的人了。」

但是我很快就有一點害怕。我突然想到，既然自己現在對於世界、人生，以及自己的感覺跟以前是那麼不同，那麼要如何跟以前的朋友再發生關聯呢？那些我以前跟朋友們討論的事，現在顯得微不足道。他們那些我以前熱烈參與討論的工作問題和愛情麻煩，現在都讓我覺得可笑。我想對他們大吼，我想說：「相信我，只要你們還在呼吸，情況就不算糟。」雖然朋友們爲我喪失親人而難過，但他們無法完全了解這是怎麼回事。沒有人能懂得喪親悲劇所產生的影響，除非他們自己遇到。

有天晚上我對媽媽說，我不認爲還能跟那些不認識凱樂柏的朋友維持友誼，因爲他們就是沒辦法了解這件事。媽媽要我等一段時間。但是我退出了朋友圈，不打電話去約午餐飯局，也不參加定期聚會。我不想假裝自己是以前的我，那位他們都已習慣的布蕾克。

有天早上，好友莎拉來訪。她告訴我，我們要一起吃早餐，我們可以出去吃，或者她可以出去買一兩份蛋餅回來。我微笑看著她意志堅定的態度。最後我們出去吃了一頓很棒的早餐，也很驚訝過程居然十分順利。我們談論各式各樣的事，談凱樂柏、工作，以及我這個星期的生活。我們說著話，她仔細傾聽，陪著我，陪著這個「新的」布雷克。

沒關係，可以笑

賈桂琳．米察（Jacquelin Mitcharc）的小說《海洋深處》（*The Deep End of The Ocean*，編註：二〇〇二年改編爲電影《失蹤時刻》）有一個不可思議的場景。母親貝絲坐在偵探凱蒂的辦公室裡，兩個女人一起搜索了幾星期，已經變得很友好。母親一直很陰鬱、消沉、沉默寡言。就在這個場景裡，偵探說了什麼事讓母親笑了起來。她只是開始時笑了一下，很快就換上了恐怖的表情，驚恐自己在不幸中居然笑得起來。以下是書中的描述：

凱蒂擋住寄信的人，說：「事實上，那是加了料的求救訊號。」貝絲大笑。但她馬上就被自己嚇到，立刻掩住眼睛，覺得自己快要窒息了。凱蒂很快站起來，繞過桌子。

「貝絲，貝絲，聽我說，」她說：「你笑了。你只是笑而已。你如果笑，並不表示你不在我們的陣線上；你如果笑、或讀一本書給文森聽、或吃了什麼你喜歡的東西，都不會影響我們的運氣。」貝絲開始哭泣。「你必須相信我，」凱蒂繼續說：「這就好像看了一部電影、或聽了一首歌、或做了什麼事讓自己覺得不是一場糊塗，你就覺得那短暫的快樂會遭到天譴……」

雖然以上場景細數了跟綁架有關的一些事，但是我們許多人都心有戚戚焉。我們往往很難大笑，覺得「繼續生活」很有罪惡感。我們擔心大笑是否會使我們的哀慟不那麼真、我們的回憶是否會褪色、別人是否會認為我們不再懷念逝者。

如果世上真有精確教人如何哀慟的規則，生活該是多麼省事。我們的外表看來應該怎樣？行為舉止應該如何？如果我們看起來好像很開心，別人會怎麼想？如果只是忘掉一會兒、試著逃避已經發生的事，可以嗎？

答案全都在你心裡。你不需要為別人做什麼事、或表現得像什麼。不要擔心別人怎麼看你。暫時逃避一下或看一部喜劇笑一笑，都是ＯＫ的。

十天症候群

失去親人的頭幾天，我們通常會有源源不絕的探訪者、食物、幫助、電話、鮮花，以及安慰，然後十天症候群就出現了。重要消息在媒體上通常最多只出現十天，然後就成爲舊消息——跟新消息並載。哀慟的情形也大致相同。隨著日子過去，電話、致意、舒適感也減少了。這時看起來，好像大家都設法回到悲劇發生前「他們的」世界，但其實此時我們才剛展開漫長而辛苦的哀慟過程，正是比以往更需要支持的時候。

陶樂莉・道爾（Dolores Dahl）在《突然孤單》（*Suddenly Alone*）中寫道：「電話、上門探視、食物……你剛離開時，我身邊活動好多，沒有時間孤單，沒時間消化你已不在的事實。那充滿不信與困惑的頭幾週，我被家中滿滿的扶持與愛充滿。然而，追悼會結束沒多久，人們就回到自己的家，過自己的生活……我落單了。」

我們看到別人繼續過著我們不以爲然的「正常」生活，很自然地會覺得不開心或生氣。當別人的世界繼續前進，而我們的卻已經停止轉動，當然會悶悶不樂。布蕾克與母親有天晚上討論了這種經驗。

母親終於走出房子，去買些非買不可的東西。那是凱樂柏死後她第一次出門。在街上，她看到一些女士們一起購物。她們笑得很開心，大家一起挑選東西，放進推車裡。母親遠遠看著她們，心中納悶：她們怎能這樣讓生命繼續下去？她們不知道我所經歷的事嗎？

我們通電話時，我提醒她我們以前碰過的死亡事件：一些不是我們的家人或親屬的死亡。我們回想那些在我們之前失去至親的人，那時我們做過什麼？就跟現在別人一樣，我們寄了一張卡片，打了一次電話，或許也去弔唁了一次，然後就回到我們原來的生活軌道中了。

我們其實不能做什麼，生活繼續往前移動。從來沒人教我們如何處理死亡，因此一般人只能盡力，通常就是依慣例打電話、寫信或送禮致意。只有走過這段痛苦旅程的人，懂得在道路前方等待著的憤怒，而他們就是你需要在十天症候群襲擊時求助的人。不論是社會上此類扶持團體、或你已知道的這樣的人，你要準備好今後一年都有這樣的後援隊伍。

重述經過

哀慟過程中很有挑戰性的一件事，是重複訴說我們所遭遇的事。我們可能在療傷過程的某個星期覺得，自己這些天來一步一步走得還不錯，卻沒想到與一位不知道我們喪親的人不期而遇。布蕾克的母親有過好幾次這樣的經驗。她住的威斯康辛州小鎮是很多人夏天會來度假的地方。凱樂柏在秋天過世，次年夏天，許多回來度假的居民問她：「你兒子和女兒好嗎？」當她把秋天與冬天那冰冷的事件講一遍時，馬上再次感受到哀慟的強烈震撼。

不幸的是，這種情況沒有迴避之道，最好的方法是預先想好如何面對。如果你不想談，可以這樣說：「我兒子在冬天時死了，現在我還沒準備好談這件事。」聽來可能有點不客氣，但這麼說是你的權利。也有些人覺得跟別人講沒什麼關係。

尷尬的問題

社會上往往把家庭成員當成很普通的社交話題。我們經常碰到的問題是：「你有幾個孩子？」「你有兄弟姐妹嗎？」或是「你結婚了嗎？」有時候很難回答。布蕾克從威斯康辛州搬到奧勒崗州時，就碰到這樣的狀況。

我住的地方社區意識很強，有很多活動。由於我是新來的，許多人都來問我從哪裡搬來、我的家人住在哪裡，以及我有沒有兄弟姐妹。他們是好意藉此跟我聊天以便認識我。第一次被問時，我這樣回答：「我曾經有一個哥哥，可是六個月前死了。」跟我講話的那位女士當場閉嘴。我和她彷彿踏進一個尷尬的場合，彼此都不知道如何出來。我們繼續簡單交談了幾分鐘，她就找個理由離開了。我知道太快分享這種事會引起對方不快，但是我能怎樣？是她提出這個問題的呀！

我第二次被問到有沒有兄弟姐妹時，只說了：「沒有。」結果那人問我：「獨生女的成長經驗如何？」然後我必須解釋我本來不是獨生女，到了二十幾歲才是。

最後我總結出兩種答案。我會說：「我有一個哥哥，但是他在很遠的地方，我不那麼常見到他」，或者「我曾經有個哥哥，他在一年前過世了，可是我還是覺得跟他很親近。」這兩種答案似乎都讓這個問題不那麼難應付。

在一個我們想自己舔傷口、什麼人也不見的時候，盡可能與人產生連結其實是很重要的。很多時候，最好的做法是一次跟一個人在一起。走出哀傷跟人談話，採取你覺得合適的步調。別爲無法馬上回到正常生活而不好意思或有罪惡感。你需要時間重新找到生活的平衡點。慢慢來，不要強迫自己。

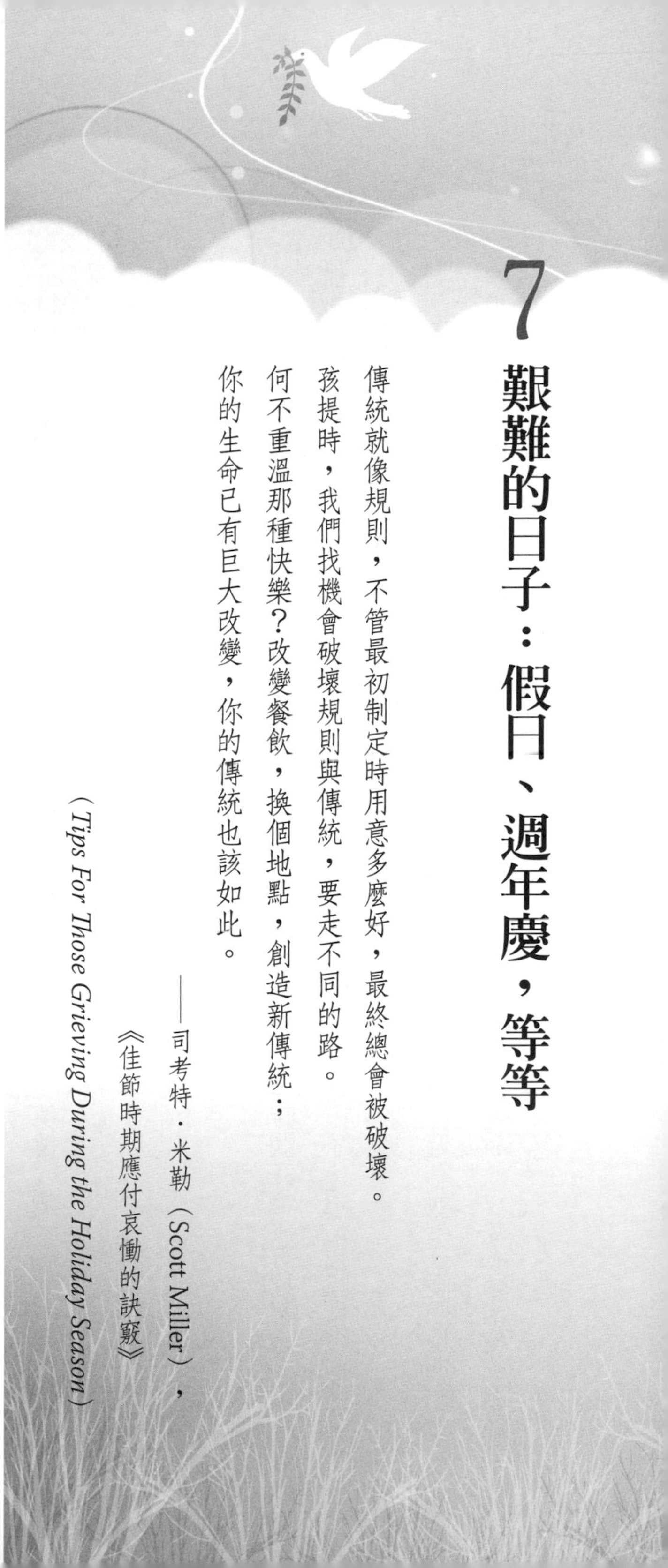

7 艱難的日子：假日、週年慶，等等

傳統就像規則，不管最初制定時用意多麼好，最終總會被破壞。孩提時，我們找機會破壞規則與傳統，要走不同的路。何不重溫那種快樂？改變餐飲，換個地點，創造新傳統；你的生命已有巨大改變，你的傳統也該如此。

——司考特．米勒（Scott Miller），《佳節時期應付哀慟的訣竅》（*Tips For Those Grieving During the Holiday Season*）

假期、生日，以及其他任何與死者特別相關的日子，都會帶來特殊挑戰。在這些日子裡，因喪親而產生的痛苦特別明顯，而節日給我們的感覺只是灰暗無趣。盡量不要因爲偶爾的低潮而驚恐。本章將告訴你這些時候可能會碰到什麼事。預先知道會出現什麼，就可以在這些日子來臨時準備好一些應對方法。

生日

逝者的生日是一個回憶的時刻。許多年你都會覺得自己不斷在更新那種喪親的感覺。

你自己的生日可能就不一樣。你不解爲何自己活著而他們死了，有一段時期你會無法慶祝自己的生命。對那些失去哥哥姐姐的人而言，活到去世兄姐年齡的那年可能會特別難受。知道自己活得比兄姐長，是一種很奇怪的感覺。

很多人找到一個心安的方法，就是建立一種慶祝逝者生日的儀式。或許你可以邀請一些和去世摯愛熟捻的朋友；也許你可以到大自然中走一走，單純地回憶、哭泣、嚷一嚷、或者大聲說話。本書後面做練習的那章，列出了一些可能有用的做法。

週年

有些人發現自己整年都把傷療癒得很好，卻在逝者去世週年那段時間完全沒有招架之力。你那天早晨起床時心情沉重，不懂何以覺得這麼有負擔。接著你想起來了，這是以往你與逝者共度的週年紀念或另一個特殊日子。

許多人都表示在親人逝世週年時，會有出現短暫抑鬱的情況。逝世週年前後一兩個星期經歷不舒服、悲傷、以及沮喪的感覺並不奇怪。或許你可以用草藥、維他命、以及心理治療的方式，幫你度過這段考驗的時期。你背後的支持網絡也會很有益處。許多人整年都「很不錯」，只對有特別意義的日子無能爲力。

有些宗教傳統對於逝世一週年有特別規定。以猶太教而言，猶太律法有一個既定的「死亡天數」（也就是逝世週年）儀式，人們認爲你需要在這段期間發洩額外的情緒。墓碑是在一年後才樹立的，以後每年，家中都會點上一支特殊的蠟燭。就算你信仰的宗教傳統沒有規定，你在逝世週年也會感到某種深沉的、極端的情緒。請試著把逝世週年看成另一個哀慟的機會，藉此感受一些以前一直不曾抒發的情緒。

其他你可能感到額外情緒的週年包括：

＊你最後一次看到逝者活著的那天
＊你們初次相遇的日子
＊你們結婚或訂婚的日子
＊拔掉維生系統的那天
＊你發現他們去世的那天
＊你們一起旅行的週年日

視你與逝者的關係而定，可能還有另外一些週年。你若事先知道這些日子會有情緒上的波動，屆時就比較不會感到訝異。如果你知道這些情緒什麼時候要來，就能應付得比較好。請在日曆上標出這些日子，定出特別的計劃。如果可能，就為自己做些特別的安排，像是請一天假、找個保姆帶孩子、挪出時間獨處、上墳等等。或許你也可以考慮為逝世週年做一個特別的儀式。本書談到練習的那章有一些建議。

婚禮

如果你哀慟的對象是配偶，那麼參加婚禮就可能特別困難。新郎新娘看起來那麼快樂，但是「難道他們不知道一切可能瞬間消失嗎？」新人交換誓詞，你聽到「至死不渝」（只有死亡才可能將你我分開）時，眼淚禁不住流下。你失去的如果是子女，參加婚禮時就可能感到憤怒與悲傷，因為你永遠也不會看到孩子結婚，你也不會有孫輩。如果這是你的哀慟初期，建議你不要參加婚禮，只去喜宴即可。你也可以選擇送禮而不出席。這是新人與他們家人歡慶的日子，如果他們因為希望有一個充滿喜悅的慶典而沒邀請你，也用不著奇怪或太在意。

如果結婚的主角是你，那麼就準備接受婚禮當天五味雜陳的情緒吧！其中必定有憤怒：「媽媽原該坐在第一排的，現在我只能望著空蕩蕩的座位，太不公平了！」「妹妹本該當伴娘，我最好的朋友多麼盼望當我的伴郎！」你簡直無法忍受這種憤怒與悲傷。

你可能因為喜氣、也可能因為感傷而落淚，建議你在手提袋或外套口袋中準備一些紙巾。

讓神職人員預先知道你的遭遇，也可以請他在典禮中要求會眾靜默一分鐘，讓你點一支蠟燭紀念失去的摯愛。

帕蜜拉是跨宗教執事，主持過許多婚禮。以下的摘要來自一位最近喪失摯愛的新娘。你或許可以參考這段文字，應用在自己的婚禮中。

> 我們點起蠟燭時，感到那些已經離世之人的愛與同在，特別是狄莉斯的母親盧絲。我們感到她今天在這裡，爲這個神聖的儀式賜與特別的祝福。我希望並祈禱狄莉斯與麥克的家人，不論健在與否，都盡全力守護這兩位即將建立自己家庭的新人。

佳節假期

失去近親會讓佳節假期與特殊時刻給人情何以堪的感覺。佳節通常充滿傳統以及與家人相聚的回憶。我們在沒有摯愛的情形下過此節日時，那種空洞的感覺會在心中擴大。若能創造新傳統，並且了解佳節時可能面對的困難，在這種時候就不會過得太辛苦。

美國退休協會在「喪偶者常問的問題」中提出下列建議：

＊事先計劃好，以減少壓力。

＊排好優先順序，以便輕易捨去可能比較不快的場合。
＊自定新傳統。你進入了生命的一個新階段，理當有一些新傳統。
＊與人交談時主動提及逝者的名字，使他人易於談到此人。
＊抒發你的感覺。大多數人都能夠理解與接受你想哭的衝動。
＊找到你能幫助的人。協助別人會帶給你滿足感。
＊爲自己買件特別的東西。你已蒙受重大損失，所以應對自己好一些。
＊珍視回憶。這是屬於你的，它們會彌足珍貴。
＊對自己有耐心，給自己較多的時間完成工作。
＊找時間休息與放鬆，藉以減輕哀慟的壓力。

最重要的是，度過佳節假期時要放慢腳步，溫柔地對待自己。

節日傳統

不要拘泥於以往過節的方式。你的家庭組織已經改變，所以改變過節方式是OK的。想一種新的傳統。如果你總是在家慶祝聖誕節，現在不妨租一間度假小屋過幾天。如果你們以往都是早早就把聖誕樹裝飾好，現在不妨晚點才做。如果以前都是在家裡做一大桌宴席，這回可以外出用餐。總之就是用不同的方式過節。佳節來臨會使回憶泉湧，改變節日的傳統，乃是保留些許過節歡樂最好的方法。

布蕾克一家在凱樂柏死後改變過節的方式。

凱樂柏在聖誕節前兩個月去世，那時母親和我幾乎已經完成了聖誕採購。聖誕節快到時，我們依然深深沉浸在哀慟中，不知如何處理那批禮物。後來我們決定送給凱樂柏的朋友們。爲了改變傳統，我們不到媽媽家過聖誕，而是讓她來我家。我們心中雖然忘不了凱樂柏，但也了解必須減少自己的痛苦，重新投入一些活動與新的傳統，以便在生命中繼續前進。

當我們照著布蕾克的方法做時，我們實際上是在紀念逝者。表面上看來好像我們不尊敬失去的摯愛，或想揮別記憶，但事實上我們繼續積極生活，才是重視逝者。

身爲母親的伊麗莎白在佳節將至時失去了丈夫，她分享了自己的故事：

過節，哦，最好不要吧！讓節日消失好嗎？記得十六年前丈夫才剛過世，我帶著兩個年幼的孩子，卻依然忙著過感恩節和聖誕節。難道我們今年不能省去這兩個節日嗎？世界不知道我有多痛苦嗎？我遇到扶持團體裡另一位寂寞的女人。感恩節時，我請她和孩子來我家過節，這樣一個人切火雞時就不至於太難受——以往每年都是他在做，而且技術很好。就在聽著即將來到的聖誕節歡樂歌曲中，我還是把火雞切好了，雖然切得不怎麼樣。

他走後的第一個聖誕節眞的很詭異。我跟兩個孩子打開禮物後坐下來看著聖誕樹，想著若是把那些裝飾品都扯下，然後把樹燒掉，會是什麼感覺。那樣想之後，我在客廳裡至少坐了兩個小時，一動也不動。

假日何處去？

假日一定要去哪裡嗎？必須爲了別人而假裝快樂嗎？如果有意願，可以慶祝佳節嗎？這些事就跟哀慟過程中很多情況一樣，我們必須傾聽內心的聲音。如果你想獨處，沒問題，你可以那樣做。你或許得爲孩子辦些節慶的活動，那也很好。或許你會覺得孩子們帶給你很大的歡樂與靈感，使你想起床做些事。你除了滿足依靠你的人的實際需要以外，用不著假裝「沒事」而照顧其他人。

如果你在假日造訪親友，可以讓他們知道以下的狀況：

- 我可能要提早離開你們家。（這些日子因爲壓力大，我很容易疲倦。）
- 飯後我可能要獨自散步一會兒。（跟快樂的家庭在一起太久不太好受。）
- 我聽到某段音樂時，可能會突然哭了起來。（我還記著歡樂時光，很難控制淚水。）
- 我可能無法嚐盡你們給我的食物和甜點。（我的胃口跟以前不太一樣。也許我現在覺得一切都「很難下嚥」。）

縱使你沒有失去任何親友，佳節時期仍然會觸動各種難受的感覺，其中最常見的是憂鬱沮喪。你會發現自己幾乎不可能揮別憂鬱的感覺，尤其是在這個時候。每個人似乎都很開心，家人團聚在一起，而你的生命中卻有一個空洞。逛商場時，你可能看到一件禮物，非常適合買給你的摯愛，頓時淚如雨下。你或許已經買了給那人的禮物，現在包得漂漂亮亮的禮物躺在樹下，沒有打開。我們兩個作者若是告訴你有什麼簡單的方法可以消除假日帶來的悲傷，那我們就太虛僞與傲慢了。假日憂鬱症狀仍會出現在我倆的身上。此時當志工幫助貧困飢餓的人，或許稍微可以讓你放鬆。讓自己爲另一個不幸的人、或與你有類似經驗的人做點事，可以使你忘掉自己的傷痛——至少一段時間。

今年，請你自己做節日的主角。在這段試煉時期中，支援團體特別有用。那些經歷過類似傷痛的人能提供他們的做法與想法，讓佳節假期過得輕鬆一點；再不然他們也可以在你需要時，讓你有個膀臂可以依靠。

新年快樂？

你現在的處境可能不同，對前途也開始有比較樂觀的想法。慶祝一下吧！你的復原之路走得不錯。但那些仍然在療傷初期（前三年）的人，則很難對任何事產生積極樂觀的想法。剛失去摯愛時，整整一年都令人難以度日，而那些好心的親友卻未必能夠體會。你會聽到類似這樣的話：「新年了，該是你重新開始的時候，展開新生活吧。不要再哭、再可憐自己了。」碰到這類評論或關心的話語時，要切記，你的復原是你的復原，你療傷的時程是你的時程，而不是他們的。

或許你只要確定這是一個新的年頭就好了。如果死亡事件發生在兩年前，也許你會想，已經兩年了，所以自己**應該要**覺得好一些。我們的建議是，別被時間欺騙。

你想到要過年或慶祝任何事，就可能回憶起親人仍健在時的歡樂時光，但也可能是酗酒與酒醉駕車等不太愉快的記憶。不管怎樣，你要照顧好自己。或許你可以建立自己的新年儀式——點幾支蠟燭（一支代表你成功獨力度過了一個月或一年）；燃一些熏香（象徵你燒掉老舊的習性，創造新的甜美氛圍）；爲自己斟一杯酒或蘇打水，向自己致敬。你若已開始新生活，此時可以比較一下自己的情緒與一年前有何不同（第二十二章「哀慟復原過程與練習」有一些建議）。去年你或許只想整個星期都躺在床上，把頭蒙起來；今年你可能只想躺三天，而且不用蒙起頭。這些成就都不算小，都是復原路途上的好幾大步，值得你稱讚與認可。

明年

明年你的傷痛會少一些，你會有一些歡樂，或許能聽音樂，或許能施捨得比較多，甚至更能幫助別人。不論你身處哀慟過程的哪個階段，總是可能創造新生命。我們知道這很難，但我們也知道會越來越不難。下一次遇到特殊場合，不論是週年或節慶假日，你會覺得多了一些能掌控的事情，並且少了一些痛苦，情況不那麼糟，而你也會開始慶祝生命——一點一點慢慢來。

8 分開療傷，一起療傷：了解男女不同的哀慟方式

徵求：
一位堅強睿智之士，其睿智足以接受我最深沉的哀慟，
其堅強足以忍受我的痛苦，不離不棄。

——喬・馬洪尼神父，
《警察遺族關懷通訊》

知道男女哀慟方式的不同，對於了解彼此和在艱難時刻相互扶持非常重要。記住，本章是根據大多數男人與女人的哀慟經驗寫成，但男女之間在這方面也有很多共通之處。本章所言只是一般模式，而非聖經。

男人與女人在哀慟過程中都會經歷本書談到的大多數模式、感覺，以及情緒。如果你關心或想了解某位正處於哀慟狀態的人，最好閱讀全書。

我們的教育要男人與女人用不同的方式處理自己的感覺。當你需要了解或協助異性時，預

先知道這些相異之處，有助於避免溝通上的誤會。主要相異處可分爲三方面：⑴解決問題；⑵處理問題；⑶溝通。

解決問題與面對挑戰

男女對於談話收穫的期待不同，是溝通上一個主要的障礙。女人通常會找一個人講話，一起探索；男人則希望用溝通來「解決問題」。男人通常會將「解決問題與思考」放在「感覺與表達」之上。哀慟期間，男人在探索自己的感覺之前，可能希望先找出照顧家庭與擔當舵手重任的方法。

許多男人相信自己有責任照顧家庭，這種信念使他們在自覺身爲一家之長時難以流露情緒。許多男人因爲有罪惡感而使事情變得更複雜。男人既然認爲自己是家庭的守護者，在直屬家庭有人死亡時，他便會有罪惡感或覺得自己沒做好。男人在面對挑戰或問題時，最常見的反應是採取行動或找尋答案。

女人通常認爲生活的中心是人際關係。女人往往把跟丈夫兒女的關係與感情連結置於所有事情之上，包括照顧自己。在面對親人遽逝時，許多女人比較不會擔心「外面的世界」或「日子如何過下去」，而是更注意家庭成員的日常生活。對女人而言，解決問題與面對挑戰最必要的一步，就是以彼此連結爲重點而進行的坦誠交談。

處理哀慟

要知道，男女對於「扶持」的定義可能不同，所以要將彼此的定義講清楚。我們的社會一向認為男人是領袖，應該自給自足，男人希望能夠照顧好自己的一切。女人則被灌輸需要別人扶持，同時也習慣與其他女性交心。男人則相反，他們從來沒什麼安全分享情緒的機會。哀慟來襲時，女人比較可能尋求扶持團體，男人則傾向盡量獨處。

男人不希望自己的麻煩成為別人的「負擔」。他們可能覺得哀慟是自己的問題，應該自己撐過去。男人如果有時間私下走過自己的哀慟，可能會應付得比較好。

相對於女人往往透過談話或寫日記來紓解傷痛，男人則要從比較肉體上的出口來發洩情緒。拳擊袋、跑步、壁球、任何體力活動都有助釋放累積的情緒。

布蕾克的哥哥過世後幾週，母親決定清理閣樓。那裡多年來塞滿了雜物。儘管這樣做不是為了紀念凱樂柏，卻有機會好好整理一個住了很久的家，以便從混亂中理出頭緒。布蕾克的丈夫安迪有一部小貨車和一輛很大的垃圾裝卸卡車。大約十來個凱樂柏的男性友人趕過來幫忙，他們果斷勇猛地將不用之物丟進垃圾車。他們敲破玻璃、拆下門板、吸塵、清洗，最後垃圾車上堆滿了用不著的雜物。閣樓十分乾淨，地下室條理井然，這些人的靈魂好像也輕鬆了不少。雖然哀慟歷程才剛開始，他們卻已透過這個活動釋放不少怒氣。

釋放情緒的方式不必這麼大規模地進行。踢足球、打拳擊袋、任何可以讓人以健康方式消耗體力來發洩情緒的方法，都有益於療傷止痛。

溝通

女人比較能夠清楚地表達思想與情緒。女人通常會花很多時間跟其他女性討論情緒問題。描述個人的感覺往往簡單而自然，因此女人可能無法了解男人爲何做不到。

能夠知道自己的感覺、並且用言語將感覺表達出來，是一種需要學習的技巧。一個人如果在每天討論彼此感覺的家庭中長大，描述感覺就會比較簡單。相反地，以往若缺少討論感覺的經驗，就很難把我們面對的複雜情緒講清楚。

男人們不常互相表達或描述感覺，因此若在壓力下必須把感受表現出來，就很容易有挫折感。女人的挫折感往往跟覺得「被摒棄於門外」有關，男人感到挫折則是因爲找不到字眼來表達自己，以符合女人的期望。

一個女人在設法對男人描述自身的哀慟時，可能會感到沒被「聽到或了解」。男人既然被教導要冷靜自持地處理感覺，可能就無法用女人需要的方式來回應。男人若是被迫談論或分享不舒服的感覺，可能會讓他覺得自己的需要沒被尊重。殊不知女人在試圖與男人溝通時，是用她所知最好的方式。

對男人而言，光是「注意聽」就可能有想像不到的困難。男人痛恨看到別人受苦，他們認爲自己應該能夠防止或解決那些他們關心的人痛苦的情況。然而你必須記住，女人需要一個**單單注意聽**的人。對女人而言，注意聽也包括了注意男人非言語的溝通方式，像是身體語言。

我是男人，所有這些自助資源與扶持團體似乎都是為女人而設，我恐怕找不到需要的協助。

男人與女人哀慟的方式不同，他們往往安靜而孤單地哀悼。他們讓自己忙於活動，私下進行象徵性的哀悼儀式。男人比較會用認知的方式應付哀慟，因而可能會被誤以為冷漠。其實他們的感覺豐沛，只是往往無法表達自己深沉的失落感，即使對親密伴侶也一樣。

男人往往不會想求助，而想「撐過去」。但當他們真的找到扶持團體時，大多會覺得與其他男人緊緊相連，可以安全地陳述自己的感覺。肯恩被鼓勵去參加一個全是男人的扶持團體。起先他很猶豫，過了好幾個月才帶著狐疑前往。那次聚會後，肯恩的情緒得到很大的釋放，他含著淚說：「我還以為我是紐約唯一一個男人，會因為從妻子的臉上看到女兒而心如刀割。」專家們說，天下沒有所謂「男子氣概的」哀慟方式。許多應付喪親的方法，跟個性有關的比例大過於性別。不過，舉例而言，社會上的刻板印象是，男人若成了鰥夫，悲傷期被認為是二至三個月，然後就得「隱忍不發」，繼續生活。

美國一千三百萬喪偶人口中，寡婦與鰥夫的人口是八比一，難怪男人喪偶會無所適從。社會上期待男人「鎮定走過」哀慟，但是卻幾乎沒有任何扶持男人的資源。

吉姆康維（Jim Conway）牧師是《中年危機的男人》（*Men in Mid-Life Crisis*）一書作者，他相信團體療法。他在妻子去世後，參加了四個團體。康維把哀慟團體與無名戒酒會相提並論。「你說出『我在哀慟中』時，用不著解釋。我需要去那裡，坐下來，傾聽，哭泣。我需要知道自己是正常的。一年後，我從受幫助的身分轉為幫助者，於是我知道自己應該往前走了。」

不同的喪親，不同的世界：當伴侶中一人經歷悲劇時

布蕾克的原生家庭很小，只有父母、哥哥和她，二〇〇七年這個原生家庭只有布蕾克和母親。布蕾克的丈夫安迪卻有一個大家庭，他有五個兄弟姐妹，大多數已經結婚成家，有自己的孩子。他有兩位祖輩仍然健在，還有伯叔嬸姨、表兄弟姐妹，二〇〇六年的感恩節有四十人與十條狗參加！

哥哥剛剛去世的那個感恩節，布蕾克覺得自己很難去參加家庭聚會。她看著夫家所有的兄弟姐妹互動，腦子裡想著，不知他們是否知道自己多麼幸運能擁有彼此。她只要有機會，就鼓

勵安迪與手足們保持聯繫。

布蕾克發現，儘管感恩節的家庭團聚目的是彼此連結，她卻覺得孤立與孤獨。大家庭的歡笑、開玩笑與分享，更凸顯了自己小家庭的失落。

感恩節過後，布蕾克告訴安迪她的感覺，並且問他，自己可否以後一兩年不要去。安迪了解她的感受，於是向自己的母親解釋此事，以免產生誤會。

時至今日，安迪的家庭尚未經歷任何突然或悲劇性的死亡事件。但願老天保佑他們永遠不要有這樣的經驗。布蕾克與安迪在十三年的婚姻生活中，對於世界有很不一樣的看法，因爲布蕾克曾經走過了安迪無法了解的哀慟歷程。這些悲劇不僅沒有使他們疏遠，反而讓他們更親近。布蕾克將這樣的結果歸因於：

* 安迪承諾在悲劇時刻會陪著她，聽她訴說。
* 安迪傾聽的能力。他知道沒有任何「答案」或「處方」能解除布蕾克的痛苦。
* 安迪承諾尊重此事對布蕾克看法或需求的改變，縱使他開始時無法理解。
* 安迪沒有設下哀慟經驗的「限期」，而給予布蕾克需要的所有空間與親近機會。
* 布蕾克願意分享自己的感覺，而她也有描述自己感覺的能力。
* 布蕾克坦誠講出她在大家庭裡的孤立感，以及其他難受的感覺。很多人往往悶在心裡。

男性哀慟方式

泰瑞．馬丁（Terry Matine）和肯尼斯．道卡（Kenneth J. Doka）在《與悲傷共渡：走出親人遽逝的喪慟》（*Living With Grief After Sudden Loss*，心理出版社，二〇〇二年）一書中這麼說：「男性的哀慟比較私密，注重思考而非感覺，往往訴諸行動。儘管大多數此類哀悼者是男人，但也有許多女人用這種方式哀悼亡者。雖然傳統心理治療鼓勵哀悼者公開分享情緒壓力，並回憶痛苦事件，但是對於男性最有效果的哀慟方式可能還是具有私密性，並以解決問題為目標，這種做法顯得尊重並鼓勵適當控制情緒。」

馬丁和道卡列出以下一般男性哀慟模式的幾個要點。讀一讀這些要點有助男人找出自己的模式，也可幫助那些親近他們的人找到走過哀慟歷程的方法。

- 限制或壓抑感。
- 思考重於一切，而且往往超越感覺。
- 注意力放在解決問題、而不是表達感覺上。
- 將感覺抒發出來時，往往會產生怒氣與罪惡感。
- 因喪親而產生的內在調整往往透過外在的行動表現出來。
- 私底下可能經歷強烈的感覺，但通常不願意與他人討論。
- 強烈的哀慟往往在親人剛去世時被壓抑，且通常是在葬禮儀式中。

由於男人往往以不同的方式哀慟，因此建立或參加一個全男性的扶持團體可能非常有用。《男人與哀慟》（*Men and Grief*）一書中有很完整的一部分談到如何建立一個全男性扶持團體。

哀慟伴侶指導守則

如果你們兩人一起面對失去摯愛的傷痛，以下建議可能有益你們的復原歷程。

一起閱讀本章

兩人都了解哀慟的內涵，以及哀慟如何影響伴侶，是很重要的事。請一起閱讀並討論這一章。用本章彼此發問，例如：「你有過這樣的經驗嗎？」或是「要不要試試那樣？」

尋找額外的支持

許多夫妻都會犯這樣一個錯誤，就是誤以為他們的需求可以由另一半解決。事實上，我們的需求如此多元，需要一個多元的團體來滿足。哀慟也是一樣。我們需要比另一半更多的人來幫助我們走過這一段路程。

到外面討論問題

居家環境有太多的情緒與回憶。要克服複雜的情緒與分心，請安排時間離開家去討論與分享。設法從緊繃的場景中抽身。出去吃晚餐，專注在彼此身上，討論歡樂、問題、痛苦與生活。

彼此寫紙條

心理治療師湯姆・戈登（Tom Golder）說：「我知道一對夫妻簡直無法談論彼此的哀慟經歷，可是當他們開始寫紙條給對方後，就了解了很多事。試試看。」（湯姆・戈登有一個很棒的網站，上面有許多關於男人與哀慟的文章，請參考「湯姆・戈登：危機、哀慟與療傷」http://www.webhealing.com/forums。）他這樣分享：「有一種給男人多一些時間的方法，就是寫紙條給他們，而不是跟他們講話。紙條讓男人能夠自由地閱讀一次以上，可以帶著走……更重要的是，他可以在自己決定的時間回應。寫紙條的另一個好處是省掉了可能造成誤解的手勢、表情與聲調。」

說出你的需求

溝通不良是各種關係中的頭號殺手，職場關係、友誼、婚姻都一樣。別讓溝通不良使得哀慟過程變得更複雜。別期待伴侶知道你要什麼——說清楚。盡量這樣開始說話：「我要的是……」「你可不可以……」

慢慢來

男人可能需要多一點時間弄清楚自己的感覺。記住，大多數男人不像女人有那麼多機會，可以在一個安全的環境裡陳述自己的感受。如果女人問了一個問題，她必須給男人足夠的時間準備好反應，可能是幾分鐘、幾小時、也可能是一整天。

問題要明確

男人不像女人那麼清楚自己的感覺。類似「你現在覺得怎樣？」「還好嗎？」的問題，很可能得到「別問我了」，或「我沒問題」的回答。男人這時並不是想迴避問題，只不過是用平常的方式回答罷了。女人若想得到比較明確的答案，就要問比較明確的問題，諸如「葬禮時哪一段你最難受？」「你覺得約翰今天會希望我們做什麼？」之類的問題，比較能引導出有意義的回話。

9 幫助孩子因應哀慟

我會住在其中一個星球上，
我會在其中一個星球裡笑。
既然這樣，你晚上抬頭看星星時，
就如同所有的星星都在對你笑了。

——安東尼·聖修伯里，《小王子》

爲了幫助你了解可能發生在你的孩子，或你所照顧的孩子身上的問題，我們用從嬰兒到青少年的年齡團體來安排本章，希望依孩子在死亡事件發生時的身心發展狀況，你能多少知道什麼事可能發生，以及你怎樣做最能幫助他們。

以往兒童都被教導成小大人，希望他們的舉止和大人一樣。現在人們了解，孩子的哀悼方式和成人是不同的。

不像成人，孩子不會經歷持續與強烈的情緒，行爲上也不會出現明顯異常的反應。他們看起來只是偶爾有哀慟的表現，而且時間很短。但實際上，孩子的哀慟期會比成人久。這點或許能解釋，何以兒童經歷強烈情緒的能力不足。隨著孩子成長，哀悼行爲可能需要不斷重複。因爲喪親有一個時間過程在裡面，孩子會重複思索這種失落，尤其是在生命中的重要時刻，像是去露營、畢業、結婚、或者有了自己的孩子以後。

孩子的哀慟情況可能受到年齡、個性、成長階段、早期經歷過的死亡事件，以及與死者關係的影響。死亡發生時的情形、死因、家庭成員彼此溝通的能力，以及事件之後能否繼續維持家庭運作，也都可能影響孩子哀慟期的表現。其他影響孩子哀慟方式的因素，包括孩子有無分享感覺與回憶的機會、父母應付壓力的能力如何，以及孩子與大人們的關係是否穩定等。

根據「美國衛生人力部」報告，兒童與成人對於喪親的反應並不同。哀慟中的孩子可能不會像成人那樣公開流露感情，他們可能不會畏縮與專注在逝者的事情上，卻反而會投身於各種活動中。舉例而言，他們可能前一刻很悲傷，但下一刻就玩起來。家人往往以爲兒童不眞懂得死亡，或已經將其置之腦後。這兩種想法都不對，孩子的心智會保護他們避免太強烈而無法應付的衝擊。成人可能連這幾天都在哀慟中，但孩子感受悲痛的過程是一段一段短時間累積起來的，有時候悲傷會衝擊他們數小時，有時候一次只有幾分鐘。

兒童因爲無法了解死亡，加上表達感情的詞彙有限，所以往往用動作來發洩情感。強烈的憤怒，以及害怕被拋棄或會死去，很可能從哀慟中孩子的行爲上顯現出來。他們經常會藉著玩死亡遊戲來處理自己的感覺與焦慮。這些遊戲是他們熟悉的，他們可以很安全地在其中宣洩情緒。

隨著孩子日漸長大，每個階段都需要重新經歷這次喪親事件。舉例而言，五歲孩子的死亡概念已經從童話故事的形式，進展到具有現實生活的基礎。他們學到更多、也了解更多以後，可能就需要複習並重溫之前的喪親之痛。你必須了解這個事實，這樣，當你的孩子在不同發展階段都提到這件事時，你才不會有「倒著走」的感覺。

孩子最大的挑戰之一，是不再以爲童年是個安全的階段。在此之前，兒童相信自己不會死，不會受到任何傷害，任何事都不會傷害到他們的朋友、父母和手足。他們年幼時受到悲劇性的打擊後，這種信仰就粉碎了。

孩子的行爲可能改變。在悲慟時期，孩子的身體與情緒都退縮並不奇怪。他們可能發狂地敲打、亂發脾氣、課業退步、變得害羞與內向、原來很好的技巧變得很糟，以及噩夢連連等。耐心與愛，是幫助孩子走出陰霾最重要的事。要讓這兩件事發揮作用，你自己必須先努力度過悲慟期，重建健康情緒，確定有能力照顧自己的需要才行。

嬰兒（初生至十八個月）

不說也知道，嬰兒不會說話，但是他們體內會發出對喪親的反應。他們從身體與環境了解這件事。嬰兒的世界觀是全然的自我中心，他們相信萬事萬物都是爲了他們而存在。這段時間你可能會感到嬰兒特別的搞怪難纏。情況的嚴重，要視他們與逝者的關係而定。當然，如果去世的是父母或雙親之一，嬰兒不安的表現會勝過叔伯或親友。

嬰兒會變得難以取悅、安撫，以及害怕跟大人分開。他們也可能有失眠問題，或出現夢中受驚嚇的現象。維持嬰兒日常作息習慣，有助他們在有安全感的情形下經歷哀慟。這段時間有必要給孩子更多的舒適感、擁抱，以及安撫。記住，大一點的嬰兒即使還不會開口說話，也往往聽得懂你的話。你要說些具有撫慰性的話，避免在他們聽得見的範圍內討論與死亡相關的議題。

及時給予嬰兒身體上的安撫，並保證隨時幫助孩子應付傷痛，是你能採取的最好行動。如果你是主要照顧嬰兒的人，一方面要照顧自己，另一方面還要顧及孩子的需要，挑戰是很大的。可能的話，找個家人以外的人來幫你照顧嬰兒，讓你有時間重組生活，走過療傷過程。

學步的小孩（十八個月到三歲）

兒童到了這個階段，父母或照顧者最主要的任務是立下規則。如果你的世界因爲家裡有人遽逝而顚倒，就很難維持之前定下的規矩。但規矩這件事，對孩子的福祉十分重要。此時幼兒可能會退縮，變得特別害怕跟照顧者分開。如果幼兒此時已經受過馬桶訓練，現在或許會回到訓練之前，你可能會發現他們蠻不講理地發號命令、耍賴和需索無度。他們可能不要照以前那樣吃東西，也可能睡不好。讓孩子照舊有的時程生活，就可以減少這些情緒波動。

幼兒知道有事發生了，但是他們欠缺描述感覺的字眼。他們不懂死亡，期待至親歸來。他們會擔心照顧自己的大人，因此有可能跟著你哭。你可以告訴孩子你的經歷，說：「我很難過，因爲……」

坦誠回答孩子問題也很重要。如果只說逝者「睡著了」，或者「上帝帶他走了」，只會製造巨大的恐懼與焦慮，孩子可能因而害怕睡覺，或擔心自己也被上帝抓走。你可以用「死」這個字，並設法找到描述這個概念的方法，例如在小狗死亡時、金魚漂浮在魚缸上、或鳥兒從巢裡掉出來時，跟孩子討論這個話題。

幼兒直接的問題也可能讓人難以招架。當你的情緒枯竭時，孩子們一針見血的問題既難應付、也難回答。布蕾克的女兒曾經有過一連串問題：

我哥哥去世時，珊曼莎三歲。起先她沒問任何問題，但是事情過了幾個月後，那些問題都來了。「爲什麼你和外婆會傷心？」「爲什麼那隻蜜蜂要叮凱樂柏？」「過敏是什麼意思？」「蜜蜂會叮我嗎？」「你和我都不用死，對不對？」我發現回答這些問題最好的方法就是誠實。我解釋說，通常人老了才會死，但有時候人年輕時也會死。我告訴她，她沒有過敏，我們已經跟醫生確認過。當她問人死後上哪裡去時，我說我不知道，不過我想是去一個好地方。

幼兒很難理解死亡是怎麼回事，他們的經驗裡幾乎沒有任何讓他們理解這個概念的東西。在他們喜愛的卡通裡，某個人物在這一集「死了」，下一集又出現，所以他們不熟悉「終結」的概念。在這之前，死亡只出現在電影或卡通裡，但是沒有人眞的死了。這個階段的兒童往往弄不清死亡與睡眠的關係。即使才三歲的孩子，也有可能出現焦慮的現象。他們可能不想講話，看起來十分沮喪。

我們能做的最好的一件事，就是用適當的東西幫助孩子了解我們所經歷的事。

幼兒

兒童在四歲以前無法了解死亡，因爲他們在這段發展期間會認爲世界以他們爲中心，有些孩子甚至會認爲死亡是他們造成的（像是「如果我是一個更好的小孩，爸爸就用不著離開了」）。五歲到九歲之間，有些孩子開始理解死亡，而且知道其「終結性」。他們會強烈地感覺到被遺棄，並且擔心沒人理會自己的需要（像是「誰來養育我？我會去哪裡？」）。成年人大多在死亡事件後馬上開始哀悼，但是孩子通常要在幾星期或幾個月以後才會開始悼亡。根據羅蓓塔・戴梅（Dr. Roberta Temes）博士在《與空椅共存：哀慟手冊》（*Living With An Empty Chair: A Guide Through Grief*）一書中所言：「孩子們在有人去世時擔心自己的需求，不應被斥爲自私。當每個人都在哭泣時，孩子會問：『可是誰要帶我去看球賽呢？』『每天早上誰會幫我編辮子呢？』或是『晚餐吃什麼？』並非完全自私，他們只是反應出孩子該有的反應罷了。」

兒童的哀慟涵蓋三種主題：

1. 死亡是我造成的嗎？
2. 這件事也會發生在我身上嗎？
3. 誰來照顧我？

死亡是我造成的嗎？孩子們總以爲他們有魔法。如果一位母親生氣時說：「你會讓我氣死」，而在不久後死了，她的孩子可能會懷疑自己是不是眞的造成母親的死亡。同樣地，孩子們爭吵時，一個孩子可能說或想道：「我希望你死掉。」萬一另外那個孩子死了，說那些話的孩子可能認爲自己的想法確實造成那個孩子的死亡。

這件事也會發生在我身上嗎？孩子可能最無法應付另一個孩子的死亡。如果孩子認爲父母或醫生之前可能已防止過死亡發生，那他/她就會認爲自己也可能同樣會死去。

誰來照顧我？因爲孩子要靠父母或其他大人來照顧，因此哀慟中的孩子可能擔心原來主要照顧他們的人去世後，誰會來照顧自己。

三到六歲

這段期間的孩子認爲死亡和睡覺差不多一樣，那人仍睡著，但是不能做很多事。孩子無法將死亡與生命分開。他們可能認爲那人還活著，縱使已經被埋葬了。他們也可能問一些跟死者有關的問題，像是死去的人怎麼吃東西、上廁所、呼吸、還有玩耍？幼兒知道死亡是肉體上的變化，但他們覺得那些現象是暫時的、是可以恢復原狀的、是會改變的。不到五歲的兒童可能出現吃不下東西、睡不好、以及大小便失禁的問題。

美國社會裡許多哀慟中的父母會封閉自己，不跟人說話。但孩子們不一樣，他們往往會與周圍的人（甚至陌生人）談話，看看他們的反應，然後設法自己因應此事。例如，一個孩子可能會問：「我知道爺爺死了，但是他什麼時候回家？」這是他們測試眞實狀況的一個方法，爲的是確定自己對於死亡的認知沒有改變。

三至六歲的孩子大部分的學習來自重複，因而他們很自然地會一遍又一遍、或只更動一點地問同一個問題。雖然你可能會覺得不勝其煩，但是請撥出時間回答問題。記住，孩子的朋友們對死亡幾乎一無所知，情緒上也還沒成熟到足以幫助別人。這個年齡的孩子能夠得到的扶持就是你，或你所能提供的其他支援。

六到九歲

這個年齡的孩子對死亡充滿好奇，可能會問人死時身體的變化。他們會認爲，死亡就是這個人或靈魂與活著時的那個人分開，像是骷髏、鬼、死亡天使或妖怪。他們認爲死亡是一種結束，令人害怕，但通常只是老年人才會碰到，同時也不會發生在自己身上。哀慟期間的兒童可能會害怕上學、有學習問題、出現反社會或侵略性的行爲、變得過分擔心自己的健康，像是發展出想像的病徵，或者退縮到內心世界。這個年齡階段的兒童也可能變得過分黏人。男孩子通常會變得更具侵略性與破壞性，像是在學校鬧事，而不是公開表露悲傷。父母當中有一人去世時，孩子可能會覺得被雙親遺棄了，因爲活著的那位正在哀慟之中，無法安撫孩子的情緒。

九歲以上

孩子九歲以後就不再認爲死亡可以避免，也不覺得死亡是一種懲罰。十二歲大的孩子會認爲死亡是一種結束，而且人人都會碰到。

哀慟與兒童發展階段

年齡	對死亡的了解	哀慟的表現
嬰兒至兩歲	無法理解死亡	安靜、任性、活動量減少、睡不好、減重
	跟母親分開造成改變	
兩至六歲	死亡就像睡眠	問許多問題（她怎麼上廁所？怎麼吃東西？）
		進食和睡覺都有問題，大小便失禁
		害怕被遺棄
		發脾氣
	死人繼續以某種方式活著與行動	魔法思考（我想了或做了什麼事，造成這次死亡？例如我說過我恨你和希望你死嗎？）
	死亡是暫時的，不是結局	
	死人可以復生	
六至九歲	死亡被理解成一個人或靈魂（骷髏、鬼、妖怪）	對死亡好奇
		問特殊問題
		可能過分懼怕學校
	死亡是結局，令人害怕	可能出現攻擊性行為（尤其是男孩）
		有些孩子因想像中的病症而不安
	別人會死，我不會	可能感覺被遺棄
九歲以上	人人都會死	情緒強烈，有罪惡感、憤怒、羞恥
		越來越擔心自己會死
		情緒轉變迅速
	死亡是終結，無法改變	害怕被拒絕，不想跟同儕不同
	就連我也會死	進食習慣改變
		睡眠問題
		退縮的行為（對外界活動失去興趣）
		舉止衝動
		恥於活著（尤其是當受阻或同儕去世時）

青春期

帕蜜拉的父親去世時，兒子易安十二歲。她分享了這段經歷：

十二歲的兒子易安急著給爸爸看馬修醫生那天幫他新裝的牙套。這可說是生命中的嶄新經驗，他需要與父親分享。雖然喬治和我已離婚多年，我們還是朋友，也很開心地分享易安每天的生活。我開車載易安到爸爸的辦公室，易安張開口向爸爸微笑，展示新牙套。喬治擁抱他。這是最後的擁抱。第二天喬治去世。易安已經十二歲，至少能夠用言語表達悲傷與憤怒，雖然他沒講多少。請你想像如果經歷到遽逝帶來的巨大震撼，卻無法說出自己的感覺，結果會怎樣？青少年就是這樣。

孩子青春期時的情緒變化多端，就算諸事順遂，周遭的人也會覺得日子不輕鬆。這階段的孩子如果再加上在完全沒有準備的情形下突然失去親人，難怪會對生命的意義充滿困惑。這段時期同儕的扶持十分重要。如果青少年失去摯友，成年人應該鼓勵他們多花些時間與同輩在一起，從那裡吸取能量。

這時有類似經驗的孩子組成的哀慟扶持團體，可以發揮極大的助力。這個團體可以幫助孩子發展一個安全的表達情緒的方式，包括釋放怒氣。如果找不到這類扶持團體，你可以鼓勵孩子透過學校或教會組織一個。帕蜜拉就看過學校對她兒子的幫助。

這個年齡層的孩子們面臨的另一項挑戰是尋求獨立。大約在這個年紀，孩子們開始抽離父母，尋找自己的定位與獨立性。芭芭拉・D・羅索夫在《嚴重的喪親之痛》中寫道：「青少年爲了在心理上能夠獨立，必須減少之前一直將自己與父母綁在一起的各種連結。當他們正在這種抽離階段時，卻因爲失去手足而必須與父母分享那種強烈而痛苦的感覺，使他們好像回到原本想辛苦擺脫的對父母的依賴，於是他們可能覺得自己在不得已的情況下，生命倒退了。」

也因此，他們非常需要外在的扶持團體。如果你無法透過教會或學校組織一個這樣的團體，不妨去找學校輔導或其他專業人士，請他們來幫助你的孩子。

我們很幸運，易安的學校有一對一哀慟輔導機制。他在父親去世後，很規律地接受了學校社工大約兩年的輔導，多數時候他都是自動自發的。我覺得學校的理解以及介入，加上易安自己的努力，有助他的療傷。不過有時候在家裡，他還是會發洩怒氣。他說不出巨大的哀慟，就像許多男孩子一樣，在葬禮那天用行動洩怒。他不發一言，拿了一本繼母給的宗教書出門。我看到他把那本書丟到被雨水浸濕的街上，然後踢了超過一個鐘頭。他拚命破壞那本書，直到書頁全都散落，最後一擊就是將破破爛爛的書踢入下水道。他回到屋裡後，看來筋疲力竭，但也輕鬆不少。很幸運地，他沒有傷害到自己或別人。

如果去世的是手足，青少年可能希望離開家，多花些時間跟朋友在一起。原因如下：首先，父母可能自己已經很悲傷，孩子們不想在父母身邊而使自己的情緒與哀慟更嚴重。他們可能覺得有義務安慰父母，卻又沒有足夠的情緒能量這麼做。其次，家裡有太多跟手足或其他家人的回憶，他們還沒準備好面對這些回憶。雖然此時跟孩子保持溝通以討論彼此的感覺很重要，但也請給孩子所需的空間，並且你要確定這個空間是安全的。

青少年到青年

青少年與青年都可能經歷一種不公平的感覺，像是：爸爸本來應該來參加我的婚禮；我生第一個孩子時，媽媽應該在場；約翰應該來我的畢業典禮的。他們也會清楚感受到自己的肉體並非不朽，因而可能擔心自己會像父母或親朋好友一樣死於意外。跟前面說的一樣，同儕扶持團體此時可以發揮很大的助力，防止他們過分壓抑強烈的情緒，以免產生強迫或破壞性行爲。

易安十九歲時念大二，適應得很好。最近他說：「媽媽，我常想，如果爸爸沒在我十二歲時去世，我現在不知會變得怎樣。」我忍住淚水，用我知道的唯一答案說：「我不知道你會有什麼不同，我只知道爸爸會以你現在的樣子爲榮。」

青少年會經歷許多跟成年人一樣的階段，但他們也會有這個年紀特別的經歷。例如：

私下哀慟

青少年通常不擅於流露強烈的情緒，因此許多人僅會在獨處時哀慟。他們可能在房間裡或洗澡時哭泣。

不健康的憤怒

青少年可能選擇不健康的管道發洩怒氣。他們可能會破壞東西或傷害自己。重要的是，記住，青少年沒有成年人那麼多健康正常的紓解管道，因此我們必須提供這些管道給他們。

性活動

青少年在哀慟帶來的寂寞感侵襲下，可能覺得孤單與恐懼。他們可能認爲家人因爲有自己的哀慟要處理，因而沒有足夠的能量與能力安慰他們，這時青少年很可能以性愛來減輕孤寂感。

罪惡感

孩子從很小起就希望能取悅父母、家人，以及與他們親近的人，他們往往會把爭論解釋爲他們取悅得不夠好。進而言之，他們可能會覺得自己要爲家人的死亡負責，因爲他們引起太多爭吵，給別人產生壓力，或者沒有達到父母的期望。儘管父母覺得這種推理難以置信，但是青少年有這些念頭並不奇怪。成年人必須不斷強調青少年無需爲這次死亡事件負任何責任。

你的孩子需要專業協助嗎？

跟許多成年人一樣，孩子也會覺得哀慟是個陌生的領域。他們一定會有情緒與行為上的改變，尤其是在最初幾個月。但是要記住，孩子比成年人缺少尋求幫助的工具與資源，或根本不知道此類協助的存在。你要注意他們的語言或表情，如果孩子在語言或舉止上有傷害自己或別人的傾向，請立刻求助心理治療方面的專家。

以下摘自社工學者魯斯·艾任特（Ruth Arent）所著《幫助孩子哀慟》（*Helping Children Grieve*）書中列出的項目，可以作為你決定尋求專業協助時間點的參考：

- 沮喪、不活動、或者感到無望？
- 出現強烈誇張的情緒變化，憤怒或害怕的時間延長？

- 一直思念逝者，學校功課退步？
- 出現新的創傷症候，或是曾經停止的舊創傷症候再度出現？
- 拒絕家庭或別人給予的幫助？
- 身體有很多不適、明顯增肥或變瘦、睡不好、做噩夢、或者神經衰弱？
- 有自殺的想法？
- 威脅要退學或離家出走？
- 在家中與人作對、製造麻煩、或者不停帶給別人壓力與問題？

記住，專業人士可能推薦藥物治療，這必須由精神科醫師提供並監督使用。

體力發洩

因爲孩子與青少年在情緒上往往不夠成熟，比較會用體力來發洩情緒。發洩的形式包括發脾氣、打架、尖叫、刺青、身體穿洞、或其他身體上的表現。注意這些身體現象。你若看到其中一項，要了解可能是由情緒壓抑造成，將此視爲警訊，盡快爲孩子找一個扶持團體，或請專業人士幫忙。

有自殺的想法

如果青少年與死去的人特別親近，他可能認爲自殺是與此人聯繫的方法。此外，如果青少年處理情緒的方式不健康，他們可能很快就承受不了。自殺成爲逃離這些惱人情緒的途徑。當青少年詳細描述自殺計劃中的任何部分時，尋求專業協助就刻不容緩了。

琳達．昆寧漢（Linda Cunningham）給成年人一些有用的建議，讓他們幫助青少年走過哀慟歷程。他在〈哀慟與青少年〉（Grief and Adolescent）一文中表示：「青少年往往給我們錯誤的訊息，告訴我們他們的需要，然後就期待我們提供食物與一個成長的環境；但是另一方面，他們又說可以靠自己過日子。人們通常因爲不知道如何應付青少年，往往乾脆置之不理，使得青少年被迫在缺少扶持的情況下獨自哀慟。」

以下是其他一些幫助哀慟中青少年的方法：

＊向青少年要一張逝者的照片，問一些關於逝者的問題。請青少年分享他們最喜歡的往事與回憶。

＊仔細問跟死亡事件有關的事。問孩子當時出了什麼事，他覺得事情是如何發生的。往往在孩子述說時，我們可以透過傾聽，找出那些令他們困惑或有罪惡感的線索。

＊跟孩子談哀慟這件事，以及他們可能感到的一般情緒。如果這是孩子第一次經歷如此強烈的感覺，他們可能非常害怕。你可以找一兩本書幫助他們熟悉哀慟的情緒。

＊鼓勵青少年做一個剪報冊。幫他們蒐集雜誌與圖片，剪下字句、圖片，以及喚起特殊回憶的便條，然後放在青少年可以常常看到的地方。

＊考慮將他們摯愛的相片裱框起來，掛在他們房中。

＊幫助青少年了解自己的需要，並且告訴別人。青少年可能覺得沒人幫忙，但其實別人往往很難插手，因爲不知道他們要什麼。如果你能找出青少年最需要幫忙的事，就有助於除去孤立所造成的不必要痛苦。

＊鼓勵孩子與其他處於哀慟中的朋友創立一個扶持團體。讓你的家成爲他們聚會的安全場所。盡可能幫助這個團體。或許你可以與其他家長分工接送一些孩子、提供聚會時的點心和飲料，以及影印討論資料等。

連帶哀慟

社工學者暨《幫助孩子哀慟》作者魯斯．艾任特表示：「所謂連帶哀慟，是指某人同情一椿悲劇的受害者，因而經歷同樣的情緒反應與創傷症候群。現今全球恐怖份子暴力以及自然災害頻傳，連帶創傷幾乎是普遍現象，大人小孩都受影響。」

不論悲劇事件是你親身感受或由報紙電視帶到你家，你都可以幫助孩子應付暴力死亡或災害造成的焦慮。

傾聽並討論孩子擔心的事，可以讓他們再度感受到自身安全有保障。開始時可以先鼓勵他們談論如何被周遭發生的事影響。就連幼兒也可能對悲劇有特別的感受。兒童必須因應各自身心發展階段出現的不同壓力。

「照顧所有孩子心智健康運動」爲家長與其他養育孩子的人，列出了一些要點：

＊**鼓勵孩子問問題**。聽他們說的話，針對他們特殊的恐懼，加以安慰與保證。不要介意你不能回答他們所有的問題。

＊**用他們的語言**。用孩子懂得的方式溝通，不要講得太籠統或太複雜。

＊**找出他們的懼怕點**。鼓勵孩子說出他們可能害怕的事情。他們可能擔心學校裡有人會欺負他們、或者有人想傷害你。

＊**專注在正面的角度**。強調大多數人都是善良與體貼的。提醒孩子那些英勇幫助悲劇受害者的平常人。

＊**注意觀察**。孩子的遊戲或圖畫可能提供線索，讓你了解他們的問題或疑慮。請他描述遊戲與圖畫中有什麼事。這是澄清誤會、回答問題、以及給予保證的機會。

＊**做一個計劃**。建立一個未來家庭緊急計劃，例如一個會面地點，一旦家中或鄰里發生意外，大家可以到那裡聚集。這個計劃可以讓你和孩子們比較有安全感。

扶持孩子的一般準則

＊要幫助孩子度過哀慟期，大人就必須盡可能如常生活。

＊加強你的傾聽能力。跟不同的世代溝通有可能很困難。盡量專心聽，在他旁邊，但是不要告訴他怎麼做。如果你傾聽的態度難以客觀，請找人一起做。

＊不斷地表示你無條件的愛與贊同。

＊孩子的生活環境應該保持不變。現在不是換新學校、新家或新保姆的時候。

＊孩子在心理上做好哀慟的準備時，你們可以一起祈禱、哭泣或追憶。

＊讓孩子不斷跟你談死亡，幫助他了解哀慟的強烈程度會慢慢減緩。如果不跟孩子不設限地談死亡，就無法幫助孩子學習處理失落。

＊跟孩子談死亡時，你的解釋必須簡單直接。要跟孩子講眞話，並且盡可能確定他們了解細節。

＊孩子需要被再三保證自身的安全。他們往往會擔心自己也會死，或他們還活著的父母會離開。務必要回答孩子的問題，確定他們了解答案。

＊討論死亡的字眼應該恰當，例如車禍、死了、死亡；也應該避免使用代用詞（如：過世、他睡著了、或我們失去他了），否則可能會困擾孩子，造成誤會。

＊家中有死亡事件時，孩子可以（其實是應該）參與籌劃且出席紀念儀式。這些活動有助

孩子與大人記住親愛的家人。孩子們不應該被迫參與這些儀式，但是應被鼓勵參加其中他們覺得自在的部分。如果孩子希望參加葬禮、守靈或追思禮拜，大人應該事先清楚告訴他們屆時會做哪些事。

記住，不論孩子多大，他們已經經歷了可能是生命迄今最嚴重的悲劇。他們會害怕。他們不應該被鼓勵忘記或否認事情的發生。他們必須在你的扶持與指導下，學習自己克服情緒災難。讓孩子親自感受親人遽逝的巨大力量，可以加強他們日後處理此類事件的能力。

第三部

故事分享

這部分是迄今最難寫、最難編的一段。身為作者，我們的目標是提供一份有用的資源和準則，但寫到這裡卻碰到了瓶頸。我們計劃照顧到世間所有死亡事件中涉及的親密關係——父母、配偶、朋友、孩子、手足等等。但是，正如哀慟沒有既定的法則，處理各種喪親狀況也沒有一定的方法。我們回想自己的經驗，了解最需要的是聽到其他人如何走過我們走過的路，雖然每個人的經歷都不太一樣，卻都走出來了。我們也需要一般的準則、詩、雋語，以及其他能夠伴隨我們走過哀慟的東西。我們蒐集了感動自己的故事、雋語、歌曲、詩與祈禱。接下來我們把各種人際關係分類（父母、子女、手足等等）。因為人際關係不容易斬釘截鐵分清楚，我們建議你每章都讀一讀。丈夫可以是朋友，手足可以是朋友、也可能扮演父親的角色，因此，我們相信每一章對你都有幫助。

在這本新版中，我們加進了幾個領域的故事與想法，包括自殺、戰爭死亡、大宗死亡悲劇，以及我們經常被問到的一些特殊挑戰。

我們蒐集真實人生的故事與哀慟經驗。過去幾年，在我倆各自的哀慟旅程中，我們不斷遇到願意分享經驗令我們長進的人，我們加進了這些知識，也附上間接得知的故事，以及這些同為哀慟者所經歷的情緒與提出的問題。

10 失去朋友

只有一個方法，
讓你今生沒有哀慟，
那就是活著卻不去愛。
悲痛展示了人性，
愛也是如此。

——卡蘿・司道達傑（Carol Staudacher）

眞正相知相熟的朋友是很難找到的，突然失去這樣的朋友也就令人特別難過。我們和朋友的關係，不論是新認識的或已相交多年，可能勝過跟家人的關係。當然，某位家人也可能是我們最親密的朋友。

人生過半，大多數人都慢慢接受一個事實，就是由於死亡，我們必須讓那些我們深愛與親近的人離開。隨著年歲增長，看到朋友生病老死也是正常的事。正如朱迪絲・沃斯特（Judith

Viorst，譯者註：美國當代著名新聞工作者、兒童文學作家，以及心理分析研究員）所言，我們的後半生成爲一段「必要失落」的時間。不過，當我們因爲遽逝的悲劇而失去一位朋友時，通常那種慢慢離開的過程就被打斷了。

許多朋友擔任特殊的角色。朋友未必「只是」一個朋友，大多數友誼包含了其他關係的成分。舉例而言，如果你的父母不能充分發揮家長功能，某個朋友可能就塡補了家長的角色，因而本章談到失去父母的那一段對你就有額外的幫助。如果過世的朋友比你小很多，那麼你可能承擔的是父母或導師的角色，本章談到失去孩子的部分對你也有用。如果你的朋友就是戀人，那麼本章談到失去重要的另一半那段在你哀慟摯愛時，就會給你一些靈感與扶持。我們希望接下來的內容對哀慟遽逝友人的人有實際幫助。

打電話的衝動

我總是想拿起話筒，告訴朋友某件事或徵詢她的意見

你可能想打電話給朋友，告訴他們剛發生的一件事、請他們看電影、或是跟你坐在一起分享最近的成就。但是電話那端沒有人，你有的只是一個電話號碼。

一位好朋友突然去世，你很自然會感到給你忠告與作伴的來源被切斷了。你繼續過日常生活，但是當你有問題、恐懼或慶祝什麼事的時候，沒有朋友分擔或分享，而以前這時他們都會

陪伴著你。

帕蜜拉提供內化友人聲音的一個方法：

幾年前一位心理治療師告訴我，心理治療的目的是內化治療師的聲音，使它成為病人內在對話的一部分。或許你可以將這個方法用在失去朋友的情況。閉起眼睛，想想他們對你呼喚的回應（你可能仍然感受到他們的存在），讓他們的話語進入你的內在，使他們在你的餘生都成為生命的一部分。

父親去世時，我接到一位朋友的卡片，上面寫著：「現在你擁有他了——永遠地……」我相信這是真的。

這位朋友和我的關係比家人還親，我們分享所有的事情。我很難度過哀慟期，因為我幾乎找不到任何無關家人的扶持資源。我注意到幾乎人人都可找到地方得到支持，真想大喊：「我怎麼辦？」

你或許是逝者的傾吐對象、親近的人，或者你比任何人都了解這個人，但你卻沒自動被包括在正式或法定的喪事處理過程中。當你看到朋友的家人，以你所知道逝者未必樂見的方式計劃或決定喪禮儀式時，你可能特別受不了。

人一生當中朋友來來去去，但家人的關係永久存在。縱使這種關係已成過去，但死亡事件往往把大家湊在一起——至少短時間內如此。如果逝者的親朋好友不知道你們密切的友誼，你可能被歸類爲「其他關心致意者」。你或許會覺得你與死者特殊的親近關係不被了解，也沒受到尊重。

要記住，人們在親人遽逝後很難照顧自己，更別說思慮清楚到顧及每個人的最佳利益。如果對方的家庭不知道你們友誼的深厚程度，就不可能預先想到你的需要。

凱樂柏去世後，布蕾克的母親溫蒂十分驚訝凱樂柏有那麼多她從未謀面的朋友。她記得許多凱樂柏提過的名字，但不知道兒子對他們生命影響多大。凱樂柏死後幾星期、幾個月、甚至幾年，都有人上門自我介紹。溫蒂喜歡這些拜訪，以及他們講述的她從沒聽過的凱樂柏故事。等到拜訪者要離開時，溫蒂與對方已因共同對凱樂柏的愛而成爲新朋友。

建議你不妨去拜訪遽逝友人愛說的某位家人，分享你們和死者之間的故事與回憶。你們雙方應該都會看重與珍視這種連結，甚至可能因著共同對逝者的感情而成爲好友。

我應該對朋友的家人說些什麼，他們才知道朋友對我的意義?

你和逝者的關係特殊，幾乎超越任何人。他在你面前流露的本性，可能比跟任何人在一起時都多，甚至超過他的家人。你對他的回憶與印象，可能比家人的更有價值，因爲他跟你坦誠相交。事實上，你可能比他的家人還認識他，因爲你多年來與他相處的時間多過他家人。你能說些什麼?你可以建議與大家分享你們的故事。布蕾克一家發現這種做法給他們很大的安慰。

凱樂柏結交的朋友比我知道的任何人都多。他去世那段時間，我們屋裡盡是他的朋友。母親、我、以及凱樂柏的朋友們都坐在客廳裡，聊著大家對凱樂柏的回憶和彼此之間的故事。我們這樣過了好幾天，大家一起笑、一起哭、也一起悲傷。

他最親近的幾個朋友有一些希望分享的特殊故事，有些好笑、有些怪誕、有些頗有深意。這些朋友建議與我們私下分享他們的故事。母親和我喜歡每一個故事，直到今天我們還在討論。不要擔心把你們的故事告訴逝者家人。彼此分享回憶，是讓珍貴回憶永不磨滅最好的方法。

我可以問逝者家人自己能否參與喪禮或追悼會嗎？

當然可以。他們或許不希望你（或任何非家人）參與，但是大多數家庭都樂於得到逝者朋友們的故事。能夠表現逝者的人性或良善的故事，通常最受歡迎。如果你不能在追悼會上讀些東西，或許喪禮後他們在家裡招待朋友時有機會分享。另外還有一個方法，可讓逝者家人知道你對他們親人的想法與感覺，就是把這些念頭寫在信中或卡片上，然後寄給他們。

我希望在棺木裡放點東西以紀念我們的友誼，需要先跟什麼人講嗎？

把東西放進棺木前，最好先跟逝者家人商量一下。喪禮主辦單位會把你帶去家人那裡。帕蜜拉的朋友艾蓮娜去世時，帕蜜拉希望艾蓮娜家人在她手中放一個自己以前送給她的小小金製神像。帕蜜拉知道這對艾蓮娜深具意義。她的家人同意了，喪禮主持人也很樂於配合。

我獲邀參加追悼會，但這太突然了，我沒有機會準備

首先要知道，沒有人期待你的表現完美。這不是表演，而是一個有意義的送行。如果你發現自己詞窮，或許可以選一段你們都喜歡的歌詞，呈現你們深厚的關係。或者你可以簡單地這麼說：「我要說的只是，我會永遠懷念他。他是我很好的一位朋友。」如果你想多說一些，我們提供了一些選自 www.griefsteps.com 中可以朗讀的材料。我們的網站也列出許多此類書籍。

帕蜜拉在一位朋友的喪禮中讀了下面這段。她先說：「我讀的時候，請各位想像這些字句出自那位離我們遠去的人口中……」。

親朋好友，我將遠離：
我最後的呼吸不是道別，
因爲我的愛永不止息，
超越冰冷死亡之碰觸……
我把思維、歡笑與夢想
留給摯愛的你們，你們比黃金珍寶還可貴。

我留下我們共同的記憶，盜賊無法竊取：
那溫柔的、充滿愛的時刻，
那我們分享過的成功，
那將我們拉近的艱難時刻
以及我們並肩走過的路途……

——愛德華・海斯（Edward Hays），
《給星球朝聖者的禱詞》（*Prayer for a Planetary Pilgrim*）

＊ ＊ ＊ ＊ ＊

帕蜜拉有位喜歡唱歌跳舞的朋友，她在那人的葬禮上讀了下面這段摘自紀伯倫《先知》的話：

「死亡是什麼？不就是裸身風中，融入日照嗎？斷氣是什麼？不就是呼吸止於無盡的奔馳，遂得以無礙地升起、擴張、尋求上蒼嗎？唯有飲過寂靜河之水，方能放聲高歌；站上高山之巔，方能開始攀爬；伸直塵世四肢，方能真正舞蹈。」

＊ ＊ ＊ ＊ ＊

以下是一段任何人都適合唸的文字。如果逝者是女性，就把「他」改成「她」。

朋友

什麼是朋友？我告訴你。
朋友是你敢於在他面前顯示眞我的人。
你的靈魂能與他裸身相見。
他似乎不要你做任何裝扮，只做眞正的你。
你和他在一起時，不要任何武裝，
你可以說出心中所想，只要那是眞正的你。
他了解你容易招惹誤解的天生矛盾之處，
跟他在一起，你能自由呼吸——你能放心流露小小的虛榮、嫉妒、荒誕，而當你坦白自己時，這些毛病全都包容在他無盡的忠誠裡。
他懂你。你能與他一起哭泣、一起歡笑、一起祈禱。他清清楚楚看到深層的你，無論怎樣都愛你。
朋友，我再說一次，就是那位你敢於在他面前顯示眞我的人。

——作者不詳

＊＊＊＊＊

紀念某位親近的逝者時，訴說你對他的直覺就好。最讓你感動的那部分，極可能也會感動他人。布蕾克十幾歲時，一位好友在車禍中喪生。追悼會上，這位朋友的父親站起來發言。他流淚哽咽，幾不能言，但還是講了幾分鐘讓全體會眾動容的話。逝者是位表演者。父親在結尾時說：「他一直稱職表演，讓我們給他一個最後的起立鼓掌，紀念他與我們相處的時間。」大家都站起來，拚命鼓掌，淚水流下雙頰，懷念他們的朋友。這是放諸四海皆準的做法嗎？不是，但卻比其他任何言語都更感人。

不用說，用言語懷念朋友最好的方法就是說眞心話——念由心生。你不必用動人的言語或華麗的詞藻。逝者家人渴望聽到的是簡單、直接、發自內心的話。你也可以唱一首歌、寫一首詩、跳一段舞、或者讀一段別人寫的話。發揮想像力，相信自己的直覺。如果你的第一個感覺是去唸某段文字、或做一個很有創意的舉動，這可能是離去的朋友在冥冥之中指引你，告訴你如何紀念他。

你可以做的事

內化這位朋友

失去好友會重傷你的靈魂，你可能會覺得他們的離去已經帶走了你的一部分。紀念你們友誼的一種方法，是回想朋友一生的某部分或他的生活方式，將他人格的這部分轉化爲你自己。

奉獻

你的朋友喜歡兒童、動物、公園或劇院嗎？找個合適的方式，將你的時間或金錢捐給保護這些有特殊價值事物的組織。

幫助他的父母

如果你的朋友有年邁雙親，他們不能開車或無法掃墓，你可以向他們保證會帶著鮮花去掃墓。過一陣子就照張墓地相片給他們看。

朋友扶持團體

社會上有一些扶持喪失伴侶或子女的團體，但卻少見扶持喪失朋友的組織。帕蜜拉的一位友人與某個逝者的朋友組織了一個扶持團體，這是一個在哀慟過程中保持對朋友記憶的好法子。

11 失去父親或母親

……我學到瞻仰遺容，雖然我不認識逝者；
我學到按一按家屬潮濕的手，看著他們的眼睛，
彷彿我了解他們的失落，即使只是那一刻。
我學到不論我們說什麼都沒有意義，
人們記得的，只是我們當時在場。

——摘自茱莉亞・卡斯多夫（Julia Kasdorf）詩作，
〈我從母親學到的事〉（What I Learned from My Mother）

我們都預期早晚有一天會失去父母。我們預期他們會越來越衰弱，慢慢變老而離世。但是很少有人準備好面對父母的死亡，更別說是悲劇的或突然發生的了。我們相信「總有明天」讓我們說該說的話、表達我們的感覺；總有明天可以說出憤怒、痛苦、愛意與感激。然而我們的如意算盤被攔腰一斬，這些事做不成了。於是我們湧出源源不止的感覺，沉重到難以負荷。無

法說出的感激化成了憤怒，沒有抒發的怒氣被壓抑在內心，使我們沮喪。他們竟然死了，我們錯過了表達感情的機會。那種痛苦，成爲我們心中永遠的巨石；而我們因他們離開所感到的輕鬆，也同時帶給我們罪惡感。我們一直在等對的時間，但當遽逝發生時，那所謂對的時間也永遠不會來了。

我們大多數人視父母爲導師，這種態度一直持續到成年。我們依賴父母的意見，同時因爲他們而有根。失去父親或母親時，我們自己的一部分歷史就消失了。我們無法再問他們意見，或聽他們說我們小時候的故事。我們失去了一塊基石。以下的故事詳細描述了一個女孩失去父親的經過，以及這件事如何影響了她的一生。

爸爸

他是我的宇宙中心。他是我的英雄。

一九七五年九月十七日

在幸福中生活的我，完全沒料到即將揭露的事實。電話響了，是馬場一名員工打來的。馬匹還沒餵。法蘭克在哪裡？爸爸在哪裡？

以前從沒發生過這種事。即使我的腦子裡很快得出一個合理的結論。我知道，沒希望了！無助了。又過了十五分鐘，我才完全明白，開始感受到這些字眼的意義。他的車停在將與朋友見面一起跑步的教堂前面。沒有慢跑。趕快跑。這個時間那部車停在那裡就表示出了事。我還是沒有完全掌握狀況、了然於心。車上了鎖，他的襯衫掛在前座。那部車從來都不上鎖。

他有麻煩了。他昏倒了。我開始沿著小徑跑下去。我心不在焉，知道自己無法單獨救他，需要別人幫忙。我設法喊他。沒有力氣。沒有用。沒有辦法。沒有希望。我哭了。

我上了車，要開回家去打電話。打給誰？公園管理員。找到他。救他。我趕上前往教堂的邦妮和哥哥。個個臉色發白，邦妮哭了起來。這時我知道是眞的了。**父親死了。我要怎麼活下去！**

要到許多年以後，我才能把那個想法拿出來檢視。

把樹揍一頓：「可惡，怎麼可以死掉！」然後恢復正常。

好友娜歐蜜馬上過來了，她那時是我的生活舵手。我們走到馬廄那裡就開始哭起來。娜歐蜜的馬「格萊哥」的馬房前面掛了一個牌子：「卡薩布蘭加，娜歐蜜（Naomi）」一隻蛾落在字母a上，看起來就像是諾蜜（Nomi）。爸爸經常叫娜歐蜜爲諾蜜。記號這時對我很重要，雖然我並不眞明白它們的存在。這個記號後來好多年都不斷出現。

「酸黃瓜」是我的愛馬，牠感受到我深沉的哀慟，低下頭來靠近我。我抱著牠，就那樣站了很久很久。在這麼奇特的時刻，我最好的朋友用這個方法安慰了我。我用心體會這種感覺。事實上我釋放了我的感覺。這是無條件的愛。

後來，我在離開馬房時看到了一件事，我夾克下方角落被咬掉了。難怪「酸黃瓜」那麼有耐心的站著，怪不得牠那麼可愛。就像父親說的，這是最好的一種矇騙方式。「酸黃瓜」把我帶回跟父親同在的愉悅。總是取笑人，總是戲弄人。一部分的我還活著。

這份愉悅跟我哀慟的形式與深度密切相關。我經歷了沉重的哀慟，但同時也在其中更認識父親與自己。我繼續生活，慢慢向前。

幾天後，我正在折洗衣籃裡的衣服，看到一件父親的襯衫，正是他在世最後那個早上穿的。我小心的拾起襯衫，溫柔地流著淚。一隻大蛾掉出來，死了。如果我沒記錯，反正蛾都一樣。強烈的記號。爸爸無恙。我悼念他。

香菸、大麻、酒精，我都試過。但不管怎樣，許多年來我用自己的方法走過了這一段，好好地到了彼端。我精神抖擻地活著，很想知道自己的動力何來，以及如何做出那些最後總是成功的選擇。

總看上錯誤的男人，總是找錯人。最後我碰到了光。她是帕蜜拉。她照亮了我，讓我看到自己的美麗、堅強與價值。重點是我啊！她陪著我探索前面的途徑、那些我放棄的做法、還有那些父親生前死後我做出的選擇。

現在，就在他走後二十四年，超過我生命一半的歲月之後，我強烈感受到父親的精神與我同在。

此生認識他的人這麼說。

來世認識他的人這麼說。

兩處都了解他的我這麼說。

我感覺到他最好的狀態。

眞美。

純潔，只有精神可以激起的完美。

我很感激將自己一步一步帶到現在的一連串事件。我不想改變現在的自己或以往的經驗。我也對父親無疾遽逝心存感激。他死在自己心愛的土地上，做他愛做的事。任何時候我需要離開哀慟感覺時，就在心中抓住那個影像。我記得在什麼地方讀過，人會遽逝，是因爲他們已經完成來到人世間要做的事，沒有理由纏綿病榻。我喜歡這種說法。

多年後，一位通靈人告訴我，父親的靈魂爲了陪伴我，事實上在世間徘徊得比較久。在我感到極端不安的時刻，這個說法特別觸動了我。我曾經非常需要這種保證，現在我有了。

——麗塔．葛倫奇（Rita Grenci）

*　*　*　*　*

世代轉換

除了失去生命基石以及面對情緒難處，等著我們的還有其他挑戰，其中一個是角色轉變。如果我們現在雙親皆亡，我們就從中間世代（你是孩子，但也有子女）進入了老年世代。

此外，如果你像麗塔一樣突然失去雙親之一，你可能必須照顧剩下的那一位。在沒有預警與準備的情況下，你成了照顧者，有責任跟律師及保險公司溝通，甚至可能必須參與犯罪審判的過程。

如果悲劇發生時，你和父母都還年輕（你二十幾歲、而他們四十多歲），你可能會深深遺憾什麼事沒有或無法和他們一起做。如果你和父母的年齡都比較大（你四十幾歲、而他們已年過六十），你或許仍有遺憾，但更可能有較多值得珍視的回憶。

* * * * *

「震驚與否認隨著遽逝事件而來，這種發展一點也不奇怪。每一個懊惱的哀悼者心中都有一個小角落，希望整件事可以翻轉——就像表演完畢後演員謝幕，帷幕拉開，去世的父母站出來，神采飛揚，**完全弄錯了！**」摘自臨床社會工作者羅伊士・艾克納（Lois F. Akner, CSW）著，《如何走過失去父母的哀慟：成年人準則》（*How to Survive the Loss of a Parent: A Guide for Adults*）。

* * * * *

聖誕節快到時，瑪莎看起來健康的母親突然去世。

母親於一九九〇年十二月二十三日去世。三十天前，她因動脈瘤爆裂而昏倒，那時她六十一歲，身體沒有任何問題。她非常健康，身材纖細，注重營養，從來沒生過嚴重的病。醫生說，她死於成人呼吸窘迫症候群，是因處理腦部發現的多重動脈瘤時，進行兩次腦部手術所造成的併發症。

她顯然是生下來即有腦動靜脈畸形（AVM）的問題，但她從來不知道，我們也一樣。我是三個女兒中的老大，三個姐妹當中，有兩個當時正懷有身孕。父親那時六十三歲，對於我們失去母親、而他失去三十二年來未曾分開過的伴侶震驚萬分。

她昏倒的時間是感恩節後星期天清晨六點四十五分。我住在離父母家兩個房子之外。我當時得叫護理人員過來，那是我從沒做過的事，使我如臨大敵。我也必須跟著護理人員坐上救護車，必須在不知她的病情有多嚴重的情況下，做出去哪家醫院的決定。

記憶中跟母親最後一次談話，是感恩節前的星期一，我們一起去買菜做晚飯。我們談了很多我寶寶的事，她急著看寶寶。她昏倒並動過手術後就上了嗎啡。那個感恩節晚餐之後，我再也不曾跟她正常談過話。

即使她去世已快八年，我還是說不準自己處在哀慟的哪個階段。我和妹妹們雖然無法多談此事，但是我們變得更親近，互相扶持走過痛苦。孩子也幫忙我們。其中兩個孩子很幸運地被母親照顧過，一個一歲半，另一個才六個月。我們上墳時很難不崩潰，但孩子們跟我們一起去，知道她埋在那裡。我們跟孩子談她，留著她的照片，提醒他們外婆多麼棒。雖然我還是繼續流淚，但這樣做仍然幫了我，因爲我很害怕自己永遠不會停止哀慟。我內心深處感受到的深沉痛苦，是我必須到達的境界，因爲我知道那樣就會進入到一個不同的階段。我想我現在就在這個階段，準備面對感受那種痛苦的恐懼，以及到達一個能夠跟母親直接對話的階段，可以告訴她我經歷的事，並尋求她的忠告。

我每天過日子時、做任何事時都想到她。我在教導子女如何做一個幫助別人的好人時，總是記住她的智慧與價值觀。

我從哀慟過程和面對悲劇性死亡事件中學到的是，人永遠不知道自己何時會死。我們必須享受每一天，享受與家人同在的時刻。我們的家庭和子女需要我們。時時記住母親，對我而言非常重要。我在自己身上看到很多她的影子，我甚至看到自己用她的方式表達自己。我覺得那樣很好，因爲我保留了她的優良傳統，也會將此傳給我的兒子。

三年後，父親去世，我過了一段很辛苦的日子。想到從此自己是完全的成年人，眞正要對自己的行爲負責，是種很可怕的感覺。我現在是我母親了……以前我從不明白她爲什麼會說：「等到你有了自己的家庭，就會了解我爲什麼會對你這麼嚴格，要求這麼多。」現在我懂了，她在爲我承擔她的角色做準備……

「說到底，你父親或母親去世的方式，並不是他們生命完整的聲明。有太多要紀念的事，如果只注意他們最後一刻，不僅剝奪了他們完整的身分，也使你無法從寬廣的角度來看待他們。」費歐娜．馬歇爾（Fiona Marshall），《失去雙親之一》（*Losing a Parent*）。

＊　＊　＊　＊　＊

你可以做的事

寫信

寫一封給父母的信，訴說你眞正的感覺，在入土或火化前放進棺木裡。如果遺體沒有尋獲，你可以在海邊或其他戶外地方把信燒了。當煙霧裊裊上升時，想像那些字句正隨風帶到父母那裡。

相片

找一張沒有加框的父母照片，拿到照相館放大，裱框，然後掛在一個特別的地方。

聆聽

繼續在心中「聆聽」父母的忠告與指導。他們可能已經死了，但是曾經強烈影響你的生命。如果你「聽到的」是負面的東西，現在就將負面影響的音量降低，將正面影響聲音轉大。

尋求導師

你或許可以在生活中找到一位像好父母一樣能幫助和鼓勵你的人。在這位替代父母的幫助下，你也許能夠得到一些以往不曾被滿足的需要。

尋找更多資訊

和父母的朋友、同事、以及任何與他們日常活動有關的人談話，請他們分享與你父母相處時的點點滴滴。

領受教訓

做一個表，列出你從父母那裡學到的事情，好壞都寫出來。這樣可以幫助你知道，他們的生命對你有意義，以及你從他們那裡已得到一些非常重要的訓誡。即使父母死於非命，與你相處時間很短，你一定還是能夠從彼此的關係中找出意義。這樣做能眞正幫助你接受喪親的事實，在哀慟路程上繼續前進。

12 失去子女

我體認到自己比想像中堅強。
我學到了耐心，因為哀慟不會因你要它消失就消失。
我也發現，幫助別人有時候是幫助自己最好的方法。

——唐娜．F（Donna F.），
一位十七歲自殺少女的母親

有人說，沒有任何事比失去子女的殺傷力更大，不論你的年齡或孩子的年齡多大。遽逝使我們對一向深信不疑的事物有了困惑，驟然失去孩子更打斷了我們生命的自然法則與秩序。我們長時間照顧與愛護、並且盼望看著他們成年的孩子消失了，沒有其他心痛的事堪與比擬。如果死因是自殺，哀慟的復原過程是另一套艱難的情緒挑戰（參見第十六章論自殺）。那些經歷過這份磨難卻不生怨恨之心的人充滿愛意，擁有全世界最美善的靈魂。

凱瑟琳．M．桑德斯博士在《活過哀慟》書中寫道：「喪子之痛之所以有別於其他失喪的感覺，在於涉及層面廣泛。由於一般人通常不預期會失去孩子，所以失喪帶來的每一種感覺都加強與延長了。各種喪親事件都會帶來罪惡感與憤怒感，但喪子父母的這些感覺永無止境。專家們統計過，喪失配偶需要三至五年的療傷時間，但是失去孩子的哀慟可能持續十至二十年，甚至一輩子。孩子去世大大改變了我們的生命，可能沒有任何替代方式。就算有，能夠讓我們減少的痛苦也有限。這不是說我們不可能再快樂，而是說這種損失留給我們全然無助與灰暗絕望的感覺。」

正如桑德斯博士所說，失去孩子特別會刺激我們的情緒。

極端的情緒

失去孩子以後，生活發生了很多改變，也產生許多難處，都是我們需要了解與克服的。有人說過，孩子之死讓我們開始了終生的療傷過程。了解這些獨特的挑戰，能夠幫助我們理解如何走過療程。

失序

失去子女所產生的失序狀況，比起失去其他親人時嚴重。除了個人的肉體與情緒失序以外，日常生活也被打亂了。我們擁有孩子時，心中篤定他們會活得比我們久。我們以孩子爲中心計劃未來，有了夢想、幻想與目標。簡單而言，我們有一個獨立的世界。孩子去世後，這些夢幻在毫無預警的情況下破滅，我們熟知的世界似乎也沒了邏輯。

我們的一部分

子女是我們的延續，他們來到這個世界時，已配備了我們一部分的形體與個性。我們在子女的眼中看到自己。透過孩子，我們看到一個較好的未來。失去孩子時，這種延續消失，我們也失去了希望。

罪惡感

失去子女的父母會有很強烈的罪惡感。爲人父母者都期許自己有能力照顧孩子。孩子一出生，我們就向孩子保證會照顧他們。孩子逝去會使我們覺得自己失敗，我們可能會認爲自己沒把爲人父母這件事做好。這些胡思亂想之所以會出現，是因爲我們的心智設法從不可理喻的事情中理出頭緒。

憤怒

雖然憤怒會出現在各種哀慟狀況中，但是失去子女時的憤怒特別不同，通常是更爲強烈。做父母的就是無法被動地接受毀滅性的損失，而必須將怒氣發洩在某人身上。發洩的對象可能是上帝，可能是醫生，可能是任何正好在旁邊的人，反正怒氣就是會出現。過度的怒氣需要找專業人士疏解。爲了繼續日常生活，父母必須將怒氣導向健康與創造性的管道。

壓力

在《嚴重的喪親之痛》一書中，芭芭拉·D·羅索夫寫道：「子女的死亡無可比擬。心理診斷權威著作《精神疾病診斷與統計手冊》（*The Diagnostic and Statistical Manual of Mental Disorder*）很貼切地描述兒童之死爲『災難性的壓力來源』，它剝奪了父母的最愛，讓父母彼此孤立，也使他們聽不到其他孩子的呼喚。」

父母失去子女後所承受的壓力難以想像，遭遇喪子或喪女之痛的人務必認知到這點，並設法應付這種壓力。女人通常能從討論中得到安慰與治療，因此聰明之道是加入扶持團體。「同情之友」（Compassionate Friends）是一個專們處理孩子失喪的扶持團體，有五百多個分會。

男人也需要找到扶持自己的力量。有些人在扶持團體中得到幫助，有些人則偏好個別諮詢或私下處理哀慟。本章後面會詳細討論男人的哀慟。第八章也會討論伴侶的哀慟。

失去成年子女

失去已成年的子女特別艱鉅。父母已經花了很多時間與精力把孩子拉拔長大，時時刻刻、每天、甚至好多年都告誡他們人身安全之道，「不要跟陌生人說話」「不要碰毒品和酒精」「過馬路之前，左右兩邊先看過」。經過這麼多從小到大的耳提面命之後，你覺得已經沒有需要擔心的事，現在就等著享受耕耘成果，也就是看著孩子長大成人。你等著看他們結婚生子、或擁有自己的事業。但你在這個當下失去孩子，縱使已擁有許多珍貴的回憶，卻被剝奪了曾經盼望的未來經驗。

「同情之友」組織在小冊子《成年子女的死亡》（*The Death of an Adult Child*）中寫道：「如果長大成人的孩子死於車禍或疾病，親朋好友安慰父母的話往往是，應該欣慰至少他們已經活到逝去的那個年齡。當然，父母很感激上天讓孩子活到二十五歲、三十歲或四十歲，但那不表示你的痛苦就會減少！許多父母表示，他們與孩子的關係已經像朋友一樣。他們覺得自己不僅失去孩子，也失去了一位朋友。」

下面的詩是布蕾克的母親所寫，詳細描述了二十七歲的愛兒去世後，她所經歷的情緒與試煉。

＊　＊　＊　＊　＊

再三個星期就是那天

第一部：星期六

那天—那小時—那分鐘，
那分割的一秒，已是三星期前的事了
日光節約時間成爲永恆
你問，那是哪一天？
我兒最後一次起身的那天
太陽最後一次升起的那天
你問，那是幾點？他們告訴我大約正午
幾分呢？大概前後幾分鐘吧
你問，幾秒呢？那一秒是我兒生命——凱樂柏的生命一分爲二
從人間時辰跨到永恆（如我們所知）的
最小的一分鐘的計算單位
「凱樂柏死了，」醫生如是說
我說不可能。
「你的兒子死了，」他再說一次
我的尖叫出現了，響亮、粗糙、無法控制
哀慟（grief）只有五個字母，很簡單
是這麼柔軟、悲傷、安靜的字眼

我以為自己很懂這個字
知道如何寫、如何處理它。
然而它襲擊我的腦波
像浪潮一樣撞擊，撞擊，層層圍繞
捲曲、蠕動、彷彿嘶叫著的醜陋的蛇
直到它的死亡咯咯出聲，正視著我嘶嘶作響
瞬間突襲，我毫無防備。
我們可能眞正做好準備嗎？
我回家。
憤怒。
了無生氣
因驚嚇而痲木。
我睡了
疲憊不堪
全然無夢
無法振作
人們幫我接電話

人們幫我做飯
人們了解我
我成了獸—憑直覺運作—感覺敏銳
肌肉緊繃，清楚意識到呼吸的每一吋空氣。
他的房中飄出薰香裊裊
閣樓傳來他的腳步聲
無人問津的浴室有清新的肥皂味
他的古龍水滿滿未動
他的魂魄穿梭屋內，進行最後的道別
幾乎與我擦身而過，給我輕輕的擁抱。
人們幫我接電話。
人們幫我做飯。
人們了解我。
在我不照顧自己時，
我最親愛的朋友照顧我。
我設法了解那無法了解之事
他才二十七歲，只到我年紀的一半。

* * * * *

最重要的是記住你需要時間——很多時間，才能恢復正常的自己。對自己要有耐性。請周圍的人對你有耐性。確定你往前走，不論你踏出的腳步有多小。本章最後你會發現一些應付哀慟的特別方法，還有一些練習也很有用。

你和伴侶的關係

影響伴侶關係最嚴重的事，就是失去共同的孩子。研究顯示，夫妻在孩子去世三年內將經歷無與倫比的壓力。

唐雅五歲的兒子在一場搶劫槍戰中不幸喪生。唐雅談到與丈夫在這件事上的經歷，「我倆筋疲力盡，就像是隔著濃霧注視彼此。我們試著接近對方，因爲我們知道互相需要，然而我們就是接觸不到彼此。他看到我的痛苦，我也看到他的，但我們都沒有力氣安慰對方。」

唐雅的經驗很平常。原先有著夥伴關係的伴侶，現在卻無力彼此扶持。夫妻更因歷史、性別差異，以及彼此期望值的不同，使得哀慟過程更加複雜。

約翰．布蘭布雷特（John Bramblett）在《當再見成爲訣別：學習如何在失去子女後重新生活》（*When Goodbye is Forever: Learning to Live Again After the Loss of a Child*）中，談到自

己喪子後的經歷。其中一個故事顯示了夫妻雙方反應的不同。他和妻子參加扶輪社聚會，就在他與一小群人談論跟孩子去世有關的一些異乎尋常的事件時，他注意到妻子正透過旁邊滑動的玻璃門注視著他。他寫道：「我知道她在想什麼，她知道我正在說什麼。我想與他們交流我的經驗，那是我應付這件事的一種方法。但她覺得談論家裡這些令人震驚的生活片段，是貶低了那些事。我們倆誰也沒錯，只是應付之道不同而已。」

了解並尊重每個人哀慟方式的不同，是一起走過哀慟的必要手段。第八章會談到更多男女哀慟方式的異同。

另一個糾紛之源是指責。如果孩子去世時，父母之中有一人在場，在場的那位可能會指責不在場的那位，反之亦然。指責會帶來罪惡感、衝突、憤怒與反感，這種情形只會產生破壞性，卻沒有任何好處。發生這種指責的狀況時，我們強烈建議尋求專業協助，由第三方協助梳理複雜的情緒經常是有必要的。

妥協

芭芭拉・D・羅索夫向伴侶們提供以下建議：「你們在一起生活的許多領域裡，像是社交應酬、家庭活動、假日慶祝，一方通常會比另一方容易重新投入。如果你的另一半希望做某件事，而你覺得還沒準備好，你或許需要推自己一把。你要努力取得平衡。失去孩子這件事以及你的失喪感將永遠存在，然而放棄與伴侶的生活以及你們彼此共享的快樂，並不能減少你的損失。你要努力平衡的目標，是在不忘記孩子的同時，找到自己以及與伴侶共同生活的方法。這種平衡不會很快達到。預期自己會犯錯，也會有不確定的狀況。你的伴侶和你都需要有耐性。」

在某個關卡，爲了有效前進，你會需要在桿槓的兩邊推動一下，學習妥協的藝術。

保持溝通

雖然夫妻各自深陷在獨特的哀慟情況中，但千萬不要放棄互相溝通。找時間彼此相處，不要將對方摒於門外，否則當你們走出這段傷心旅程後會形同陌路。每天至少安排三十分鐘相處，設法討論各自的感覺與當日的難處。如果兩人無法談這方面的事，聊聊回憶也好。如果此刻談話太困難，手牽手或彼此擁抱也是辦法。這種每日的溝通，不論身體或口語，會讓彼此知道對方願意一起度過難關。

單親

失去孩子爲單親帶來特殊的挑戰。如果去世的是獨生子女，單親可能發現自己獨自過活，無法忍受那片寂靜，因爲沒有可以分擔哀慟過程的伴侶。

比失去子女更艱難的挑戰，或許就是要單獨面對這種失落，但這是許多單親要應付的情況。對單親而言，找到扶持團體格外重要，不論是面對面的團體或線上團體都行。認識其他失去子女的單親父母，對你重新站穩腳步一定有幫助。另外，單親父母的復原之路通常也比較長。其他人幾個月能夠復原，單親可能要花好幾年的功夫。你要格外注意自己的需求與情緒，必要時就尋求專業或扶持團體的幫助。

還有其他子女的父母

哈麗特・席夫（Harriet Sarnoff Schiff）在《悲痛的父母》（*The Bereaved Parent*）一書中提到，哀慟中父母一個困難的問題：「……我們經常看到，活著的孩子在這種情形下幾乎得不到父母的珍愛。」

活著的孩子往往覺得父母遺棄了他們。爲人父母的悲傷太強烈，以至於情緒上無法同時應付其他子女也在經歷的痛苦。各類喪親都會出現這種情形，但若死者是活著孩子的手足，情形就更嚴重。

當你處於感覺強烈的失喪狀況中（一般維持至少一年，失去子女通常耗時更久），重要的是注意其他子女的想法。那些孩子一方面要應付手足去世的感覺，另一方面還要處理不曾有過的與父母疏離的感覺。因此，首先要做的是讓其他孩子知道你正面對失去一個孩子的痛苦，而你的行爲舉止並不表示你改變了對他們的愛或感覺。

我們常看到一些父母在失去子女後，企圖「使這件事有意義」。他們會成立組織、基金會、或其他紀念孩子的具體措施。這種讓子女長久被記住的方式值得讚賞，但這些措施往往也耗去了父母所有的精力。父母花了太多時間在紀念逝去子女的細節上，以至於竟然忽略了可以享受活著的子女帶來的快樂。

同樣地，父母可能常常談到逝去的孩子。如果父母過分看重另一個孩子，其他孩子可能很快就覺得自己比較差、被忽視或不重要。子女去世的半年到一年內，經常談到這個孩子是很尋常的事，但之後就應該漸漸放手。當然，我們可以與朋友或諮商顧問討論自己的情緒，但如果我們要維持目前家庭的健全，在家裡一定要有放手的做法。這不是說我們應該遺忘，而是表示我們要往前走、不再與過去糾纏。我們在家中創造平衡，一方面讓過去仍然活在我們心中，一方面創造新的回憶。

你可以做的事

做一個存之久遠的紀念物

許多父母得到安慰的方法是舉行一個紀念儀式、製作一份非正式的小冊子、或是以孩子的名義成立一個組織。我們在訪談中發現父母們出版酒醉駕車、濫用藥品、自殺、幫派等各方面的資料，發送給當地社區，或寄到全國各地的報紙；還有些父母成立了現在已是全國性的組織；也有父母得到心安的方式，是以孩子的名義設立獎學金，頒發給追求與自己孩子同樣理想的學生。布蕾克的家庭以凱樂柏的名義舉辦年度划水競賽。凱樂柏是知名的划水健將，喜歡參加專業競賽。每年他們在凱樂柏喜歡的湖上舉行這項比賽，頒發獎金與獎牌。

國際星宿註冊處

「紀念你的孩子，給他們屬於他們的星星！以孩子的名字爲星星命名，是多麼美的紀念孩子的方法！這個夢想從一九七九年起得以實現。那年，國際星宿註冊處提供了這個特殊而充滿魅力的爲星宿命名的做法。此外，當你透過扶持喪失子女基金會（MISS）購買星星時，部分款項會直接捐給此基金會與亞利桑那州嬰兒猝死症候群聯盟共同舉辦的活動。」星星註冊套裝包括一份證書、一個設定好找尋特定星宿的望遠鏡、一張上面圈好特定星球的大星宿圖、一份天象手冊，以及一封紀念信等等。

捐款

伊莉莎白．強森（Elizabeth A. Johnson）在《生者手冊》（*A Handbook for the Living as Someone Dies*）中這樣建議：「把孩子的玩具和其他東西捐給孤兒院或醫院，以及臨終關懷醫院的兒童病房，可以產生很大的心理治療效果，帶來很大的安慰。從某種角度而言，這樣做是把孩子身外之物的能量傳給其他孩童，讓他的一部分繼續照亮別人的生活。」

有紀念意義的書本

瓊恩・西薩・柯爾芙（June Cerza Kolf）在《此刻有你眞好》（*How Can I Help?: How to Support Someone Who is Grieving*，二〇〇二年，張老師文化）書中寫道：「紀念品、值得紀念的東西、甚至一些衣物當然可以保存。事實上，此時把舊照片放進相簿中也可以給人安慰，能夠喚起哀傷者的快樂回憶。」

線上追悼

網際網路透過線上追悼，創造了分享、珍藏與紀念我們所愛之人的新方法。短片、錄音、音樂與相片，都可以被整合成一個紀念往生者的永久網站。

這個做法也幫助了家庭中的幼小成員在成年後，了解他們年幼時失去的親屬。參考網站爲www.legacy.com或www.muchloved.com。

13 失去伴侶

想把痛苦置之腦後，卻無計可施……
偶爾我懷疑自己神智不清。既有的法則不再適用。
我彷彿已被降落傘帶入陌生國度，
沒有地圖，人們說著我不懂的言語。

——凱瑟琳．克瑞（Cathleen L. Curry），
《當伴侶死去》（*When Your Spouse Dies*）

從許多方面來看，失去伴侶都很傷人。伴侶往往是我們傾吐心事的對象，也是最好的朋友。我們不論日夜，與伴侶之間都有過情緒與身體接觸上的高潮或低潮。生活中失去這樣的「一半」，讓我們感到不完整、困惑，以及欠缺了什麼。

這種感覺的強度會因爲我們與伴侶相處時間的長度而不同。我們如果曾經與逝去的伴侶相處多年，就會發現伴侶使我們思想完整、行動周全。我們失去的除了伴侶，還有一半的自己。

失去伴侶一方面改變了我們的生活，另一方面往往也帶來額外的壓力。我們可能要忍受財務緊縮、可能要搬家、也可能需要安慰孩子，但幾乎沒有人來安慰自己。

失去身分

伴侶在我們的個人歷史上佔了很重要的一部分。我們與伴侶一起詮釋世界，經歷日常生活和生命中的起起伏伏。我們因意外而失去這位伴侶時，也失去了生命中的許多基石。我們被迫在筋疲力盡的時候重新建造生命。重建需要時間。朋友與孩子們可能在我們還沒準備好時，就鼓勵我們前進。既然那些關心我們的人不願意看到我們痛苦，我們只好將它當作目標。很多人認爲只要「回到正常生活」，我們的痛苦就可以減輕。這些想法用意都好，但實際上卻行不通。

我們一方面哀慟，一方面需要重建生命基石，一塊一塊放上去。約翰·鮑比（John Bowlby）在《失去》（*Loss*）一書中說：「舊的思想感覺與行爲都必須除去，才能產生新的局面。偶爾，哀慟中的人會覺得任何事都無法重新來過，因而變得沮喪、麻木。但如果沒有意外，這個階段很快就會進入下一個，此人會開始省察新局面，思考如何適應。這種重新界定自我與當下局面的過程很痛苦，也很重要。因爲這等於是排除了逝者可以回到我們生活中、以及往日可以重現的可能。然而，除非我們完成這種重新定義自己與情勢的工作，否則無法計劃未來。」

一開始，沒有一件事順心，每天都有新的覺悟與麻煩。但是慢慢地，你會發現自己能從某個記憶、嗜好或想法中找到樂趣。那可能只是片刻，但至少是寧靜。這是你的第一塊基石。找出這些寧靜的來源，記下來。注意自己喜歡與不喜歡的東西，建構新的看法，追求新的興趣。或許你無法很快進行這些事；或許你想有一個「出口」，卻提不起精神。沒關係，上網找找旅遊諮詢，一項一項研究，一步一步來，不論步伐多小。

你可在本書後面談到「練習」的那章，找到「重新定義我們自己」那部分做練習。

朋友圈

伴侶們很容易建立共同的社交圈。許多寡婦在丈夫死後有一個麻煩，那就是，當雙雙出現的人變成只有一個時，他們共同的朋友就不見了。原因很多。單身一人與其他成對的伴侶很難產生共鳴，特別是在其他人因爲認識你們夫婦而認識你的情形下。

回憶可能也是失去友誼的一個原因。當我們和那些共同的朋友在一起時，我們記得大家共同度過的時光。當我們已經準備好繼續生活時，其他那些成雙成對的人可能沒法自然地討論或回味過往。正如前面已經談過的，這個社會不擅長處理「失去」。不幸的是，這就表示一種情況的「失去」會導致其他各式各樣的「失去」，只因他人對於死亡感到不自在。

就年輕伴侶而言，失去另一半的經驗更爲特別。處在這個年齡，我們最熟悉的朋友當中很少有人曾失去伴侶。雖然朋友們跟我們一起經歷這份失喪，但他們沒有親身經歷這種悼亡的經驗。我們透過不同的眼光重新省視世界，像變了一個人似的，以不同的身分回到朋友中間。這種觀點上的不同，往往造成許多友誼的流失。

另一個友誼消失的原因是，我們的「失去」可能提醒別人，悲劇會發生在任何人身上，包括他們認識的人、或甚至他們自己。這種解釋未必能合理化朋友們的舉止。不過，我們要記住幾件事。首先，別以爲友誼不會恢復，請給每段友誼一個機會。其次，如果友誼瓦解了，對喪失伴侶的你當然是雪上加霜，但卻也是另一個成長的機會。等你準備好了，就專心去交新朋友吧。

最後，記住要找到跟你有同樣遭遇的扶持團體，建立一組你可以聯絡的人，他們處於哀慟的各個階段，讓他們成爲你的先行者，和他們分享你在意的事。你或許精力耗盡而無法親自參加扶持團體的聚會，現在網路上有許多寡婦鰥夫的聊天室，包括布蕾克的www.griefsteps.com。

迴盪不絕的記憶與圖像

許多寡婦與鰥夫提到他們看見去世另一半的影像，感覺到他們的存在。你或許也夢到伴侶依然活著。根據研究，大約三分之一至二分之一的寡婦鰥夫有過這樣的經驗。請了解這是正常的事，用不著在意。你可能感到伴侶時時與你同在，就像你的守護天使。

許多寡婦與鰥夫發現內化這些影響很有用。I・O・柯里克（I.O. Glick）一九七四年在關於「波士頓寡婦」（Boston Widows）的報告中指出：「寡婦復原的歷程往往與她們跟逝去丈夫的對話有關。」當我們繼續與摯愛講話和溝通時，不論眞實或想像，都是向他們開放了自己，也就是願意接受他們的建議。在我們度過哀慟期時，學習對摯愛講話、聽對方說話，可以給我們極大的安慰。

＊　＊　＊　＊　＊

瑪麗蓮的故事

在那幢漂亮新房子旁的樹林裡，我們種了鬱金香和水仙。那是我們的夢想之屋，兒孫會陸續來到，我們會在那兒偕老。蓋瑞突然因爲腦部動脈瘤去世時，我們在那裡才住了五個月。我的世界變得黑暗、恐怖、寂寞。不過才幾天前，那裡還是充滿歡樂與夢想成眞的地方。我無法清楚描繪遽逝與那些時機不對的問題所造成的震驚與恐怖，尤其因爲你的摯愛從來沒有眞正病過。他當年曾加入陸戰隊在越南服役，毫髮未損。**現在怎麼可能死了？**

一種流行性吧，這是我們在他「正式」死亡前一晚的想法。那時器官移植計劃尚未擬就，維生系統也還沒拔除，我的心也尚未感受到悲痛巨石令人無法忍受的重擊。我們之前都結過婚，也都離了婚，最後（我們以為）終於做對了。我們在一起的時間總共是七年，完全沒想到死亡會這麼快就降臨到其中一人身上。我們總是說，只要有彼此，沒有不能應付的事。我們討論過死亡、波灣戰爭時我兒丹恩在陸軍信號連服役、我是臨終關懷志工、而我的好友凱西在兩週前去世，比我臨終關懷的對象早一週、再接下來就是我丈夫之死。受到蓋瑞的鼓勵，我在凱西的喪禮上說了一段悼詞。蓋瑞對我在神學上的研究十分引以為傲。我完全沒想到兩週後，我會在同一座教堂為蓋瑞做同樣的事；更沒想到的是，就在接下來的幾個月內，祖母與另一位親愛的朋友也相繼離世。

扶持團體……是啊，我全都去了，甚至還自己組織了一個。我和其他人同哭同叫，但我覺得因為蓋瑞的死突如其來，我的情形跟別人不一樣，因為我們這種人沒有機會做最後的安排、讓事情井然有序，以及跟逝者道別。我氣上帝，我認為幾乎同時失去四位親友是很殘忍的惡作劇。我想我是瘋了。但最糟的是，我也失去了信仰。我感覺自己彷佛棄嬰，盲目漂浮。想到自己被上天懲罰，我驚恐萬分。我這輩子虔信上帝，可是現在卻如處地獄之中。事情越來越糟，大家期待我「趕快走出來」，我卻每晚在午夜驚醒，腦中重現蓋瑞死前那晚跌倒在浴室中，救護人員找不到我們家，我是多麼驚慌地跑到路上找他們，而把蓋瑞獨自留下躺在浴室地上。我不斷地用「要是……」來折磨自己，覺得自己是個失敗者，就好像我能夠救他似地。醫生們告訴我，蓋瑞的腫瘤非常大，即使事情發生在醫院，他們也無能爲力。可是我的腦中繼續重演每件事，直到拔除維生系統爲止。這些夜晚的恐怖景象、陣陣襲來的驚慌、疼痛的胸口、失序的生活、全然被棄的感覺，讓我日益深陷臨床憂鬱症狀中。我無法工作、無法祈禱，只覺得自己是個徹底的失敗者，正一步步走向死亡。我就是下一個要死的人。接下來是大風雪，我迷失在超現實的世界中，我確定自己瘋了。

我問心理醫師：「你太太突然死了以後，你是怎麼走過來的？」他說：「我差不多瘋了。」那句話恐怕比任何事對我的幫助都大。如果我的心理醫師都會在妻子遽逝後發狂，而現在仍能正常生活與工作，那麼我也許還有希望。我每週都去看他，嘗試各種藥物，我想在書中找到跟遽逝有關的資訊，但往往只有一兩句。我繼續參加扶持團體。我想，爲什麼死亡在美國是這麼嚴重的禁忌？坊間文字談的似乎都是「漂漂亮亮、乾乾淨淨」的死亡，是那種人們已經準備好的死亡事件，但那對我不適用。

終於，七個月後，我能夠把蓋瑞的鞋子從平常放的地板上拿走。移走鞋子的動作使我了解他眞的死了，而我的沮喪也更深了。就在那時，我兒的波灣疾病加劇，必須經常進出醫院。我在車裡尖叫，叫到喉嚨與脖子都痛了。我一直哭，一直哭，一個人怎麼會有那麼多眼淚？接下來的春天，我們種的花美麗盛開，好像什麼事也沒有發生，世界照舊運轉。怎麼可以這樣？我的世界完全顛倒，我想死，但我得爲兒子活著。他病得很嚴重，迫切需要我。

我繼續看心理醫生，十一個月後，我回去工作，但是心不在焉。我聽到別人這麼說：「情況應該比較好了，畢竟已經一年了。」人們對待我的態度好像死亡是傳染病。他們不知道該說什麼，所以什麼也不說。他們不知道我仍然如處煉獄，覺得自己是個怪物。我掩飾得很好。我改喝咖啡，因爲再也受不了喝茶。蓋瑞每天早上都會幫我泡茶，放在床邊，這是一個小小愛的舉動，我非常懷念這樣的好意。幾個月拖過去，幾年也過去了，我終於能夠收拾蓋瑞的衣物，把它們送出去。但是到了現在，已經五年半了，我還是會在想不到的地方發現他的東西，也就忍不住哭起來。我賣了夢想之屋，賣了他的車，把他的書捐給圖書館，衣服與其他紀念性的東西分給他的朋友和家人。蓋瑞的骨灰躺在維吉尼亞的關提哥國家公墓，我把國旗放在衣櫥上方。

低潮沒有離開我，但我回顧既往，看到自己從世界解體那個可怕的日子以來，已經走過很長一段路。蓋瑞的器官已捐給有機會重拾生命的人，那是他的希望。去年結婚紀念日我夢到他，他吻了我，手上拿著一瓶香檳。我想他是要告訴我，他愛我，希望我自己好好活下去。我知道那是可能的，至少可以一天一天來。我現在相信自己辦得到，但地獄那段旅程實在夠長。我寫了下面這首詩，總結自己的現況：

尋路者

你學到吸氣時多吸一口，
免得心臟病發時就缺那麼一點；
你學到傾身時斜度小一點，
萬一你要倒向深淵時足以穩住自己、保持平衡；
你學到愛得更炙熱一點，
免得生命中出現哀傷，
而你再也看不到金色時光；
你學到對眞愛更清楚地吐露心語，
只因夜晚會以各種方式降臨，
阻你前行，
皮靴踐踏玫瑰的方法
實在太多。

——瑪麗蓮．休士頓（Marilyn Houston），寫於維吉尼亞州春田市

＊　＊　＊　＊　＊

「兩年了，我仍然像在發神經，而且沒完沒了。兩年裡，我沒有眞正正常的時候。不止是哀慟，根本就是困惑。我很古怪，是眞的。我怎麼出來的？我不知道，因爲我在困境中時不知道自己在裡面。」

資深女星海倫·海斯（Helen Hayes）在丈夫去世後說的話。

* * * * *

瓊安的故事

瓊安的前夫是她兩個孩子的父親，他在一場混亂的酒駕車禍中喪生時，瓊安才三十二歲，已經離婚又再婚。十三年後，當她提起這場遽逝事件對自己和孩子們的影響時，雙眼依舊泛著淚光。

我們的婚姻大約維持了十八年，但湯姆去世時，我們已經離婚。雖然他有酗酒的問題，但我們爲了孩子，仍盡量維持友好的關係，甚至一起過聖誕節。但是，快要過新年時，他又開始喝酒，而且越來越糟。我當時已經再婚，雖然這段關係也不怎麼樣。湯姆去世前一晚曾經打電話給我。兒子那晚原本要和他一起看電影，但是我沒准他去，因爲湯姆聽起來已經喝醉了。總之，我接到他從酒吧打來一兩通電話，要跟我見面，我拒絕了。我也接到吧台服務員、或者可能是他朋友打來的電話，要我去把他接走。

我開始很認眞地祈禱，因爲我知道湯姆正在辛苦地與酒精奮鬥。我向耶穌祈禱，如果湯姆以後都要這樣受罪，就請把他帶走，特別是如果他無法克服酗酒問題的話。我知道孩子們已經無法再忍受他的行爲，他們很難面對父親的病態。

我知道湯姆中了酒精的毒。那時結婚兩年的丈夫正在我旁邊睡覺，因此我建議酒吧的人幫湯姆叫部計程車。我不記得對方怎麼說。那之後大約三、四個鐘頭，我丈夫已經去上班了，孩子們應該準備去上學，但他們還在睡覺。我接到警察局的電話：「我是史密斯警佐，打電話來告訴你，湯姆已在一場車禍中喪生。很抱歉。通常我們會上門通知，但是我們找不到你們家。」

我覺得天旋地轉，腦中掠過的是自己不久前的祈禱。我要怎麼告訴孩子們？我知道他們會有什麼反應，我開始深感愧疚。我不僅愧疚沒有去接他，也愧疚祈禱上帝讓他脫離人世苦痛。我不知道是不是有點奇怪，但我馬上想到：「誰會在女兒結婚時帶她走過紅毯呢？」當時我腦海中冒出各式各樣的念頭。

雖然我還處在難以置信當中，但我拿起電話打給母親。我說：「媽媽，你坐好了嗎？有個警官剛告訴我，湯姆昨天晚上在車禍中死了。」我不斷地想，我要跟湯姆說話，雖然我不知道要跟他講什麼。我覺得我瘋了。我要問他：「這是眞的嗎？你眞的死了嗎？」我的罪惡感又來了。

我很生氣，他們爲什麼要在電話中告訴我這件事？難道不可以當面講嗎？我氣警察局。

那時珍妮十三歲，保羅十六歲。我記得自己爲了不知如何告訴他們而苦惱，幸好他們還在睡覺。珍妮先起床。我還沒準備好告訴她，我得先冷靜下來，但她就在我面前，我決定把自己的哀傷放一邊，因爲孩子需要我。我知道他們會大受打擊。我讓自己擺脫歇斯底里，專注在孩子們身上。當我告訴珍妮時，她叫喊著說不相信。我求她不要吵醒哥哥，但是我們必須告訴他。我們倆一起去跟他說。到今天爲止，我都不確定那天保羅的反應是什麼意思。他從床上跳起來，套上襯衫，說「媽的，我就知道！我應該跟他一起去看電影的」。罪惡感已經向他襲來了。

我馬上想到應該打電話給學校，告訴他們孩子今天不能去上課。我也得打電話到公司請假。

警察知道我們離婚了，但是他想知道是否應該打電話給湯姆的原生家庭，還是應該由我來打。我請警察打給湯姆的哥哥，以便告訴他母親。

孩子們的情緒糟透了。接下來一個鐘頭，我們都在彼此安慰以求鎮定。之後湯姆的哥哥打電話來，跟我保證他們會請我參與所有善後事宜。即使我們已經離婚，我也不會被忽視。

我只能注意孩子們。那時兒子最好的朋友剛在一場車禍中失去父親和妹妹，我記得兒子只想跟他在一起。我知道那樣做是對的，他應該跟一個能夠了解親人遽逝的人在一起。

湯姆的家人沒問過孩子的意見，就決定將他火化。我感到珍妮與保羅很難接受這個事實。雖然遺體火化前已經放在封閉的棺木裡，他們堅持見父親一面，我很高興他們做到了，那樣做幫助他們接受了這個事實。

現在回想起來，我很高興我們的關係在他去世前已經改善。

＊　＊　＊　＊　＊

學著一個人生活

假設旅行時你一向依賴伴侶，像是開車、訂機票、準備行李等等，那麼現在你需要開始建立一個人際網絡，請別人幫你做這些事。在你度過最先幾個月那悲痛最強烈的時期，生活上最好不要有太多新的做法。

過了一段時間，最好學著自己做這些事。有些人認爲，建立新人格的方法之一，就是獨自到嶄新的地方旅行，面對隨機應變；也有人喜歡跟朋友一起旅行。這兩種做法都是讓你成長的機會。

有些人需要伴侶爲他們**做事**，有些人需要伴侶**陪伴**，有些人兩種情況都適用。有些人要有伴侶才有歸屬感，覺得自己跟這個世界有關係。現在不論你用什麼方法擺脫這種依賴，對你將來的生活都有幫助。只是要記住，你在這方面努力時，必須依照自己的步調。給自己的最大關愛，就是盡量不期望輕鬆合理地復原。

大多數人都會覺得，假以時日，透過很多個人的內省或靈性上的感悟，加上智慧累積，你與伴侶的關係意義便會浮現。你不會了解摯愛何以去世，但或許可以了解他們爲何來到你的生命中，以及他們的生命與死亡如何成爲你人生旅程中正面的成分。

安排喪事

三十七歲的瑪麗安有兩個年幼的子女。她哀嘆：「我很了解先生。我們談很多事情，尤其是一起規劃未來，可是卻從沒討論過如何安排喪禮。我們這種年齡誰會談？我在一定要做決定的時候會盡量做好，但總是懷疑自己做得對不對、是不是他想要的方式。」

這類情況十分普遍。人在高度壓力下只能量力爲之。即使你只能做出一個符合死者想法的決定，已經非常難得。對自己寬容些吧。

萬一你覺得自己的計劃符合死者的意思，但死者的原生家庭希望按照他們的意思去安排，怎麼辦？如果死者沒有留下遺書或其他清楚表達意見的文字，你要記住，只要你是合法配偶，法律上就要採用你的決定。

如果你和伴侶只是同居而無正式關係，要照你的意思辦事就比較困難。有時候專業調停者或禮儀師可以協助解決這類衝突。你們應該利用受過調解技巧、家庭暴力問題、財務問題，以及其他相關領域訓練的中立人士來解決爭論。你或許可以造訪一位不會強加意見於人的法官、或仲裁人之類的調停人或心理醫師，他們受過訓練，知道如何協助雙方自己談判，找出解決之道。

調停者可能來自各種專業背景，包括律師、心理分析師、社會工作者、婚姻或家庭顧問、神職人員、會計師，以及財務專家，他們都受過調停方面的特殊訓練。

寫給家中有未成年子女的寡婦

情緒要求

你的伴侶去世時，若子女還沒長大，面對前方人生道路上的情感與肉體兩方面都會很吃力。你不僅僅要照顧好自己而已。喪失配偶的初期，情感與肉體兩方面若都沒人幫忙，責任就更具挑戰性。

哀傷階段的最初幾星期，很重要的一件事是讓別人來照顧孩子。你應該將自身精力用來確定自己撐得過每一天。建議你找個好朋友來幫助你與孩子，也可考慮讓這位朋友住在你家。

注意不要花太多時間在孩子身上，以至於忘了自己的需要。你本身仍然有許多問題要對付，騰出時間來做。你可以考慮加入某個扶持團體。也許你會發現，就算每週自己只出去一個晚上，也可以找到探索哀慟的空間。沒錯，先照顧好自己，才能好好照料子女。單親泰瑞．羅斯（Terri Ross）在《單親資源》（*The Single Parent Resource*）一書中這麼說：「就像在飛機上戴氧氣罩，先戴好自己的，再幫孩子戴。你得先站穩，才能幫助孩子。」

哀慟過程中要跟孩子溝通

許多寡婦提出這個問題：「哀慟過程中，我們怎麼跟孩子互動？」我們之前已經討論過，經歷過令人悲痛的喪偶事件後，所有我們原本確定的事都會改變。沒有迅速而確定的方法使你的生活恢復正常，但是有些原則可以幫助你健康地走過這段旅程。

首先，最好讓孩子們看到你的哀傷。父母往往假設自己有責任保持冷靜自持，這是不健康的態度。孩子如果沒有模範，就不知道如何處理自己的哀傷。如果你幾乎看不出難過，孩子們可能會覺得他們的感覺不恰當。不要怕讓孩子看到你的情緒。對孩子而言，沉默比情緒化更難應付。要讓孩子看到正面迎向哀慟是OK的，用不著壓抑。唯一要小心的是，請不要把孩子當成你的支柱，一直依賴他們。孩子十幾歲時，父母往往跟他們像朋友一樣談話。不論你的孩子多麼成熟，只要他們不是成年人，就不應該被父母依靠。不要對你的小兒子說「你現在是一家之主了」這類的話，也不要把家庭主婦的責任強加到女兒身上。

最後，不要避而不談發生的悲劇、或有死者在內的過往。保持記憶鮮活的最好方法，就是焦點不放在配偶的死亡、而是放在以往的生活點滴上。孩子們往往不知道提及死去的父或母是否恰當，他們可能擔心提起爸爸或媽媽會讓你痛苦悲傷。這方面你應主動開頭。不要不提配偶的名字。雖然這類談話很不好受，卻有利療傷止痛。

伴侶若是幼兒的父親或母親時，你承擔了額外的責任

如果失去的伴侶是孩子的父親或母親，你就成了子女主要的決策者與撫養者，要獨自決定孩子上大學、財務、家中規矩，以及其他各式各樣的責任。單親與孩子雙方都需要時間來適應新的角色。

剛成爲單親的人應該求助於所有找得到的資源。趕快尋找扶持團體與資訊，找一個你可以請教的單親。

另一個很有建設性的方法，是讓子女加入以重建家庭結構。孩子十歲或更大時，這樣做是最好的。喪禮過後一兩個月，你可以跟他們說明，因爲家裡少了一個人，現在需要發揮團隊精神，彼此合作。你可以提出家庭生活如何繼續順利進行的方法，大家可以腦力激盪。你們可以試試分配外出時開車、幫忙做晚飯，以及每週找一天全家一起做一件事等等。有一個人離世

後，其他人這麼快就這樣實際地討論事情，看來可能有點難，但事實上是，雖然某人的生命已經終止，其他人的生命還要繼續。

孩子需要一個穩固的基地才能活下去。建立穩固基地的方法包括保持一致性，以及有分界線與界限。我們往往因爲情緒上已經耗盡而很難維持一致性與分界線。請盡可能保持正常的生活，這樣孩子才能找到一個安全穩固的環境，走過哀慟。

我還能再愛嗎？

「我還能再愛嗎？」是個常見的問題。「何必再承諾一個人？何必再冒失去另一個愛人的風險？」有承諾的愛情提供許多成長的機會，因為我們會努力將自己最好的放在這段關係中。摯愛遽逝的經驗以及其後的復原過程，也能提供成長的基礎，讓我們施展自己永遠想不到的能力。

有些寡婦希望覓得新戀情，但是不知如何開始。有些人想到有新的伴侶就有「罪惡感」。有所謂正確的時間點嗎？有一個指導原則嗎？心理學家芙若瑪．華許（Froma Walsh）在為《時人》（*People*）雜誌撰寫的〈重新來過〉（Starting Over）一文中說，所謂準備好的訊號，是很微妙的。你不再全時間思念失去的伴侶，你不再夢見他／她。當你和別人在一起時，逝者的形象不再浮現。「沒有所謂全然忘記傷痛這件事，但是隨著時間過去，痛苦會越來越少，也越來越少出現。當你能夠不再用前面那人的特質來檢驗新伴侶時，你就知道自己可以再愛了。」

性需求也會浮現。對有些人而言，這件事比其他狀況來得快。美國退休人員協會的手冊《獨自生活》（*On Being Alone*）中有這樣的洞見：「你失去配偶，也就失去了性伴侶，這是寡婦面對的痛苦事實。雖然性感覺在成為寡婦後是很平常的事，也用不著有罪惡感，但是社會禁忌與個人需要之間可能會有衝突。你必須將那些衝突理清，然後用最自在的方法過日子。如果你考慮找一位新的性伴侶，可能應該先想好自己真正尋找的東西是性、親密感、陪伴、奉承、還是擁抱。知道自己要什麼，有助於了解如何得到它。」

尋找目的

尋找兩人關係存在的目的，有助你理解死亡事件的意義。你正在受苦，什麼事都沒意義，你可能感到全然的孤獨。在你可能已經完全或部分失去生活信心的時刻，需要一種對於療傷止痛過程單純的信賴，才能相信你會從中找到某種意義。「爲什麼當初要開始這一段戀情？」這種時候問自己這個問題似乎很奇怪，但其實這有助你爲摯愛的死亡賦予意義。爲了有一個簡單的答案，你或許會說：「難道不就是愛與性，加上渴望成家與擁有人生伴侶，將我吸引到愛人或配偶那裡嗎？」但是，我們再問，爲什麼在精神層面有「必要」開始這段戀情呢？也許來自一種壓抑已久的心理需要。或者是一種相同靈性，或者，如果你相信來生與轉世的可能，那麼這是回應某種輪迴的必要。不管你選擇哪種解釋，失喪造成的傷口已經朝癒合邁進了一步。你可能在這個過程中一直問：「爲什麼是他？」也許你從說「是的，我願意」時就開始問了。不論究竟拉近你們彼此的是什麼，重要的是，你設法找出在你變成一個更完全的人的生命旅程中，彼此關係（包括其結束）有什麼特別的意義。

你可以做的事

當你重拾生活時請記住：就算你有了另一段感情，或者再婚，你對去世伴侶的愛將永遠在你心中或個人歷史上佔有一席之地。用一個特別的盒子裝所有紀念品，然後隨自己心意在幾個特別的日子裡打開看看。

捐獻

對摯愛關注的慈善團體奉獻時間、捐贈金錢或特別的東西。

效法摯愛

效法摯愛的某些特質或行爲，這樣你每次活出這些特質或行爲時，就是在紀念這個人。

寫信

許多鰥寡者表示，寫信是釋放情緒與追憶摯愛很有用的方法。找本筆記本，有感覺時就寫封信，釋放你的情緒、想法、話語。

帕蜜拉一位客戶的妻子死於滑雪意外，他每天在自己的「情書筆記」上寫信給愛妻。終究有一天他會完全不需要這麼做，或不必做得這麼頻繁，但現在這麼做，可以給他很大的安慰。

登廣告

在地方報紙上登一個「紀念某某某」的廣告，紀念逝去的伴侶，結尾時附上一筆你目前的狀況。廣告可以包含心愛的詩、歌詞、特別的圖像、或你對伴侶的想法。你可以挑一個對兩人皆具有意義的日子登這則廣告。

14 失去手足

哥哥對我很好，
小時候他總是讓我先走。
他去世那晚看著我，
擠出小小的扭曲的微笑，說，
「妹妹，這回讓我先走。」

——康妮・丹森（Connie Danson），
哥哥法蘭克・達奈爾（Frank Darnell）喪禮悼詞

不論這類死亡發生時你年紀多大，失去兄弟姐妹都會特別難受。最主要的原因是，我們失去手足時，也失去了一位私生活中最了解我們的人。這個人和我們一起長大、一起歡笑、一起搗蛋、為同一件事流淚。我們打過架，彼此又愛又恨。這是人生中唯一日復一日包含各種情緒的經驗。

芭芭拉．D．羅索夫在《嚴重的喪親之痛》中如此描述手足關係：「他們是玩伴、吐露秘密的對象、競爭者；但他們也是保護者、虐待者、或特殊責任的承擔者。手足比別人更親密地了解彼此。世上沒有其他人比你的兄弟姐妹更知道，在那特別的家庭環境中長大是怎麼回事。與兄弟姐妹的關係有助孩子的身分認同，以及適應家庭生活的方法。手足關係緊密地融入了一個人的生活中。」

我們失去一個手足時，也失去了一部分的自己，失去了一個連結過去通路與未來旅程的盟友。

在哀慟過程中被忽略

失去手足最讓人難過的事情之一，就是在哀慟過程中不被重視。你到書店去翻翻許多關於哀慟的書，就可以發現此事。大部分的內容談的都是失去父母或配偶，卻鮮少談到失去手足，即使提到，篇幅也很少。我們在撰寫本章時，也苦於缺少參考資料。一位失去姐姐的年輕人不懂何以大家經常問：「那麼，你父母還好嗎？」卻從來沒人問他怎麼樣。《期刊消息》（*Journal News*）中的一篇文章〈被遺忘的哀慟者〉（Forgotten Mourners），提出許多失去手足者的看法：「……我好生氣。就好像每個人想的都是，**天哪，失去孩子，那是世界上最慘的事了**，但他們想都不想那個孩子的兄弟姐妹。」

雙重損失

除了失去手足，活著的孩子往往也失去了部分父母。父母深陷在自己的哀慟中，接下來幾年，他們可能無法像以前那樣對待活著的孩子。許多這些存活的孩子們不認爲自己可以直接去接近父母。「父親的煩惱已經夠多了。」一位接受我們訪問的男士這麼說，他悲哀地看著自己與父親的關係漸漸惡化。三十五歲的李女士在《期刊消息》那篇文章中說，「我不認爲社會大眾了解什麼是手足的哀慟。這是雙面刃，你同時承受來自自己與父母兩方面的哀慟。」

扶持團體或個人能夠幫助你度過難關。選擇扶持團體時要小心，要確定他們了解只有失去手足時才會有的難處。

失喪的最初幾個月，我們能做的只是盡可能做好哀慟期要做的事。世界不完美，我們自己也一樣。我們常常做的決定，只是一天一天怎麼過，而做不了長遠的規劃。第二週至十二週之間，或許開始能夠適應做長遠的思考。這時，我們往往發現許多關係已經改變了。人們多半會怪罪那是喪親後的哀慟造成的。哀慟確實是部分原因，它把我們拋到一個新世界，我們在那裡的思維方式改變，比較關心的是日復一日的生存問題，而不是長期的生活品質。由於各人有不同的哀慟經驗、扶持團體、震驚的程度，以及摯愛每天在生活裡出現的方式，加上各人哀慟方式是否健康也不盡相同，因此，每個人活在這種得過且過的時間長度都不一樣。

如果一個人生活在過一天算一天的方式中，而另一個人卻不是，兩人之間就會有隔閡。得過且過的人可能除了實際面對的人與事以外，騰不出精力與腦力去關心其他人和事。兩人越長處於不同的生活軌道上，隔閡就會越來越寬。

死亡事件發生後，父母和存活的孩子都進入了震驚和得過且過的模式中，一個逐漸加寬的間隔就開啓了。父母往往由於擁有較多人脈，而弔唁者安慰的對象也多半是父母，因而能將得過且過的期間拉長。存活的子女通常沒有什麼奧援，爲了自助或向其他地方尋求協助，他們會比較快回到眼光較遠的思考方式與生活態度。父母繼續在這種得過且過的方式下生活幾個月或半年，甚至更久，他們變得習慣只管眼前的問題，存活的孩子實際上已不再跟他們生活在一起，也不「正好在他們眼前」。這些孩子會覺得被孤立、失落、以及孤獨，而這個時候父母已經渾渾噩噩很久。由於父母有扶持團體或個人關心他們失喪的處境，相對地就不知道存活的子女是在孤軍奮鬥。

如果你與父母之間出現隔閡，就應該指認出來，並採取步驟以彌補隔閡，否則隔閡會越來越大。你可能覺得父母應該先來接近你，但是這種期盼無濟於事。如果你以往跟父母很親密，那麼就要設法恢復那種關係。

建議你試試一個不錯的方法，就是設定時間去見父母，討論彼此之間不涉及此次死亡事件的關係。在這種場合，注意盡量只談你或父母，避免討論失去的手足。後者可以另外找時間談。設法定期這樣做，例如，當你們在父母家時就談逝去的手足，但在公開場合時，話題就盡量專注在自己或父母身上。你不需要和父母討論這種規律或計劃，只用來作爲你們恢復正常關係的原則。假以時日，父母很可能會適應你的方式。

我們雖然無法以明顯的界限避免喪親後的痛苦，但可以引導。以特別的時間，分開來討論這種痛苦經歷與親子關係，可以幫助每個人滿足自己的需要。這樣做，我們既能紀念逝者，也能尊重彼此。

理想化

父母開始將逝去的孩子理想化時，就是其他活著的子女開始痛苦的時候。理想化意味著我們想看到的事物與現實不一樣，常出現在哀慟時期，爲的是舒緩痛苦或強化記憶。理想化的例子可能是父母說：「她是個天使。她先被接走，因爲她太寶貴，不適合待在這個世界。」縱使父母這樣說沒有別的意思，但活著的子女可能會想：**這是說我不夠寶貴，所以才待在這裡嗎？**或許你因爲與手足關係親密而有別的領悟，也看得出父母這樣說的意思，但是出於尊重，你不會說什麼。父母也可能「忘了」去世的子女曾經帶給他們的難處，但他們現在只記得那孩子的長處與帶來的歡樂。這種情況會加深與其他子女的隔閡，使他們對哀慟中的父母心生怨懟。

瑪麗蓮．古德曼（Marilyn E. Goodman）在《當朋友死去》（*When A Friend Dies*）一書中寫道：「有時候人會怕說死者的壞話。他們把逝者說成聖人。世上每個人都有優點與缺點，死去的人也一樣。愛某個人，就是要誠實地接受對方整個人，好壞全收，縱使此人已死。」

指導幼兒

當你幫助孩子處理哀慟時，務必記住手足關係的起伏。兄弟姐妹未成年時，彼此之間通常是一種愛恨並存的關係。大家還是小孩子的時候，可能前一分鐘是最好的朋友，下一分鐘馬上變成仇人。這種雙面關係往往會使哀慟過程變得複雜。活著的那位可能希望自己以前更善良、更寬厚一點、或者少一點妒忌的心。責備與愧疚兩種感覺會困擾活著的孩子。「同情之友」在《照顧活著的孩子》（*Caring for Surviving Children*）小冊子中這樣建議：「記住，哀慟會擴大孩子間正向與負向的感覺，你應該鼓勵孩子們討論這些感覺。兒童往往會對手足的死亡感到愧疚，或覺得自己有責任。你要向他們保證，跟兄弟姐妹打架或有負面的想法，都是正常的事，也不會造成死亡。」

藉由手足建立身分

兄弟姐妹會藉由彼此確定自己的身分——我們是「喬的妹妹」或「法蘭克的哥哥」。我們也常用與逝者的關係來介紹自己，像是「我的動作比較像媽媽，哥哥比較像爸爸」。失去手足後，我們就比較不會使用這種界定身分的方法。在那種被介紹爲「喬的妹妹」或「法蘭克的哥哥」的場合，我們難免會被喚起苦澀的回憶。

排行

此外，我們的排行也改變了。「母親反對酒駕協會」（Mothers Against Drunk Driving）在出版的手冊《我們也受到傷害》（*WE HURT TOO*）中這樣建議：「失去兄弟姐妹當中的一個，家裡的排行就出現了空隙。如果死者是老大，現在老二就成了老大。如果家中原來只有兩個孩子，現在你就成了獨子。」你很難知道是否應該扮演新的角色，但手足的死使你痛苦地體認到那份空洞。

他還是我哥哥嗎？

失去兄弟姐妹會有一種時間彷彿變形的感覺。首先，每一天都有點不一樣，原本每天生活中都會出現的一個人，現在消失了。然後，隨著歲月流逝，我們的年齡增長，最後超越了失去的哥哥或姐姐當時的年齡。布蕾克在本書初版與二版之間就經歷了這種挑戰。

我和凱樂柏相差四歲，這使我似乎永遠都是小孩。我六年級時，凱樂柏剛上高中。我上高中時，他正在準備畢業。他比我大，就似乎總是比我先嘗試每件事——他先學騎腳踏車、拿到駕照、買車、上大學、一個人旅行、可以晚一點回家。我一直很樂意比他晚四年，明白自己可以依靠這個大哥哥的智慧與幫忙。

凱樂柏二十七歲那年死於蜂螫時，我完全沒有往前走的準備。四年後，我發現自己處於哀慟旅程中最辛苦的地方。我在二十七歲生日前夕開始有這樣的疑問：「我比哥哥大了嗎？」我們那時一樣大嗎？他那時比我小嗎？雖然這看起來可能是個小問題，卻是界定我生活的細節。我在跟哀慟時間機器角力。

現在我三十二歲了，就年齡層面而言，我比凱樂柏大。但我心中長存他的記憶，他一直是我哥哥。如果你關心某個喪失手足的人，記住哀慟旅途中這種複雜的身分界定，給他們時間、空間，以及理解。

手足關係的冷熱兩面

手足間的較勁是成長過程中很自然的一部分。這種情形在某些家庭裡很嚴重，某些家庭裡規則不太明顯。你或許曾經跟兄弟姐妹打過架、說過殘忍的話、或者有過可怕的念頭。不論這些事你現在看來有多麼瘋狂、過分、或令人憤怒，請記住那都是很自然的。我們在罪惡感影響下放大了不好的回憶，使自己專注在遺憾上。這是沒必要的。手足們往往藉由較勁，了解彼此在世界的定位。當你專注於每一次較勁時，也請記住一個美好的分享時刻，不論後者多麼微小與簡單。

前面已經提過，兄弟姐妹往往有一種愛恨並存的關係，直到成年才停止。兒童時期，彼此往往前一分鐘是麻吉、下一分鐘彷彿寇讎，這種雙面關係經常複雜化了哀慟過程。你可能注意到自己希望以往能更善良、更寬厚、或不那麼妒忌。哀慟會放大任何關係的正面與負面，由於這種關係無法再演化或改變，於是凍結在時間裡，而我們較會以對待活著的人的方式注意那些特殊的時刻。

想想你以後對所有關係都用這種方式檢驗，你會發現把關係放在顯微鏡下省視，既不實際也無意義。關係不是由個別的某個時刻組成，而是長期下來許多時刻累積的花環。如果我們挑出特別的時刻，就等於破壞了整個花環。建議你評價整體，而非部分的關係。

哀悼成年的手足

如果你已經有了自己的家庭，喪失手足可能會爲你現在的家庭帶來挑戰。常見的情況是，當我們因結婚而搬離原生家庭，兄弟姐妹和我們的新家庭並不會很親密。這時我們若失去了手足，就可能很難得到扶持。我們的「新」家庭往往會爲我們難過，但他們很難理解我們受到的影響。他們可能急著保持家庭的和諧團結，因而看著你經歷哀慟時非常爲難。如果你遇到這樣的情況，一些扶持團體會很有用，特別是如果你住得離父母、其他兄弟姐妹或認識逝者的朋友們比較遠時。

失去一位手足時，我們沒有太多地方可以宣洩情緒。我們可能覺得跟父母討論感覺很難，因爲他們自己已有喪子之痛。我們也覺得難以和伴侶分享這種傷痛，因爲他們可能不認識我們的兄弟姐妹、或者不能了解我們的感受。我們的感情眞切，需要有地方宣洩，這個時候不妨去找一位值得信賴的朋友、教會人士、或者合適的扶持團體。

＊＊＊＊＊

秦蕊的故事

吉姆跟我就像大部分的兄妹，有時候我們是最好的朋友，有時候我們是敵人。吉姆比我大五歲，我有時是跟屁蟲，有時是他的好朋友。手足之情之所以跟其他關係不同，在於有特別的連結，我們彼此都摸透對方，可以讓對方看到自己最黑暗與最明亮的部分，不用擔心被對方嫌棄。

吉姆跟我一起探索世界，我們是探險家，從小就一起發掘生活中的樂趣與意義。我們建造堡壘和池塘，要做「勇敢的探險家」。我們販賣手工糕餅、擺攤賣檸檬水，以便籌錢買新的電腦遊戲。他在很多方面都守護著我。

記得他離家上大學、而我剛升上高中時，我非常寂寞。我不知道自己沒有他是怎麼熬過來的。那種痛苦的感覺非常強烈，但比不上兩年後那麼嚴重。

電話來時，我正在睡覺。我掙扎下床時，聽到媽媽開始尖叫。她手中拿著話筒，臉色蒼白，父親僵硬地站在她旁邊。吉姆的室友大衛打電話來報死訊。遠在半個美國之外，哥哥從打工的錄影帶店開車回家時與另一部車相撞。

我馬上就知道發生了什麼事。我不發一語，回到房間，把自己埋在床單裡。我要一切都消失，我要從噩夢中醒來。

喪禮令我十分難過，吉姆的遺體過度扭曲，媽媽不讓我看。到現在我還是希望自己當時曾經看哥哥最後一眼，我總覺得那樣對自己會比較有幫助。

我的天空佈滿濃濃的黑霧。朋友們忙著選大學、考駕照、參加畢業舞會、興奮著自己就要結束高中倒數第二年、邁入即將升大學的最後一年。他們看起來那麼年輕與天眞，而我卻已經看到世界的眞相，只希望他們能很多年都不必有這樣的經歷。

高中的最後兩年，我彷彿行屍走肉。一直要到離家上大學、也離開了許多吉姆和我有共同回憶的地方，我才能夠開始重建生活。過程很緩慢，我找了一位牧師輔導。最初我們每週見一次，現在一個月一次。跟別人分享和彼此關心，大大幫助了我度過哀慟期。

我今年畢業，十分興奮，雖然仍會因吉姆不能和我一同經歷餘生而難過。有時候我覺得被生活騙了，但我試著不陷入自憐，人生太短了。

我現在跟吉姆講很多話，我覺得他跟我在一起，而且可以聽到我，這種想法讓我很自在。我會永遠懷念他，但是現在我也能在想起他時微笑，並且爲他生前給我的美好一切而感恩。

——泰蕊，愛達荷州

＊＊＊＊＊

十月

我站在屋內
空蕩，你的身形不再，
期盼你回轉
叫我的名，
說全是玩笑
我向萬方祈禱
扭轉時空
全回到昨日

那時你仍在此。
你在水上行走，
我們夢想住進星辰
交換兒提夢幻
從白晝到黑夜，
你總握我手
如今我握你的。
但求有法
抹去目睹，
抹去所見。
在十月秋光中
你放下一切
而我們全都
苦苦想把
一切留下。
拂拭你的相片
用曾執你手之我手。

剪刀—石頭—布，
學著彈指……
那時我們太小
不知道自己擁有全部時，
其實掌握的很少。
沒有任何言語
可以爲你的靈魂鑲框
定格你的金色生命
我們只是無助地看著
日子悄悄溜走
尋找你的臉，一個記號
在仍有你的世界裡。
我想拒絕過去，
拉你回來，拉我回來，
把那個場景稍稍改變一下，
我們在空無一物的森林中尋找意義。
我們在老鷹盤旋而過時

尋找答案。
翅膀上只有疑問。
雖然我不明白
這裡發生了什麼——
我把我們的相片
放在你手掌之中。
你總護著我
我要你繼續這樣。
我的哥哥，我的爸爸，我的朋友
我知道你會的，
我知道你會的。

——摘自布蕾克．諾爾著，
《漂泊者的陰影》（*Shadows of a Vagabond*）

＊　＊　＊　＊　＊

你可以做的事

原諒

如果父母不能或不知如何在你哀慟時幫助你，你一定要原諒他們。我們若抓住怒氣不放，就沒有療傷的空間。有個原諒別人的方法很有效，就是寫信。把你的各種感覺訴諸白紙，寫下憤怒、恐懼、以及希望。寫好後把信放在抽屜裡，一個月定期拿出來讀。用心感受你曾經受過的苦。一個月後，加上一張原諒父母的紙條，然後把信燒掉，讓你的怨氣灰飛煙滅。

與手足「溝通」

在腦海中像以往一樣與逝去的兄弟姐妹溝通。不論關係好壞，你們必定會因爲一起長大而緊緊相連。跟他說話，將他的精神內化。當你有問題或疑惑時，找個安靜的地方，思考他可能給你的忠告。

紀念冊

建議你做一個紀念冊，放進多年來珍貴的時刻與共度的時光。當你思念這位手足時，就製作這個紀念冊。你或許會想在每頁上方標註年齡，例如你兩歲而哥哥五歲，另外兩頁是你三歲而哥哥六歲。多留幾頁給共同記憶比較多的年月。

離開一陣子

離開一個週末，專心探索哀慟。我們往往不想與父母或伴侶分享太強烈的感覺。我們若有自己的家庭，可能會覺得這種分享給配偶和子女太大壓力。過一個只需擔心自己而沒有日常瑣事的週末，有益於洗滌心靈與滋養內在。帶著你的紀念冊與這本書，做一些書後的練習。用比較長的時間在戶外散步，與那位手足「交流」。

15 英雄墜落

死亡結束生命，沒有結束關係。

——傑克・李蒙（Jack Lemmon）

戰爭這些年又回到大眾矚目的焦點，成千上萬人的生命受其影響。雖然死亡的風險是軍人、他們的家人、以及親朋好友共同的負擔，心理上也有準備，但那不表示哀慟期就會比較容易度過。這些隨配偶駐防在外的遺屬，往往必須馬上離開朋友與扶持團體，重建一個一度奉獻給軍隊、現在卻要專注在如何勉力在慘痛喪親後撐下去的生活。

「有些事我永遠不會忘記。那個十一月清晨前門的叩門聲、帶來噩耗那位陸軍軍官嚴肅的眼神、那天報紙的頭條新聞：『士兵被殺』，以及國旗折起來後輕輕放上我手臂的重量。我也永遠不會忘記墳場上那穿越成排寂靜墓碑、向英雄最後致敬的悲愴號角聲。那些記憶永遠在我腦海中。」這是邦妮・卡羅爾（Bonnie Carroll）的話。她在丈夫湯姆・卡羅爾（Tom Carroll）准將一九九二年陣亡後，創立了「悲劇倖存者支援計劃」（TAPS）。

有限的後援

你可能會發現，生活周遭沒有多少人認識你的摯愛，因而缺少機會和能夠了解你喪親感覺的人，分享回憶與哀慟過程。邦妮在丈夫去世後表示：「湯姆在軍中二十年，許多人『知道』他，但很少人跟他親近到『認識』他的程度。」

軍人家庭經常搬家的特性，也使此刻更爲辛苦。「我們才安定下來沒多久，喬治就死了。那時兩個兒子還在爲離開朋友們難過，現在我們又要準備再搬一次家。喬治只回來過一次，短暫停留。當然，人們會表示同情，但是當我和孩子們要對他們提到此事時，好像必須從頭到尾講一次他的人生，因爲那些人根本不認識他。」

就算有人扶持，也很容易感到強烈的孤立、離群、以及悲哀。所謂「不要獨自哀慟」的理論大家都會說，但是起初幾個月如果無法與認識摯愛的人一起悼亡，某些哀慟還是得由你自己應付。

吉娜在哀慟期感到與人隔絕、十分孤獨時，一位朋友建議她和丈夫的袍澤聯繫。「我已經收到幾封信，但一直沒回，因爲不知道要說什麼。我遲疑了幾個月，最後還是把信寄出去了。我寫了自己和孩子，以及亞當對我的意義，告訴那些人他的嗜好，再加上一個好笑的故事。我揣測除了自己的家人外，應該還有別人會爲他的死而哀傷——不僅因爲他是一名士兵，也因爲那些人的生命中因他的缺席而少了一塊。我請他們回信，並說自己會很感激他們分享一些故事或相片。後來的結果令我大吃一驚。我收到的不是簡單的卡片，而是好多頁的故事。我無法形容自己感到多麼釋放。我保存所有的信，要等孩子大一點再跟他們分享，我也一直跟許多回信的人保持聯繫。」

強烈否認

從統計數字上看，軍人家庭至少有一名服役的軍人。但就實際面而言，整個家庭都在服役、在支持這名軍人、為他祈禱、照顧他。傑克的妻子卡洛琳說：「從某種角度而言，我覺得傑克的死對我的打擊眞的很大。雖然我們早就知道有這樣的風險，而我們每天都與風險相處，但我想我以前必須用某種強烈否認的方法，才能活過那些他報效國家的歲月。如果他會死這件事一直縈繞在我腦海中，我就根本不可能好好持家。一開始時必須那樣做，慢慢就會忘懷了。我們持續否認這種風險，以便不論他在不在這裡，大家都能享受生活、正常過日子。」

許多軍人遺屬都深有同感。這是合理的，因爲人的心智無法長久地每天面對死亡的事實。有些家庭奇怪自己聽到噩耗時仍會強烈震驚，認爲自己應該有很好的心理準備。然而，死亡不是每一個服役男女軍人必然遭逢的結果。從軍的死亡率確實比其他職業高很多，但那不表示每個軍人一定會在服役期間死亡。死亡「有可能」發生，而不是「應該會」發生，因此不能認爲軍人之死所產生的震驚，會比其他遽逝事件來得小。確實，最初幾個月特別困難，因爲軍人家庭已學會壓抑死亡的現實性與風險，以便正常生活。他們需要更長的時間克服震驚、接受事實。

政治挑戰

每次死亡事件都給存活者留下一條特殊的療傷途徑。雖然這條路上要經歷的事很多都一樣，但遽逝英雄的家人可能要克服的是一種私下與公眾混合的、特別困難的哀慟過程。個別士兵的故事不會被公諸全國，但戰爭的消息卻鋪天蓋地出現在我們生活中。迪尼絲的先生在伊拉克開戰不久就殉職了，她說：「人們不會了解，本來只想剪個頭髮，可是坐下來就發現旁邊放著一本提到戰爭的雜誌；要不就是你正準備在電視機前坐下來看一部電影，卻馬上被一則插播的戰事消息打斷。當心靈在很普通的場所都會被突襲時，就很難找到一個地方好好療傷止痛，然後繼續前進。」

任何戰爭都有支持與反對的聲音。越戰期間，我們目睹美國明顯分裂為支持與反對政府兩個陣營，互相叫囂。伊拉克戰爭期間，親歷戰場的記者、先進的錄影與衛星能力、加上二十四小時不斷報導頭條新聞，提醒了民眾對戰爭存在的認知，提高了戰爭的能見度，也使社會大眾了解了戰爭的殘酷本質。媒體由於天性使然，總是偏向報導衝突與問題，鮮少關注軍隊的正面成就，也幾乎不提及那些與軍人有個人關係的人，以及軍人的貢獻。軍人願意為了支持國家而犧牲性命，其服務對象包括了反對陣營那些無知的旁觀者。

當戰爭議題的討論日趨兩極化，遺屬的哀慟過程往往變得很複雜。如果這些英雄的死亡成為政治象徵，新的哀慟便可能浮現。賈琪在丈夫去世後表示：「那是在約翰走後一週時，我第一次一個人出門。我記得自己只是需要出去走走，但是突然……覺得自己被困住。我那時有個念頭，覺得看到沒穿軍服的陌生人那種自由可能對我有好處。也許一個孩子的笑聲、或人們討論事情，以及約翰為其而死的自由概念，可以給我一兩分鐘不同的感覺，而不是我當時梗在心中那無以名狀的痛苦。我進到一家書店，點了一杯咖啡。我其實不喜歡咖啡，但他喜歡，所以我就點了他喜歡的飲料。開始時還好，但不久旁邊這個小團體便開始討論他們一起讀的一份報導戰爭的雜誌。他們說戰爭多麼愚蠢，死那麼多人多麼沒有意義。我知道對他們而言，約翰只是一個數字。某些電視台的畫面中會閃過他的影像，但大多數時候沒有。對這些人而言，約翰只是支持他們看法的一個數字。我試著告訴自己，這群一兩個桌子以外的人不可能知道我的痛苦，即使知道，也沒我清楚，但我還是很生氣。那時他們當中有一個人必須打個電話弄清楚誰去接孩子——她、或者她丈夫。我當時就想過去跟她說，約翰再也無法去接我的兒子了。我想讓他們知道，他們可以坐在這家咖啡店談這些事情，是因為許多人在戰場上送了命，不管他們相信或不相信。我沒有說什麼，因為我若說，可能就會崩潰。我沒喝完咖啡，我做不到。我突然覺得自己必須馬上離開那裡，那種感覺比我想離開家還強烈。現在我變得很反社會。人人都有意見。我但願大家把報導新聞與辯論的時間省掉一半，用來寄包裹和信給那些保衛他們的人。」

羅絲在兒子死於阿富汗戰役後數個月，有類似的經驗。「我最受不了用追求時髦的態度討論中東議題。社會上關於戰爭的討論經過幾個階段，開始時很贊成，一兩年後許多人就反對當初支持的事情。我們的子女沒有那樣，他們始終如一。諷刺的是，安德魯不同意打仗，但是他忙於捍衛自由而無暇討論政治。」

喬瑟夫從女兒蜜雪兒殉職的角度，談到自己對於輿論的無奈。「蜜雪兒志願從軍，戰爭一開始就被調往前線。她不是被徵召或被迫，她對這個國家有足夠的信心，願意爲其冒險。班師回朝的說法一直存在，蜜雪兒也知道。上次我跟她通電話時，我記得她辯稱：『難道大家不知道我們不想回家嗎？我們的工作還沒完。』她說她的許多同僚都這麼想，知道他們完成的事沒被報導感到很失望。我根本無法面對新聞報導，至少現在還不行——也許以後吧。」

雖然我們無法避免碰到對戰爭看法強烈的人，但請記住許多人並不夸夸其談，而是**付諸行動**。數以千計與軍隊有關的人，不計政治觀點而支持部隊，諸如「士兵的天使」（Soldier's Angels）與「士兵的書」（Books for Soldiers）等組織只是一兩個例子，還有很多關心的民眾設法透過已有的管道提供支援。

悲劇倖存者支援計劃（TAPS）

遺屬悲劇支援計劃是（美國）很獨特的一個非營利退伍軍人服務組織，每年為有軍人死亡的家庭提供希望、醫療、安慰與照顧。TAPS完全沒有政府資源，但是透過國防與退伍軍人事務部，所有失去一位軍人子弟的家庭，都可以收到關於TAPS及其遺屬計劃的資料。

TAPS創始於一九九二年十一月陸軍國土保衛隊飛機上八名士兵之死。因那次意外失去摯愛後許多年月，家屬們求助過許多扶持團體，尋求安慰，但是只有在他們彼此安慰與分享共同的恐懼與問題時，才得到力量，真正開始療傷。他們理解到自己分享的悲劇，喪失一名從軍的家人，跟其他類型的失喪是不同的。他們分享家人報效國家的榮譽，也分享彼此摯愛犧牲後帶來的巨大傷痛。

TAPS提供各種扶持方式，包括一個二十四小時的免費電話、論壇與訊息網站、網路聊天、兒童營，以及個人生活輔導。

公衆看不到的軍中喪亡

以前每日新聞中未必有戰爭消息時，如果有人死於軍中，那些跟軍人無關的人通常都會問原因。現在戰爭無所遁形於媒體，人們有一些想當然爾的想法，他們或許會假設你的家人死於電視畫面展示的前線。他們的假設無意陷你於痛苦，只因一般人總是根據接收最多的資訊做推論。如果你的摯愛在戰爭時期死於非作戰原因，別人的反應就可能很不自然。

在一個剛開始學習哀慟的社會，任何超過局外人臆測的情況，都會使他們彷彿置身異域而感到詞窮。儘管簡單的一句「我很遺憾」就能化解尷尬，人們往往會講些不經大腦的話。

派翠西亞記得將丈夫的死訊告訴一位熟人時的狀況，「我沒說他是在訓練時死的，因為那時我不覺得有必要提到這一點。我認為想知道細節的人自己會問。這個女人想像他死於前線，她的臉上出現哀慟之情。我解釋說情況跟她想的不同，她頓時看來幾乎如釋重負。但她接下來的話至今仍令我震驚。她說：『感謝上帝你用不著想像他躺在那麼可怕的地方。』我當時看起來一定很震驚，因為她繼續說：『你想想看萬一……』我不記得她後來說了什麼，我舉起手大叫：『閉嘴。』然後打算走開。她跟上來，我轉身說：『你不懂嗎？他寧可死在戰場上。』我幾乎在大喊，周圍的人停下來看我，但我才不管。」

李．文生（Lee Vincent）在〈一位父親的哀慟〉（A Father's Grief）一文中說：「和平時期，大多數軍中死亡事故來自高速公路上的車禍、訓練時的意外，以及飛機相撞。軍機比民航機複雜，駕駛員必須經常練習，失誤是家常便飯。每個週末都有許多男女軍人離開營隊，長距離開車回家看望摯愛或找樂子，然後他們又為了趕上營隊門禁而匆忙飛車回來。幾乎每個週末都有人死於車禍。我們常常被灌輸所謂白白犧牲的說法，某人犯了錯，某事『應該—寧可—本來可以』，這些想法對你毫無幫助，只會增加痛苦。你必須永遠記住，一個活著時貢獻良多的人，其死亡絕不會是浪費或恥辱。我們不應該用負面評價玷污了他們的優點，也不可以用『本來可以』那種說法奪走他們本來就有的榮耀。」

我那時應該說……

任何遽逝事件，人們總是被未曾來得及說出的話困擾。軍人去世可能加強這種感覺。從後見之明的角度來看，你或許覺得每次摯愛離去時，死亡的風險都在那裡。你可能覺得自己應該把所有想得到的事都告訴他，只爲了萬一。這是人遭遇喪親之痛時很普遍的反應，爲的是找到什麼可以專注的事、某些讓自己浸淫其中的想法、某種責備自己的方法，以便不用單純地面對失喪本身。然而，如果我們要把每次道別都視爲最後一次，朗誦我們對此人所有的想法與情緒，展示我們所有的愛意，那麼我們就會創造一種死亡迫在眼前的氛圍，而那對我們的摯愛、自己與家庭都沒有好處。

每年都有成千上萬的生命被車禍奪走。我們每天早晨送家人出門時，不會想到要把所有細節都叮囑一遍，也不會展示對這人所有的情緒、思想與感情。爲了維持正常生活，我們必須把注意力放在生、而不是死上面。要了解「我那時應該說……」之類的想法是不健康的，對你與家庭只有壞處。

自豪挺立

不管環境、地點、階級或任何其他因素，軍人之死有一個不容忽視的事實，那就是此人與其家庭都曾經聽到、也接受了保衛國家的呼召。〈一位父親的哀慟〉文章作者李・文生形容得很美：「那些死於戰爭期間我們摯愛的人，個個都已在性格、勇氣、榮譽和能力上遠遠超越社會上其他人。他們成就的任何微小部分都不容被遺棄或奪走。如果他們還活著，今天會爲自己的表現自豪。現在我們的責任就是爲他們自豪。」

你可以做的事

聯絡其他家中有軍人去世的人

雖然大眾的哀慟扶持是個不錯的開始，但通常與有類似經驗的人聯繫，才最能幫助我們走過哀慟之路。

舉行追思會

任何時間都可以辦一場追思會，說出你想告訴別人關於摯愛的任何事。時間可以是入伍週年、忌日、生日、退伍軍人節、國殤日、感恩節、或任何其他日子。這是接觸社區的機會，藉此可以鼓勵大家支持部隊。

主動出擊

不妨考慮像吉娜那樣寫信給認識你摯愛的戰士們。你也可以寄一個小型錄音機給駐防外地的人，讓他們說出記憶中的你的摯愛，然後寄還給你。

創立「悲劇倖存者支援計劃」的邦妮．卡羅爾分享了她的感想：「不論他們死於何地、何種環境，我們用珍視他們卓越生命的方式來紀念他們。TAPS的一位母親分享了艾默生的名言：『生命重要的不是長度，而是深度。』決定從軍以捍衛自由，甚至置身於險地，需要很大的勇氣，說明了此人性格之不凡。他們的生命有深度，短暫卻圓滿。」

16 自殺

漸漸地，我了解到你有可能幫助一個怕死的人，
卻未必幫得成一個懼怕生活的人。

——卡拉・范恩

（美國）大約九成自殺的人，死前有憂鬱症。根據「疾病控制中心」與「國家精神健康所」發布的研究報告，二〇〇四年時，自殺是美國第十一名死因（編註：根據行政院衛生署統計，二〇一〇年，自殺是台灣地區十大死因第九名），登記有案的共有三萬兩千起，自殺未遂的案例則有八十萬件。也就是說，大約十六分鐘就有一人死於自殺。美國每年的自殺案件多於他殺，一九五二年至一九九二年，青少年與年輕人的自殺率增加了三倍。時至今日，自殺已躍居年輕人死因當中的第三位，僅次於車禍與意外傷害。

「美國疾病控制中心」針對高中生所做的一份調查顯示，百分之三十四的女生與百分之二十一的男生曾經考慮自殺。事實上，去年（二〇〇七年）百分之十六的高中生有「特別的計

劃」，百分之八的人則「考慮過自殺」。

自殺是最具破壞力的失喪類別之一。泰瑞絲・藍道博士（Therese A Rando, PhD）在《摯愛逝世後如何繼續生活》（*How To Go On Living When Someone You Love Dies*）一書中寫道：「親人自殺會強烈而長久地摧殘你的自信。你會覺得自己不值得、差人一等、是個失敗的人。這種死亡就像他殺一樣無法避免。你必須知道自己是這種死亡的犧牲者，會經歷強烈而衝突的哀慟反應。」

然而，我們不能指責別人的自殺行爲。他們在生命的最後時刻，單獨做了決定。卡拉・范恩在《來不及告別：活過摯愛自殺》（*No Time to Say Goodbye: Surviving the Suicide of a Loved One*）一書中說：「我跟其他自殺者的家人一樣，被自殺這張大網中的無盡悔恨纏繞。我會在腦中重演哈利死前的各樣事件，搜索是否有我漏掉而可以扭轉結局的情節。一直到我接受丈夫自殺是出自他自己選擇的概念，那個強大的『要是……』桎梏才開始鬆懈。漸漸地，我了解到你有可能幫助一個怕死的人，卻未必幫得了一個懼怕生活的人。」

＊　＊　＊　＊　＊

丹娜的女兒在十七歲時自殺。她在浴室裡上吊。丹娜好意分享她的哀慟故事。以下摘自她的日記：

一年前的今天跟今天給人的感覺很像。那天我發現十七歲的女兒自殺了。告訴我噩耗的是我先生。他從此判若兩人，而我也不再是以前的自己。

我這輩子從沒這麼痛苦過。我這人很沒耐性，不喜歡忍受看不出一時會結束的事情。我希望這件事結束，現在就結束，馬上。可是它不停止。

有些日子還不錯，我可以一整天下來覺得至少有半天是正常的。另外的日子裡，我可能只是爬到某個角落後停下來。停止所有的事。停止思想，停止傷痛，也停止呼吸。

我現在正處於對付憤怒的階段。我試著處理對她的憤怒，氣她半途而廢。我氣自己沒有及時在那一刻之前想到這種可能。那一刻的經驗我也曾有過，就是什麼都不在乎的時候。那時你要的只是痛苦消失，就像我現在一樣。我清楚知道那一刻的感覺。我曾處於那種狀態好幾次，現在就是一次。但是我內在有某樣東西越過了那一刻，不讓我用那種方式解決痛苦。我必須與它共存，我必須時時帶著它，希冀經過一段時間，它會被我吸收，成爲我的一部分，待在那裡。

哀慟方面的書告訴你各種階段。沒錯，你會經過那些階段，但很可能不依照書上列出的次序。這種情況不是科學實驗，我現在與哀慟密切相連的程度，已經達到必須正視它的時候。我停不下來，不能置之不理。哀慟不離我遠去，就在那裡，我們能做的只是對付它。

有些日子的「對付它」是躺在床上看電視，遙控器轉來轉去幾小時，腦中沒有一件連貫的事。其他時候則是在一間房間裡找東西扔掉，要不就是在屋外昂首望天，直到脖子酸痛爲止，只希望看到天際閃過一絲訊號，幫我理解此事的意義。

哭哭鬧鬧和遷怒他人很簡單。確實簡單，所以我試過好幾次。我怪自己，怪她爸爸，怪學校，怪醫生，怪輔導，怪任何事。怪別人是很容易的事，難的是怪過以後終於接受一個事實，那就是不論何事逼她如此，安娜已自我了斷。她殺了自己。是她做的，不是我做的，也不是她爸爸或社會，是她自己的手和自己的選擇。

我走過這段路，掙扎、跌倒、哭泣、嘶喊、大吵大鬧。我一再調整步伐，但還沒走出來。一天一小步，我們能做的不過如此。有些人能夠半途而廢，有些人不能。我不能。

此時毫無章法可言。今天已經一年了，別人會期待我開始「跳出這一切」，回到以往的自己。對不起，這種狀況沒發生。我再也不會跟以前一樣了。從現在起，我會不同於以往。哀慟過程就是會這樣，不管你喜不喜歡。天啊，我眞不喜歡。我不喜歡看著小白兔，心裡想：「眞可愛，安娜一定會喜歡！」我不喜歡看到特別的芭比娃娃，心中卻清楚再也沒有理由去買——尤其是我昨晚看到的男扮女裝芭比，安娜也一定會喜歡的。我不喜歡知道自己永遠不會有外孫女，也不會在安娜的成人生活中和她相處。我不喜歡夜晚躺在床上，腦海中浮現安娜躺在棺木中而我卻必須接受的事實。

我不喜歡知道自己已經二十八天無法在回家後淋浴，因爲只要我去，就會看到安娜懸在桿上，而我其實根本沒眞的看到那時的她。哀慟會黏人，讓你腦中充滿恐怖的想法。你永遠變了。每件事都變了，殘酷的生命眞相。我能做的只是像動物一樣舔自己的傷口。我受了傷，需要時間療傷。我會好的，按照我自己的進度與方式。

過去幾天是向上帝呼喊的階段。**要我做什麼？爲什麼我必須這麼堅強？爲什麼別人過了一生也不用經歷我半輩子必須經歷的事？**

我需要平安。靈魂與心的平安。我沒有幻想。安娜和我喜愛彼此，我們享受在一起時那種特別的感覺。我們之間也有一些不愉快的時候，但我們不能預測未來，也無法改變過去。我知道有些事如果可以的話，我一定會有不同的做法。

昨晚我抱著乾兒子，我看著他出生，那是多麼激動人心的時刻。想來好笑，過去幾個月，我的好友當中共有五個新生兒出現。有人以爲我很難面對這種事，其實不會。我之前以爲自己不會再感到樂觀，尤其是現在。然而我現在眞的樂觀。我的孩子不見了，但是有新的孩子來到這個世界，這就是新希望。一個新的把事情做對的機會。

這是一段漫長的過程，有時候你走兩步退三步，但其他時候你會往前走好幾步而不後退。你就是需要不斷把一隻腳放到另一隻前面，不停地往前走。我現在就是這麼做，一次一步，一天一天過。

＊
＊
＊
＊
＊

親人自殺後的自然反應

震驚、罪惡感、哀慟、沮喪、拒絕相信

某人自殺後，震驚、罪惡感、哀慟、沮喪、拒絕相信等反應，會持續出現在親人身上。由於許多人認爲自殺是**可以預防的**，自殺者的親人會因爲沒能防止自殺而有很深的罪惡感，也會很生氣。如果死的是你的子女，這種感覺會更強烈。「同情之友」寫道：「子女自殺會讓人痛苦質疑、懷疑與恐懼。想到自己的愛不足以拯救孩子，以及恐懼自己被別人認爲沒做好父母，會給你很強的失敗感。但請了解，作爲父母，你給了孩子人性的一面，包括正面與負面，而子女的作爲純粹是其個人的選擇。」

為什麼？

「爲什麼？」是自殺者的親人會不斷提出的問題。「爲什麼他/她要結束自己的生命？」這種「需要知道」的感覺在自殺發生時最爲強烈。威斯康辛州沃克薩郡心理健康協會出版的《自殺後的哀慟》（*Grief After Suicide*）寫道：「爲什麼有人會想提前、或以自己的力量結束生

命？研究這個問題多年的精神健康專家們一致同意，那些自己結束生命的人覺得自身陷在一個他們認爲無路可走的局面裡。不論眞實情況如何，不論有多少情緒支援，他們就是覺得孤立、無法生活下去、沒有朋友。自殺者即使沒有身體上的疾病，還是會感到強烈的痛苦、焦慮與無助。《自殺之後》（*After Suicide*）一書作者約翰・休維特（John Hewett）說：『他／她選擇的或許不是死亡，只是將無法忍受的痛苦做個結束。』」

布蕾克最近受邀參加一名自殺而死的三十多歲女子的葬禮。

> 大多數時間我都在聽她家人與朋友之間的對話。每個人的首要問題似乎都是：**她爲什麼這樣做**？她的摯愛們不斷試著從她的角度思考，想找出讓她非那樣做不可的原因。偶爾他們得到一個大家同意的結論，但是很快又回過頭來問：「爲什麼？」我不認爲我們有簡單的答案。我覺得如果有人選擇結束自己的生命，那個人所處的是一個我們不了解、也無法完全了解的情況，那種情況使得自殺合乎邏輯。對於我們大多數人而言，結束自己的生命是無法想像的事。然而就像哀慟只有經歷過的人才能了解一樣，我認爲，別人自殺的決定是我們無法從己身經驗了解的。

雖然你永遠不會知道自殺那人採取行動的全部思想過程，但請記住，你不是唯一提出疑問的人。許多扶持團體，不論是面對面的或線上的，都能幫助你探索問題與感覺。

宗教與自殺

將自殺與宗教相提並論時，會出現許多錯綜複雜的情緒、想法、以及感覺。自殺者親人所屬的教會如果對自殺看法嚴苛，這個時候就會很辛苦。夏娃·蕭（Eva Shaw）在《摯愛死後我們要做什麼》（*What to Do When A Loved One Dies*）一書中寫道：「《聖經》舊約雖然很多地方提到自殺，卻沒表示任何意見、譴責或寬恕。聖奧古斯丁稱此為一種令人悲痛的罪。天主教與幾個基督教派偶爾會嚴厲譴責自殺。所有主要宗教現在都已經不再視自殺為重罪。不過，你可能必須原諒（或忽視）一些從宗教角度批評自殺的人。」

污名化

「同情之友」提出下列對自殺的看法：「早期文化與宗教對自殺的詮釋，影響了後來視自殺為恥辱的看法。你必須直接面對『自殺』這個名詞，不論這有多困難。對死亡原因保密將剝奪你提到孩子時的快樂，也會把你孤立於那些想扶持你的親朋好友以外。」請不要太在乎自殺的恥辱面，而應專注於你自己的療傷與繼續生活。許多父母在談到去世的子女時，寧可用「完成自殺」（completed suicide）、而不是「犯下自殺錯事」（committed suicide）的說法。

我們周遭的人可能也很難了解與接受自殺。泰瑞絲·藍道博士這麼說：「自殺會加強人們對於了解死因的渴望。」你得先有心理準備如何回答別人的問題，這樣你才能自在地跟別人談你的孩子。

如果你有親人死於自殺，盡量多取得這方面的資訊。網路上有很多有用的資源，市面上也不乏此類書籍。如果你不介意參加扶持團體的聚會，也可找到這類團體。你可以諮詢在地的醫院、教會或大學，尋求協助。你需要有一天能夠理智地回憶摯愛，不論正面或負面。

＊＊＊＊＊

蕾秋・瓦林（Rachel Varin）今年三十歲，離了婚，有三個孩子，她的故事如下：

爸爸用不著死的。他體內某種化學不平衡使他沮喪，跟他的自殺有關。記得那是聖誕夜，我十四歲。那天我在做餅乾，隱約覺得有什麼事不對勁。當他重重給了媽媽深情一吻時，我剛好把所有要給爸爸的禮物都包好，然後他就從我的生活中永遠消失了。他讓自己在車內吸入過量二氧化碳廢氣而死。

我一向害羞，那時我們才剛搬來。我的學校是新的。這樁悲劇使我十四歲就成爲大人。許多孩子很殘忍，說些像這樣的話：「你知道你爸爸因爲自殺而會去地獄嗎？」這些話很困擾我，我每晚都爲他的靈魂祈禱。

我一直沒有參加任何哀慟輔導，只是爲爸爸做所有的事情。我在成長過程中的人際關係裡非常需要別人的關愛，特別懼怕孤獨。家裡有人出門時，我還是會焦慮，好像他們永遠不會回來似地。我總是記住分別時要說：「我愛你。」

幫助我走出哀慟最大的一件事，發生在爸爸走後六年。我做了一個夢，他在夢中對我說：「謝謝你的祈禱，我現在跟上帝在一起，很平安。」媽媽告訴我，她那天也看到同樣的異象！那個夢與媽媽所見，對我有很大的意義與療癒。

茱蒂．柯林斯在《歌唱課》（*Singing Lessons*）一書中寫出兒子克拉克自殺後，她的心路歷程：「克拉克忌日那天，午夜我從夢中醒來。夢中我設法勸克拉克打消自殺意圖，我拚命說服他用不著死，他用不著結束生命。我兒微笑看著我，眼中充滿愛意。

「媽媽，死亡不是結束。」

今天，我不用滯留在沮喪中。我知道自己有方法：

我讀靈修書籍。

我打電話給一位講話溫柔、聲音能鼓勵人的朋友。

我回憶生命中美好的事情，往往把它們寫下來。我生命中有那麼多值得感謝的事。

我對丈夫、朋友、母親和妹妹微笑。

在靜默中，上帝的聲音給我力量，為我療傷。

你可以做的事

盡可能了解自殺，特別是那種似是而非的說法。理解事實有助消除罪惡感。

如果是你發現摯愛自殺，謹防「創傷後壓力症候群」。請試著求助心理健康專業人員。

寫下你的想法、問題、以及憤怒。我們把複雜的情緒埋在心裡時，其實是在進一步折磨自己。每天都要「釋放出來」。

透過網路或介紹人，尋找那些摯愛因自殺而死的人，問他們問題，從那些比你早走出這條路的人身上得到指引與力量。

正視人生眞相。我們都是普通人，有些事情我們嘗試去做，有些事情沒有做。事後來看，我們往往只看到那些我們沒有做或「錯過」的事。我們不能爲所有的人做所有的事，我們無法看到未來，無法知道之前不「錯過」、或做了後來沒做的事會改變結局。

如果罪惡感纏繞困擾你，就仔細寫下讓你愧疚的事情。寫封信給你的摯愛，告訴他你愧疚的原因與強度，然後另寫一封原諒自己的信。

請記住，在摯愛自殺這件事上，你沒有選擇權，也沒有控制權。但是，就你當下如何自處、以及以後如何繼續生活，你是有掌控權的。

17 眾人之一：悲劇造成大宗死亡事件時

我偶爾開車經過遺址，
發現很難用與記憶畫面不同的方式想像曼哈頓下城。
永遠都有一個巨大的飛機輪胎躺在街上。
永遠都有飛機殘骸散落在數以噸計的灰塵與瓦礫中。
我們只是收拾乾淨、繼續生活、
聰明了一點、更尊重彼此一些。

——二〇〇六年九月八日，《時代》雜誌網路版，
〈我們生活中的悲劇〉（The Tragedy Inside Our Lives），
紐約市警官拉・菲米納（La Femina）

一場災難或重大傷亡事件造成的影響，遠遠超過事情發生時的損失。重建毀壞的建築物需要時間，哀慟與重建我們的生命也需要時間。災難後的生活可能好幾個月或好幾年都不會恢復正常。生活環境的改變會造成日常活動的改變，導致人際關係出現壓力，也可能改變了願景與責任分攤的方式。人際關係、角色扮演、以及日常活動被迫更動後，我們的生活可能變得陌生和難以預料。一場災難或重大傷亡事件會在生活的幾個重大方面產生長遠影響，使我們難以重建情感生活。

從本書第一版問世以來，新聞媒體透露的大宗死亡一直在增加。從南亞海嘯奪去數千條人命，到卡翠娜颱風在美國南部造成的重大損失，到九一一災難，到伊拉克戰爭，不論是從國家或個人角度而言，我們對於遽逝本身及其影響的認知都已經增加。我們在本章要談的是，置身大量曝光的大宗死亡事件時，需要注意的一些特別的難處。

創傷

以往創傷一直被視爲一種沮喪的形式，但「美國衛生人力部」表示，根據近十幾年來的研究顯示，正確的說法應該是創傷的一種形式。長久以來，因大規模災難而產生的創傷會特別嚴重。

據經歷過這種嚴重創傷性災難的人描述，逝者去世時的情境會連續不斷的突襲你，你會經常激動與憤慨。這方面的報導也常提到人們會發怒、對周遭過度警覺，並對刺激發出異常的震驚反應。

重大創傷事件帶來的各種想法、情緒和症狀都是正常的，這些高度曝光的悲劇在國家層面或個人層面都深深影響我們。個人反應來自每個人的本性、傳統，以及過往與現在的經驗。這些反應多少有些不同，並且很可能影響各人處理與解決各自特殊哀慟問題的方法。

個別反應、個人壓力程度、哀慟與創傷內容，都會因為我們在這件事上的個別經驗而不同，包括生化與生理構造、脾氣、個性，以及這種影響持續時間的長短。對那些過往有過創傷經驗的人而言，新的事件很可能喚醒以往的症狀。罪惡感或哀慟可能使反應更複雜，或症狀更嚴重。

悲劇發生後，人們原本對於世界、人性、靈性，以及自己的看法都受到了挑戰。內在世界無法以同樣的方式繼續，悼亡者必須經過某種「轉化」，才能在新世界找到自己的「位置」。雖然許多人將吸收或適應新的價值觀，但有些人將無法回到之前的價值與信仰。

根據報導，受死亡事件影響的人，最黑暗與最困難的日子，是從發生到幾個月後。若是集體暴力事件，這段期間會持續整年。哀慟的個人或家庭走在療傷的路上，可能會被新聞報導、別人的談話，以及各種他們無法控制的外在因素帶回哀慟情緒中。這時候，人們很容易就想封閉自己，不理會那可能突擊自己的外在世界。但是，為了融入正常運作的生活並繼續前行，這種隔絕並非長遠之計。這類大規模的悲劇通常會有扶持團體幫助逝者的親人。你應該求助於其他有類似經歷的人。

執意復仇與懲罰

如果摯愛死於暴力，你一開始可能會充滿復仇與懲罰兇手的念頭。死亡事件的原因可能出自惡意、不小心、或某人不負責任的行爲。請記住，「不能自拔」是我們逃避感覺的一種方式。試試從「不能自拔」改成建設性的行動，例如，設立紀念基金、擔任「母親反對酒駕」之類機構的義工等等。有一種延後或停止復仇念頭的方法，就是想想你將怒氣發洩在某人或環境上時，花了你多少精力與生命。當你了解那人開始控制你的思想和生命時，可以採取步驟，去掉這些破壞性的想法。本書後面有一個觀想練習，可以幫助你對付復仇的念頭，而將注意力轉向紀念失去的摯愛。如果死亡是因某人的無心之過，那個人很可能會生活在痛苦與罪惡感中。

馬克．葛斯登醫生（Mark Goulston, MD）與菲利浦．戈德柏（Philip Goldberg）在合著的《放下一己之念》（*Get Out of Your Own Way*）中，提到一個女兒被殘暴謀殺的母親。此人腦中盡是自殺的念頭，充滿憤怒。作者督促她充實自己的生活。她說：「除非我把這件事了結，否則無法重拾生活。」

「正好相反，」作者說：「除非重拾生活，否則你無法了結此事。只有讓自己從事活動，建立新的記憶，才能減輕那種日夜纏繞、難以忍受的痛苦念頭。」

跟孩子談談

摯愛去世後，跟孩子或青少年談到這場災難時，要溫和體貼。舉例而言，時間要恰當，一定要講實話，也要考慮到孩子的年齡與吸收能力。扭曲事實或隱藏某些資訊，可能造成日後的困惑與不信任。以下是一些幫助孩子度過哀慟的原則（前面第九章「幫助孩子因應哀慟」有更多資料）。

* 跟孩子多花些時間。
* 避免塑造刻板形象，指稱某種人或國家跟恐怖主義有關。
* 孩子們可能在情緒與社交上都封閉了一陣子，他們需要重新得到保證，確定你愛他們，以及他們安全無虞。
* 鼓勵青少年跟同儕或你說出他們的想法與感覺。
* 注意長期孤立、持續的悲傷、疏離，以及學業退步。
* 讓孩子了解政府與執法單位已在積極保護我們。
* 以家庭正常作息時間進食、睡覺和從事休閒活動，恢復安全與正常的氣氛。
* 創造公開與安全的氛圍，讓孩子討論問題，並鼓勵他們發問。
* 說真話。

✲給孩子適合他們年齡的答案。

✲如果你不確定如何幫助孩子，就要請教合格的心理諮商人員，得到專業協助。

✲一次不要給孩子太多資訊。

✲不要講太多可能讓孩子更恐懼與擔心的細節。讓孩子提問，你來回答。

✲問孩子在學校聽到什麼、電視上看到什麼。

恐怖主義給心理層面帶來的影響

- 沒有人看到災難場面不會為之震撼。
- 災難創傷有兩種：個人的、社會的。
- 大多數人在災難期間與災難後會組織起來做一些事。
- 壓力與哀慟是對反常情況的正常反應。

典型的反應

恐懼焦慮	受到刺激
哭泣、抽噎、尖叫	困惑
過度依賴	反抗
怕黑，怕動物	沮喪
怕獨處	拒絕上學
害怕人群或陌生人	不願離開家
睡不好	學校行為偏差
噩夢	學校表現退步
容易覺得吵	打架
喝酒、嗑藥	

來源：美國國家衛生署：心理健康資訊中心

創傷後壓力症候群

在恐怖份子襲擊或任何造成創傷的、痛苦的、或特別令人有壓力的事件後，把自己視爲「受害者」未必有益，事實上還可能降低個人的生活能力。雖然你可能覺得自己是受害者，但在災難後能夠好好繼續人生的人，必須有很好的適應力，知道如何求助，也有能力發展出因應挑戰的正向行爲。

極度緊張是在超乎尋常的重大傷亡與高度緊張事件後的正常反應。至少有五成直接經歷恐怖事件的人，會得到某種程度的創傷後壓力症候群，可能需要專家輔導應付壓力。那些情緒反應都是人類碰到超越正常經驗的非人性行爲時，所產生的人性反應。

療癒之路

每個人療癒的步調不同。一個人再度覺得正常或回到以往的日常作息，沒有一定的時間表。你會有「感覺良好」的時候，也會有「很糟」的日子。給自己足夠的悼亡時間，也要與那些你無法控制的事情和平共處。

告訴別人，也傾聽對方，這樣可以幫助你用健康的方式抒發情緒。

試著專注在你能做的日常事務上，也要維持運動、吃飯等正常作息。一定要尋求扶持，並與親朋好友定期接觸。

某個在同樣事件中喪失摯愛的人，是你能找到的最重要支柱。你們可以互相扶持、安慰與彼此鼓勵。

災難事件的發生不是你的錯，也不要因爲自己無法親自從事救援工作而沮喪。積極投入或調適日常生活，一步一步促進自己體力與精神雙方面的進步。健康飲食、休息、運動、放鬆、冥想等做法，都可以幫助你與家人維持健康的生活方式。

我們建議你參加追悼會、紀念儀式，並使用與此事件有關的象徵物以抒發感情。

盡量求助於既有的親朋好友，以及靈性與宗教團體等扶持團體。

18 其他特殊的挑戰

我全部得到的只是一張紙，上面寫著我的丈夫已經去世。

——軍人遺孀艾爾莎（Elsa）

收尾時的挑戰：當摯愛的遺體尋獲不著時

像九一一事件那樣，死者的遺體找不到時，要開始哀悼就很難，更別說走完哀慟過程了。哀慟的過程在這種情況下通常進行緩慢，很難相信一個健康的人會突然毫無證據地死了。當我們努力要讓一個看不到形體的摯愛「入土爲安」時，死亡的那些儀式也必須改變。

《哀悼手冊》（*The Mourning Handbook*）的作者海倫·費滋傑羅（Helen Fitzgerald）提供這樣的意見：「如果你在看不到遺體、或沒有遺體可埋葬的情況下失去摯愛，你可能懷著此人生死未卜的懸念，這會使哀慟狀態變得複雜，也可能延緩你的復原……對你而言，如果沒有遺體，你可能不想舉行公開悼亡的追思儀式，你可能不想完全放棄摯愛或許還活著的希望。然而，你確實必須將生命這一段做個了結，你有權利在準備好時舉行追思儀式……這樣的儀式絕非對逝者不忠，而是幫助你紀念摯愛的一生。你可以在追思儀式裡包含一個紀念碑，是那種紀念死於遠方者的石碑。看你覺得怎樣合適，可以將紀念碑豎立在公共墓園，或立在你的地產上。」

如果屍骨不存，仍然可以建一個紀念物。公園裡一張附有銅牌的長凳、美麗湖邊刻有文字的一塊或一堆石頭、一座雕像、一個獎學金基金等具體而有意義的東西，這樣一個紀念物可以讓我們在哀慟中有個支柱。

安・瑪瑞（Anne Marie）在公園種了一棵樹。她的哥哥死在海上，遺體一直沒找到。他熱愛戶外活動。安得到公園當局的同意，在樹根旁立了一個牌子。她在需要安慰時就去看看樹，也很高興別人能欣賞樹的美麗，同時讀到關於她哥哥的文字。

我親眼目睹摯愛死去。我在現場。現在我隨時都感到焦慮，這是怎麼回事？

如果你目睹了死亡悲劇，發現腦海中不斷放映那些畫面，你體內可能正在儲存心理學上所謂的「打或跑」緊急應變反應，造成你或多或少的焦慮。克莉斯汀・諾珊普醫生（Dr. Christiane Northrup）這麼說：「『打或跑反應』是你體內處理劇烈壓力的方法，這種反應將葡萄醣和脂肪儲存起來，使肌肉有保護你所需要的精力。但是你不可能永遠處在這種狀況下……當焦慮增加時，所有的免疫細胞開始環狀快速運動，爲身體抵抗外侵做準備……但是，因爲實際上並沒有東西需要抵抗，可體松於是留在體內，這時你的情緒就成了有害的東西。如果

『打或跑反應』持續很久，你會耗盡腎上腺素，荷爾蒙會不平衡，許多疾病也會產生……」

你可能需要借助專業協助與指導來應付這種焦慮。如果你想試試自己的方法，本書後面有鎮定練習。服用草藥也可能有幫助。

我在不知情的情況下致人於死，要怎樣才能原諒自己，繼續生活？

當時或許是你在開車、駕駛飛機或船，或許是你買了郵輪的票、選了那家餐館、或提議去旅行。你那時在做什麼？你如何在因非故意肇事而受譴責的情況下，繼續生活？答案是記住「非故意、不知情」。對自己說一百次，或寫一百次這些字：

「我不是故意殺死或造成＿＿＿＿＿＿（填上那人的名字）的死亡」

如果你很難原諒自己，就試試幫助別人。沒有其他更好的重拾自信的方法。你是有價值的人，你的生命有意義。請把花在譴責自己的精力，轉移去幫助別人或某個需要你幫忙的組織上。

非傳統關係

你或許是前妻、外面的小三或非親生子女，因而不適用於傳統的親屬分類。「眞正的」妻子、「眞正的」母親、以及「眞正的」孩子，似乎受到親朋好友較多注意，他們被視爲正統的家人，但是你也有你的需要。帕蜜拉的經驗就是非傳統關係的一個例子。

喬治死時是我的前夫，我們離婚後發展出很好的友誼與工作夥伴關係。他去世時，我覺得自己沒有合法的哀慟權。有些好事之徒甚至表示無法相信我那強烈的悲傷反應。我找不到適合自己的哀慟扶持團體。我用自己的方式哀慟——孤獨地。

如果你因爲與死者的關係不尋常而找不到後援，可能就需要有方法自己悼亡。本書的自助練習對你會特別有用。

如果因摯愛死亡而悲傷的人之中有非傳統關係的人，請盡可能做一些能體貼此人的安排。

此事臨到人人，我們不知何時、
何種方式、什麼原因。
永遠是謎、可怕的事，
裹在寂靜黑袍中。
當摯愛突然死去，
我們似乎瞬間癱瘓、

在自己的軌道上拋錨。
啊，我們多麼希望他們回來。

——摘自杜樂瑞・道爾（Dolores Dahl）
《突然孤獨》（*Suddenly Alone*）中的〈當摯愛死去〉（When A Loved One Dies）

哀慟累積

在以下情況下，每個死亡事件都難以負荷。瑪麗碰過「超載」的狀況。同一年裡，她的母親死於心臟病，祖母在養老院中過世，一位最好的朋友死於癌症，而她丈夫突然中風而亡。當喪親事件接二連三來臨時，中間根本沒有療癒的時間。因此，爲一個人哀慟完了再爲另一人哀慟是很重要的，否則你會無法承受，因而不能處理哀慟的情緒。如果喪事接踵而來，你發現自己無法有效地面對時，試試找一位諮商員來幫你走出悲情迷宮。求助於諮商人員並不表示你軟弱，而是你向自己承諾在生活上要往前行，要走出來，也要回到生活的正軌。

想想你是否正在設法避開困難的情緒。即使有其他的事要注意，你還是要撥出時間處理哀慟。將哀慟時間排出先後次序很有用。每天盡量排出兩段二十分鐘，感受哀慟，處理這種情緒。許多悼亡者也表示，特別排出完全不受干擾的一天專心哀慟，對復原很有幫助。不論採用何種方式都好，重要的是要找出時間來做這件事。如果你不對付哀慟情緒，生活就無法繼續。

當我們的生命黑暗期成了頭版新聞

死亡留下無人能治癒的頭疼，
愛情留下無人能偷走的回憶。

——無名氏

在高曝光率的失喪事件中，個人的哀慟過程與失喪可能成為「公眾新聞」。二十四小時的新聞播報，以事件的發生順序、專家的評論、以及死者的故事，將悲劇鉅細靡遺地呈現在大眾眼前，有些消息正確有用，有些則錯誤傷人。媒體充塞的是死亡、身體或精神受傷的人的報導、對於未來能否躲過災難的討論、是否需要反擊的考慮、臆測、商業損失與重建成本，以及如何保護我們等話題。煽情的言語、電視、其他媒體……他們不知道你家中真正發生的事。他們雖然能揣測與提供意見，卻很少是事件直接或間接的受害者。然而，就是他們在報導一件對你而言是私事的事情，你突然必須處理媒體與不知何方神聖打來的電話。

這些事就像永無寧日的轟炸，你的私人生活已經完全曝露在大眾眼目之下。媒體對你「摯愛」之死，以及其家人與朋友的興趣，有時候很難避免，或甚至根本無法避免。這種曝光可能會加深你的沮喪與痛苦。不過，要記住，媒體在調查與傳播眞相方面能發揮很大的作用。挑選一位朋友或家人擔任發言人，幫你的家族接受媒體詢問。如果你覺得媒體報導讓你不舒服，就對記者明說。你可以利用自己受到的注意，讓大眾知道媒體與其他人如何幫助那些哀慟中的人們。

應付媒體的方法

新聞界對於這類事件通常比較敏感與自律，但是你可能覺得完全不想跟媒體打交道，可能因為他們對你或去世摯愛的興趣讓你覺得太具侵犯性，或太令你沮喪。如果確實如此，那麼雖然你不能完全防止這種侵入，但還是可以採取一些步驟，減少自己受到的打擾。

- 委託一位發言人，代你處理媒體電話、問題，以及跟媒體聯絡。你可以讓發言人代你宣讀你寫的聲明。媒體與社會大眾都渴望資訊。儘管哀慟是你個人的事，但你經歷的喪親事件卻是公眾事務，因此發布篩選過的資料可以幫助媒體充實內容。你或許也想找一個媒體傳話給同樣哀慟的人、支持某個組織、或向大眾說明你需要的協助。
- 在某個階段，你或許希望媒體能幫助你度過哀慟期。他們可以成為你抒發憤怒的平台，讓大眾知道你多麼需要他們的支持。如果你能提供摯愛的照片，並加上讚譽之詞，可能更有用。你也可能希望透過媒體設立一個紀念碑或獎學金。記住，要有人幫你記下媒體聯絡人的名字、電話號碼和地址。

第四部

哀慟途徑

在本書最後一部分，我們將提供療癒過程中曾經證明有用的一些方法和練習。我們探索各種扶持方式，看一看你前面要走的療傷止痛的路，檢視信仰扮演的角色，也練習各種復原功課。我們不是要教育你，而是要以過來人的身分陪伴你。因為我們已走出喪親之痛——從單純忍受椎心哀慟到能夠管理哀慟，從迷宮的一端走到另一端。

結尾時，我們與你分享現在的處境。我們留下本書一九九九年首次出版的筆記，也與你分享如今我們對哀慟的看法和感覺。

19 前面的路：理解哀慟旅程

我們不會也不應該把生命中最深沉的痛苦「拋諸腦後」。「事情過去了嗎？」是走過悲劇的人不可能問的問題，不論是什麼悲劇。這個問題顯示出焦慮，以及想要得到不可能得到的保證。正常的人生旅途中有許多痛苦，許多必須忍受的哀慟。我們不會「全然忘卻」。我們學著與它們共處，繼續成長，深化，理解……。

——麥德蓮・蘭歌（Madeleine L'Engle），《賣入埃及》（*Sold Into Egypt*）

每一個走在哀慟旅程上的人，路徑都不一樣。但我們從本書初版問世後從事的哀慟輔導中發現，那些摯愛驟逝後走過哀慟迷宮的人，面對著一些共同的問題。許多看過此書的人都說，他們但願早一點讀到，那樣的話，書中對於哀慟情緒的描述、提出的保證，以及對於哀慟過程的洞見，就可以減少他們的擔憂與恐懼。

通常我們若能預知即將面臨的狀況，就能準備得比較好，至少不會因爲毫不知情而無招架能力。在生命的任何階段，總是那「不可知的」讓我們焦慮、恐懼、擔憂。本章我們將讓你比較輕鬆地看一看哀慟之路的前景。

年年不同的哀慟主題

第一年……每件事的第一次

除了各個階段，每年還有各自不同的挑戰。以下提供的是每年可能發生的狀況指南。要記住，就像哀慟的許多方面一樣，這些經歷未必是依序而來。

第一年的特徵是恍神、呆滯、否認，有時候突然開心，之後又有極度罪惡感、一些椎心痛苦的時刻，然後再回到麻木呆滯。哀慟早期的情緒變化彷彿坐雲霄飛車，可能從高度開心（例如「獨處多麼好」）迅速轉成落到谷底的低潮（例如「我無法相信她眞的走了」）。在第一年裡，有些人描述自己是機器人，如行屍走肉般地處理生活，沒有眞正的快樂。

我們很容易記住小孩的第一年：第一步、第一次微笑、第一次呢喃、第一個字、第一顆牙齒。但當我們失去某人，卻很容易經歷多到難以承受的「第一次」：第一次我們在沒有摯愛的陪伴下去海邊、第一次感恩節晚餐沒有他參加、第一次規劃一個沒有他的旅行計劃、第一個聖誕節早晨看不到他來打開禮物。每一種第一次都令人心力交瘁。請找一個與人分享的方式。你可以參加或自創一個扶持團體，和其他同樣經歷過這些「第一次」的人在一起，你們可以分享難處與心碎的經驗，從而得到安慰。

有些療癒旅程可以從第一年就開始。你可從尋找資訊、爲自己解惑開始。但是如果你覺得還沒準備好，就不要勉強。有些悼亡者可以用把日常事務安排得井然有序而獲得安慰，這種做法讓人覺得自己能在一個完全失控的情境中多少掌握一些東西。律師可以幫你處理細節，許多商業資源也可以幫你。多讀、多學些哀慟的資訊，在第一年也很有用。你讀得越多，也就越能知道自己的處境，因而有助你以平常心處理這段經驗。

紀念方式（「美國退休人員協會」提供）

照片冊、追思會、種樹……我們有很多方法說：「我記得這人，愛這人。」你打算紀念失去的摯愛時，可以考慮以下這些方法：

- 點一支蠟燭
- 製作一份摯愛的照片冊
- 奉獻時間或金錢給需要的人
- 配戴有摯愛照片的別針
- 用摯愛的名字設立獎學金
- 寫一首關於那人的詩或故事
- 去一個你倆都喜歡的地方
- 在樹上掛一個特別的裝飾品
- 播放那人最喜歡的音樂
- 用那人最喜歡的衣服做一條拼貼棉被
- 與親朋好友一起回憶那人
- 以那人的名義，在教會聚會時獻上鮮花
- 做一個盒子，放進特別有意義的東西
- 紀念他看重的節日
- 創造一個新的儀式
- 掛一條襪子，裝滿跟那人有關的愛的紀念品
- 聚集家人朋友，一起紀念那人
- 大聲唸你們喜歡的故事

「美國退休人員協會」還有一個討論網站，供大家分享紀念摯愛的想法與建議：community.aarp.org/re-griefnloss/start。

第二年……重組

第二年主要的特徵是重組生活、然後重新檢視。我想住在哪裡？怎麼維生？賣哪部車？我上班時，誰來照顧孩子？孩子剩下的衣服怎麼處理？媽媽空出的房間怎麼用？這是調整的一年，你的腦子完全不得閒。但是，因爲面對哀慟是療癒很重要的一部分，所以你必須找出一段時間不做其他事，專注在哀慟的情緒上。

第二年最難應付的就是面對現實人生。我們再也無法否認摯愛已逝、假裝生活一切正常。我們周圍的環境期待我們「繼續生活」，社會、同事、甚至好心的朋友都希望你「恢復正常」。我們若發現自己的哀慟復原步調與社會期待不合，調適上就比較困難。

有些人在這個階段已打算展開新計劃，他們準備好確定個人的目標、希望、恐懼和夢想。人們往往準備好向前行，渴望踏上走出黑暗的途徑。但是，以第二年而言，這種想法不切實際。雖然日子會稍微光明些，但黑暗還是會來臨。你會更堅強。你若尚未讀完第三部分並做完練習，現在最好設定目標，並開始釐清一些想法、回憶，以及情緒。

第三年……重拾平衡

第三年裡，你放鬆的時間比較長，情緒突襲的間隔會拉長，但還是會不期而來。你哭泣或悲傷的頻率可能從一天一次改爲一週一次，然後是一個月一次。你大致已經重組好生活，知道自己會從哀慟中全身而退，好好活下去。你可能已經克服猶豫，再度相信這個世界。

希望你在第三年已經能夠自在地面對哀慟，更有自信地走在重新界定與發現自己和世界的路上。你可能已經有方法，或正在找方法，將悲劇轉化爲有意義的紀念形式。如果你還沒開始復原工作，現在應該開始了，要不就檢討何以自己尚未開始。復原工作拖得越晚開始，就越晚重拾生活的自信與自在。你至少需要三年來重新站穩，有些人可能要更久。

哀慟步驟

布蕾克在「哀慟步驟支援計劃」中，從一群脫離哀慟箝制、再度投入完整生命的人之中，發展出一套十個特性的模式。各人經歷各個步驟的次序不盡相同，這些步驟也不應該用精確的日期來追蹤，像是「到了第二年，我應該在……狀態」。

布蕾克發現，那些完成「接受生活」步驟的人有如下共同特徵：

＊他們不用時鐘、日曆或任何人的期待來衡量自己的「進度」，而是隨自己的身心引領療癒過程，並在身心準備妥當時，督促自己走向下一步。

＊他們努力走過「哀慟步驟」中的每一步，將其應用在自己的特殊喪親事件上。有些人照次序來，有些人沒有，但是每一步都走過。

✽他們不停止對付哀慟，有時候可能會耽誤一天、一星期或一個月，但終究會回到正軌上。

✽如果他們卡在某個地方，就可能會停頓一段時間，但最終會選擇走出去，而不是放棄。

我們已在書中詳細說明了最初兩步，那是我們開始療程的基礎，而不是結尾。我們也簡略提到其他幾個與開始的兩步有關的步驟，因爲開始的兩個步驟對你的身心挑戰最大。沒提到的步驟都無法在第一年應付或處理完畢，你需要時間恢復應付它們的精力與知識。不過，我們還是列在這裡，主要有三個原因：

我們覺得在你看完書後幾個月或幾年被複雜的情緒與難處攪擾時，我們有責任告訴你這些挑戰從何而來。之所以有這些難處，不是因爲你的哀慟方式不對，也不是因爲哀慟得不夠。哀慟的旅程太長，以至於無法在一本書中完整敘述，而且這個過程是階段性的。這本書主要是針對哀慟的第一波難處。

《我還沒準備說再見》初版已有數萬人看過，他們都是兩年或更久以前處在喪親境遇中的人。如果你是這些讀者，希望你知道下面的這個哀慟步驟支援計劃對你有益。如果你讀了之後想：「但願我早些知道」或「我沒那樣做」，請放心，你仍能以健康的方式走完哀慟路程。我們強烈鼓勵你到 www.griefsteps.com 學習這些可以幫助你的步驟。

許多讀者告訴我們，他們在第一、二年間，到任何地方都帶著這本書的第一版，此書成了肯定自己與保證安全的依靠。過一陣子，我們就開始收到「我現在要怎麼辦？」的信。二○○○年時，布蕾克尚未發展出這套模式，因為她自己還處在早期的哀慟過程中。我們希望跟你分享這些資訊，使你在經歷書中提到的情況時不會孤單。布蕾克以迄今你在本書中已熟悉的方式與說法，發展出指導的工具。

哀慟旅途上的十個步驟

步驟一：震驚與求生
目　的：一方面熬過喪親初期的震驚，一方面注意生活基本需求。
步驟二：情緒雲霄飛車
目　的：從震驚與經驗中解構所有與喪親有關的情緒。
步驟三：理解我們的故事
目　的：找出開始、中端、結局，以便不再耽溺其間、原地踏步。
步驟四：接受哀慟並積極行動
目　的：接受喪親的事實，完全進入哀慟。

步驟五：原諒

目　的：透過原諒，讓我們從不必要的痛苦中釋放出來。

步驟六：信仰

目　的：探索、界定、重建，以及修復我們對於生活及上帝的信仰。

步驟七：尋找意義

目　的：了解就連最深沉的悲劇也有意義，進一步發掘這種意義。

步驟八：重新界定自己

目　的：理解喪親在生活中造成的空洞，以及這種空洞會如何改變我們個人的信仰系統。

步驟九：與喪親之痛共處

目　的：將我們發現的意義融入日常生活中。

步驟十：接受生命

目　的：確認自己有責任將生命活到最好的程度。

欲知更多哀慟步驟支援計劃或下一本書《但是我還在哀慟》（*But I'm Still Grieving*），請上網站www.griefsteps.com。

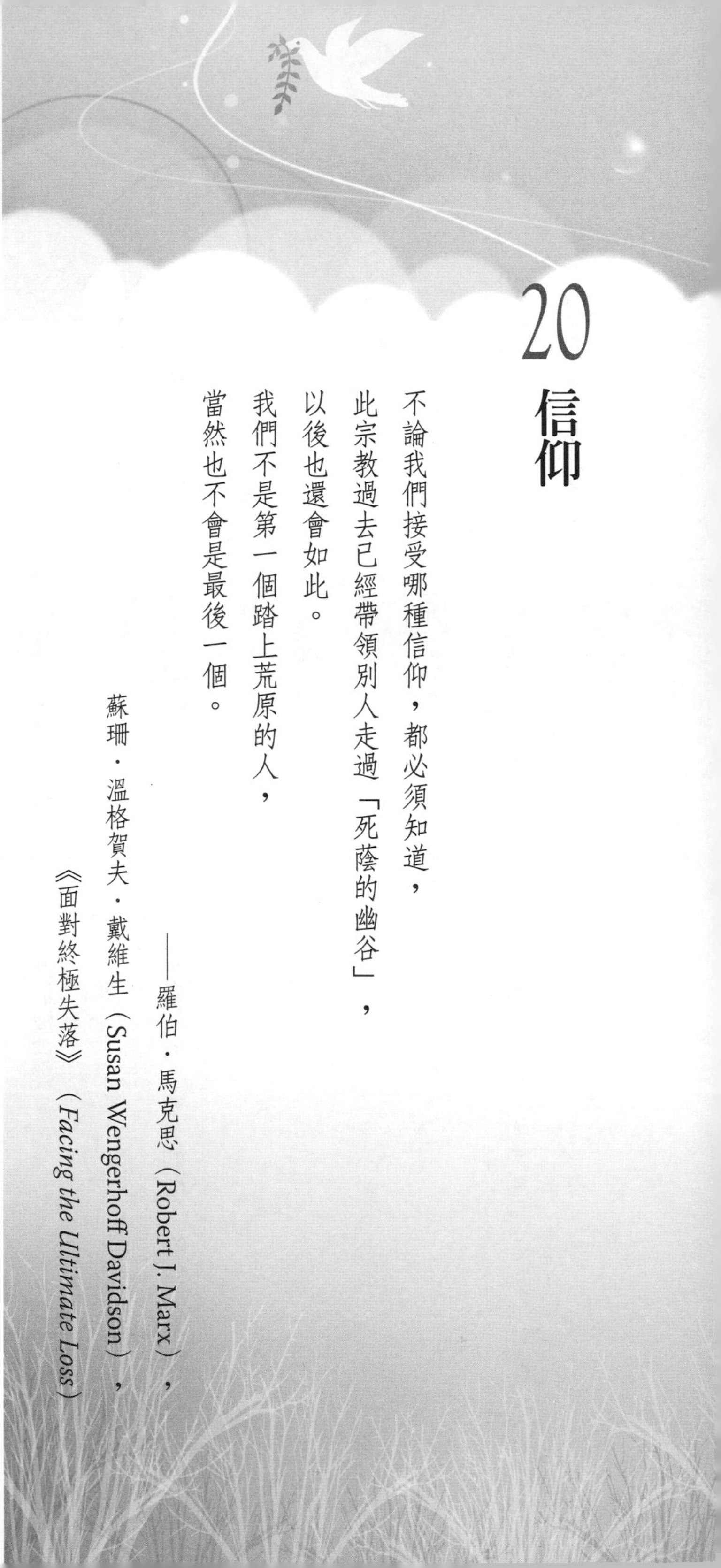

20 信仰

不論我們接受哪種信仰，都必須知道，
此宗教過去已經帶領別人走過「死蔭的幽谷」，
以後也還會如此。
我們不是第一個踏上荒原的人，
當然也不會是最後一個。

——羅伯・馬克思（Robert J. Marx），
蘇珊・溫格賀夫・戴維生（Susan Wengerhoff Davidson），
《面對終極失落》（*Facing the Ultimate Loss*）

任何時候，宗教都是複雜而難以掌握的概念，遑論在一個似乎無路可走的時刻。正如羅伯・馬克思與蘇珊・溫格賀夫・戴維生在《面對終極失落》一書中所寫：「我們最清楚的是自己正處於痛苦中，不要任何快速解藥。受苦時，我們都知道信心絕不是容易取得的東西。太多的時候我們太沮喪，以至於聽不見信仰對我們說的話。」

哀慟的最初幾個月，我們把跟信仰有關的複雜議題拋開，專注在比較基本的問題：**爲什麼是他？爲什麼是我？這種事怎麼會發生**？喪親後，可能要花數月找尋或恢復信仰。許多人在哀慟旅程中能夠從上帝那裡得到慰藉，但也有許多人質疑自己信仰的基礎。

我們突然落到一個模糊的世界，處處是沒有簡單答案的新問題。這個沒有簡單答案的事實，使得恢復或更新我們的信仰跟哀慟過程本身頗爲相似。我們沒有一本充滿簡單答案的書。我們只是繼續前行，一步一腳印，直到走出自己的路徑。

分叉點

布蕾克在輔導那些哀慟的人時，發現了一個有趣的現象。喪親是有些人的信仰催化劑，使他們的信心更堅強，但卻也可能是另外一些人逐漸離開信仰的原因。

漸行漸遠

貝賽妮的人生指標是天主教。上教堂、參加主日學事奉工作、每日祈禱，以及把孩子送到天主教學校，只是幾件理所當然依照信仰而行的生活內容。在女兒於回家途中被車子撞到以後，她的信仰瓦解了。她到教會尋求扶助，但發現教會的忠告太簡單，無法因應她強烈的哀傷。女兒過世已經三年，貝賽妮還沒有回到宗教社群中。「我不懷疑上帝的存在。我知道祂活著。我只是不想跟祂發生任何關係。」

更靠近

九一一災難過後不久，我收到一位殉職紐約救火員遺孀的電話。凱茜問她可否得到這本書的團購折扣價，以便分送給紐約的家庭。我當然答應了，並且開始跟她聊天。凱茜有三個孩子，一個六歲，加上兩個一歲的雙胞胎。她表示，丈夫的宗教信仰很虔誠，她自己則無所謂。但在丈夫死後，她發現自己已經更相信上帝。

我們聽過許多凱茜這樣的故事。許多從未聽說過上帝的人轉而向祂汲取生活的力量，許多人得到安慰，知道上帝已收下了他們的摯愛。

我上週知道，
如果我的愛能夠將肉體生命昇華，
那麼他（我死去的兒子）對我的愛也能成就同樣的事。

——簡妮絲（Janice），「哀慟步驟計劃」成員

布蕾克輔導過數百個家庭後，發現有兩個主要的原因，導致人們離開或接近信仰：⑴表達憤怒與情緒的能力，⑵信仰社群的接受度。

埋怨上帝

在這類黑暗時刻質問上帝是常見的事。我們也許會質疑一個自己曾經以為永遠不會改變或動搖的信仰。這是可以的。《聖經》〈詩篇〉中多的是在黑暗與困難時刻質問上帝的話：

我的上帝，我的上帝，你爲什麼離棄我？
你爲什麼不來幫助我？
我的上帝啊，我白天呼號，你不回答；
我夜間哀求，也得不到安息。

——詩篇二十二篇1-2節（現代中文譯本）

在《一個人的療癒》（*The Grief Recovering Handbook*，大是文化，二〇一一年）中，約翰·W·詹姆斯（John W. James）和羅素·傅里曼（Russell Freidman）寫道：「我們必須能夠告訴某人我們對上帝生氣，並且不會因此受到評論或責備。如果不能，這種怒氣可能永久存在，阻擋了靈性成長。我們已經知道，人們會因爲不被允許表達眞實情感而永遠不回到信仰中。如果發生這種事，這位悼亡者就失去了對他/她可能最有力的扶持來源之一。」

不要害怕發脾氣。

任何能夠創造宇宙的力量，當然可以處理你的憤怒。

——阿德列．傑莫森．提爾頓（Adelle Jameson Tilton）

悼亡者對上帝呼喊、生氣、尖叫是很普通的事，不必因爲有這種情緒而愧疚。就像哀慟的許多其他層面一樣，這種內在的對話只是哀慟過程的一部分。「宗教合一教師」（Interfaith Minister）帕姆（Pam）回憶道：

「我記得自己在醫院上上下下對著天空揮拳，向上帝尖叫。有人聽見我的話就建議我不要對上帝發怒，應該控制自己對上帝說話的言語。我回答說：『我的上帝能夠處理憤怒。而且我知道，如果我對上帝發脾氣，祂不會捨棄我。』」

追根究柢，我們的憤怒其實肯定了我們的信仰。馬克思與戴維生兩位作者的說法做了很好的總結：「我們失去孩子（或者某人或某樣東西）時，往往成了自己怒氣的受害者——我們對丈夫或妻子發脾氣，對醫生發脾氣，甚至有時候對死去的孩子生氣。在我們經歷的所有憤怒中，沒有一種比我們對上帝的控訴更尖銳，『一個仁慈的上帝怎麼可以這樣對我？』就連一個被配偶背叛的丈夫或妻子，都不可能反應得更激烈。在信賴了一輩子以後，那個公義慈愛的上帝怎麼能夠允許這麼恐怖的傷害發生？此類憤怒的問題可說既是肯定、也是指責。畢竟我們所感到的憤怒是基於我們相信上帝。我們不可能對一個不存在的人生氣。」

信仰社群與哀慟

有件事很有趣。布蕾克在訓練扶持團體的專業領導人員時，來登記的大多是宗教領袖。一位神父這麼分享：

「我們注意到許多喪親的人不再來教會，人數多到我們不得不主動去問這些人，我們該如何幫助他們。結果很清楚，我們在他們需要的時候沒有準備好。我們可以安排提供食物與禱告聚會，但除此之外就無計可施了。教會對於儀式或活動特別在行，我們有出生與死亡的儀式，但在儀式過後，我們不完全知道如何陪伴教友走過哀慟。我們的注意力放在回到福音、崇拜，以及鼓勵這些教友們祈禱，並接受他人為其祈禱上面。我們沒有意識到，有些教友已經失去了與上帝溝通的詞彙。」

艾胥利・戴維斯・普蘭德（Ashley Davis Prent）在其著作《昇華喪親：了解哀慟的終生影響與意義》（*Transcending Loss: Understanding the Lifelong Impact of Grief and How to Make it Meaningful*）中，對於信仰與宗教提出了精闢的看法：「宗教的目的是提供與最高神祇進行靈性溝通的管道。然而我們看到，許多人認為宗教作為靈性橋樑，也不過就像有門有鎖的收費站。有些人在重新思考如何去掉那道門的鎖鏈以便自由通行時，選擇了放棄兒時的信仰。他們設法尋找新的信仰團體，能夠為他們提供支持而非譴責、滋潤而非消滅、供養而非犧牲。」

如果你發現自己的信仰團體無法處理你的哀慟，請及時重新檢驗自己的需要。找一個能夠伴隨你走過這段黑暗期的扶助團體。如果你很重視自己的信仰，用不著因爲擔心沒有人能了解或接受你而與其隔絕。在你走出哀慟後，或許可以考慮回到那個之前無法得到扶持的信仰團體，自己組織一個扶持團體。

眼前宗教能給我答案與支援嗎？

聯合衛理公會牧師史蒂文．格斯頓（Rev. Stephen Goldstein）分享了他的想法：

面臨死亡或人生大痛時，太多宗教人士的宗教語言若非油嘴滑舌、就是陳腔濫調，其輕描淡寫的態度顯示不出對於哀慟者真正的關心。神職人員在這類與教友接觸的場合，其實只需要表達簡單的人性關懷，不需提供現成的客觀「答案」。我在遇到這種狀況的教友時，會嘗試說出我認為他們想問的問題。我會跟他們一起問「為什麼」等等，然後提出我自己的問題。這不是提供解決方式或解決問題的時候。重點在於跟這個人在一起，分享自己身為一個凡人的不足之處，表示我也有同樣的疑問，我認為這樣才能給上帝或任何神祇照顧你的機會。上帝在這種時刻絕對有空，尤其是在我們極端軟弱、無法照顧自己與別人時。我們希望那位至高無上者可以親近我們，或甚至當我們在祈禱中尋求這位至高者的關愛時，能實際感受祂就在旁邊。

當我們仔細思考剛剛喪親的某人提出的疑問時，記住要傾聽，而不要假設對方的意思。有時候這些問題來自罪惡感、恐懼、或甚至輕鬆感，大多時候是這些正常情緒的綜合，鮮少跟「教會」、「福音」或上帝降臨有關。最重要的是要拋棄成見、仔細聆聽。如果我們能用同理心感覺別人的經驗，就可以創造療癒的機會。亨利．諾文（Henri Nouwen）詮釋這個角色為「受過傷的醫者」。也就是說，不要界定別人的感覺，而是在信仰中感同身受；不需要描述別人的感覺，但是在信仰中與對方合而為一。最適合的做法可能就是提供自己類似的經驗。葬禮或追思禮拜等總結悲劇的場合，應該使用信仰的「傳統語言」，如此就可將那位哀慟者帶回摯愛所屬的團體，而這個團體也可能是我們大家都願意奉獻的團體。

當然，這種安排只有在此人生活中本來就有此種團體的情形下才可能有效。期待宗教或某個宗教領袖臨時救急，既不實際，也不合乎信仰。

如果神職人員只提供書面禱告、或簡單說些「我父家裡有許多住的地方」之類的經文，而吝於分享誠實的經驗，也不理會教友毫無矯飾的悲傷，就一定會阻擋任何有意義的靈性表達，宗教也因此成為與上帝同在及祝福的障礙。

如果神職人員只是敷衍，你一定會感受到，而不得不在團體中另找支援與誠意。當然，前提是你已經在這個團體中，不論是否特別虔敬，才能於危機時刻得到支援。一個靈性成熟的人會開始這樣做。某位特別的神職人員是否在處理某人的痛苦與喪親時的不快，是另外一回事。一個人如果信仰成熟，曾經領受的宗教教育就會以一種祝福的方式，讓你在特殊的生命經驗中有真實的體會。

我相信什麼？

我們站在人生的十字路口時，必須檢視生命，重估信仰。我們的信仰眞是生活的一部分，或只是盲目繼承與接受？我們在喪親前已經眞正相信這個宗教了嗎？還是說我們只是糊里糊塗加入而已？信仰對我們的意義爲何？我們希望有什麼收穫？一旦認知自己的基本需求與信仰系統，就可以開始去找最有益的社團與資料。信仰應該是每天都可以鼓勵與支持我們的東西。

歷經時間證明，信仰是治療心理創傷很重要的工具，但前提必須是我們的信仰能夠扶持我們。如果你還在與信仰角力，找個時間省思，想想你希望從宗教團體得到什麼。只因爲一個團體支援不力，並不表示所有團體都一樣無益。

信仰網站 BeliefNet™ 幫助人們找到適合他們信仰的宗教。這個免費網站會問一些針對你信仰態度而不具批判性的問題，然後列出最適合你的宗教。

奇異恩典

奇異恩典　何等甘甜　我罪已得赦免
前我失喪　今被尋回　瞎眼今得看見
如此恩典　使我敬畏　使我心得安慰
初信之時　既蒙恩惠　眞是何等寶貴

許多危險 試煉網羅 我已安然經過
靠主恩典 安全不怕 更引導我歸家
將來禧年 聖徒歡聚 恩光愛誼千年
喜樂頌讚 在父座前 深望那日快現

重歸上帝

米琪．麥克韋德（Micki McWade）在《每日沉思：度過分手、分居或離婚》（*Daily Meditations for Surviving a Breakup, Separation or Divorce*）一書中寫道：「每日親近上帝使我們心靈保持平靜。在任何情況下都是如此。有些人會問：『上帝怎會讓這種事發生在我身上？』但這個問題是一個讓你失望的陷阱。上帝不會故意對我們做任何事，只會安慰我們、給我們力量。我們如果要求，祂就會提供我們繼續前行的工具。祂應我們的邀請而來。」

禱告可以幫助我們接近上帝，除了你自己的意願，沒有其他條件。受折磨的時候，不要在乎「正確」或「錯誤」的禱告方式。出去走走，跟上帝說話，讓祂知道你的感覺和需要，把這種交流當作任何關係中的交流一樣。如果你對某人生氣，而你只是隱忍不發，結果會怎樣？你們兩人中間就會豎起一堵牆。當我們與上帝交流內心深處的想法時，就跟在任何人際關係中一樣，我們遠離了那堵牆。

如果你已在自己與上帝之間築起一堵牆，請考慮祈禱這堵牆垮掉。問上帝你要如何接近祂、如何毀掉那堵牆。上帝不會勉強人，祂是受邀而來——祂會在你打開心房請祂進駐時降臨。

你可以做的事

首先要知道，重拾宗教信心無法一蹴可幾。請給自己時間與空間，探索你的信仰。建議你開始寫禱告日記，或安排每日反思的時間。

在日記裡花幾頁探索信仰，以及過去與現在信仰在你生命中的角色。你需要宗教團體給你什麼？

建議你加入一個線上禱告團體。BeliefNet有許多宗教的網上禱告團體。

如果你很氣上帝，就把這種感覺寫成一封信，然後找一個隱密的地方吐露出來。不要隱忍不發。

信仰禱詞

我們相信在萬有之中，
有特別一位存在。

超越痛苦，可以有癒合。
超越破碎，可以有圓滿。
超越憤怒，可以有平安。
超越傷害，可以有寬恕。
超越沉默，可以有聖言。
超越聖言，或許有了解。
透過了解，就有了愛，

——無名氏

21 自助與心理治療

我們需要的是一種幾乎不可能的狀況。
你必須放棄自己的聰明才智，什麼事也不做，只能等待，
並相信非己力能夠控制的成長與發展。
當你長到與牆同高，請站穩，像樹木一樣往下紮根，
知道從深處來的清明足以看到牆外整個世界。

——卡爾・榮格博士

喪失摯愛者會覺得被孤立，也可能有失去身分的感覺。有些人可能不止經歷諮商人員知道的標準情緒階段，還會維持連綿不盡的悲傷感。你可能會一直心疼逝者。許多人會向神職人員或哀慟心理治療師求助，但還有其他的扶持資源可用：詩、音樂、擔任志工、扶持團體、團體治療、自助書籍，以及各種有用的專業治療，往往都可以出人意料地提供慰藉。本章就探索了其中一些。

某種治療或自助方式可能比另一種對你更有用。我們各有獨特需要，哪種對你最有助益，要看你的背景與信仰而定。

什麼是哀慟治療與哀慟諮商？

人們在喪親後得到的扶持大多來自親友和家人，醫生與護士也可能是扶持者。對那些很難面對喪親的人而言，哀慟治療與哀慟諮商就有必要。

哀慟諮商

比起哀慟治療，哀慟諮商較不正式，結構較鬆散，可以是一對一，也可以在團體中進行。主持者可以是沒有特別哀慟輔導資格的心理健康師，諮商也常在由走過哀慟路程的人自組而成的團體中進行。

美國衛生人力部描述哀慟諮商的目的爲：

* 幫助悼亡者用講出喪親事件的方式接受事實。
* 幫助悼亡者界定並表達與喪親有關的感覺（例如，憤怒、罪惡感、焦慮、無助、悲傷）。

* 幫助悼亡者在沒有逝者陪伴下繼續生活，自己做決定。
* 幫助悼亡者在感情上脫離逝者，另建新關係。
* 提供時間與支援，幫助悼亡者在諸如生日與週年紀念等重要時日專心悼亡。
* 描述一般哀慟與個別哀慟做法的不同。
* 提供長久扶持。
* 幫助悼亡者了解自己因應哀慟的方法。
* 確定悼亡者在處理哀慟時可能有的問題，提供專業治療建議。

哀慟治療

哀慟治療通常採一對一方式，針對某人特殊需求進行。如果有數位求助者的需求相同，哀慟治療也可採團體方式。治療者是受過哀慟訓練的心理治療師。就診者與治療師一起界定哀慟旅程中的特殊挑戰，採取一種模式或療程來處理這些挑戰。治療安排通常包含求診者與治療師之間的一份同意書、收費表，以及療程次數同意書。

美國衛生人力部提出哀慟治療中通常會用來幫助悼亡者的六項任務：

* 對於與哀慟有關的痛苦改變，發展出經歷、表達，以及適應能力。
* 找出應付痛苦改變的有效方法。

＊建立一種與逝者的長久關係。
＊保持健康與正常生活的能力。
＊重建人際關係，了解別人可能無法理解自己的哀慟經歷。
＊發展出一種對自己及世界都很健康的看法。

這些痛苦的經歷能帶來什麼好的結果嗎？

最初，你很難相信這麼嚴重的悲劇會有正面結果。然而，縱使走過哀慟各個階段都很辛苦，卻可能從感覺哀慟是「某件發生在我身上的事」，到「哀慟是你走過就能療癒的事」。你是那個能將痛苦轉化爲可能性、將失落轉化爲某種創意表現的人。過了一段時間，你可能想創立一個紀念逝者的慈善組織、一份獎學金、或一個基金會。你可能有了靈感，想要寫書（像我們一樣）、做一幅畫或雕塑、或寫一首歌。

摯愛驟逝帶來的痛苦與撕裂，可能爲生者造成嚴重的傷口，隨時有被感染的危險。這種「感染」可能是自我摧殘（酗酒、雜交、嗑藥等等），但也可能在當事人的選擇下化爲成長的契機。

對某些人而言，哀慟過程可以讓他們重新欣賞生命、人際關係，以及周遭世界。許多人說，他們深深覺得能與別人配合與親近。

經過生命這個重要的轉型期之後，你若選擇了成長與創新，或許還能結交新朋友。如果你求助於由類似經驗者組成的扶持團體，就更有這種可能。你可以分享自己嘗試創造有意義的新生活時所面臨的掙扎，同時提出一些有助於復原的心得。你若選擇了成長，可能就會開始以一種不同於以往的眼光來看待大千世界。你或許會從我們想不到的人那小小愛的行動裡、家中或社群裡、也可能像瑪琪一樣從陌生人那裡，體會到上帝或任何賦予你生命能量者的存在。

瑪琪的故事

我先生在打棒球時突然去世，是心臟病。他很年輕，我們都還年輕。我在哀慟初期覺得完全無法生活，幾乎沒有力氣爲兩個小孩做飯，所以有一天我們就到麥當勞去。正在吃漢堡和薯條時，我注意到另一個帶著兩個小孩的女人，我也看到她沒帶婚戒。當時我剛搬到這個地方，以前的朋友大多因爲是「丈夫與我」的共同朋友而沒來理我。我先跟孩子們說自己馬上回來，就過去跟那個女人講話。我向她自我介紹，然後說自己剛遭逢喪夫之痛，請問她可知道此區有無扶持團體或治療師能幫我。那時我只是碰碰運氣，猜想她或許能給我一點建議。我們談了幾分鐘，她告訴我她也是寡婦，並請跟她一起坐。然後她又問我要不要到她家喝杯酒，她可以把治療師的名字給我。這位陌生人後來成爲我最好的朋友之一，在接下來數個月許多痛苦與調適的時刻，給了我愛與支持。

安吉雅・拉松德・梅若斯（Andrea LaSonde Melrose）在所著《九個願景》（*Nine Visions*）中，談到了這種料想不到的人情：「我們在旅途中跌跌撞撞，往往捨棄一個不敢承擔的責任，逃避一個我們不認爲自己擔得起的負擔。我們捱打撞擊，確信自己正逐漸沒頂。我們驚慌失措，彷彿不合理的舉動能幫助我們。然而不知怎地，就在那種黑暗中的某個時刻，有位朋友給了我們一個擁抱，一個陌生人伸出手，讓我們瞬間得到平安……我們了解原來自己一直站在磐石上，有支撐，穩固而安全。不論我們怎樣看這種事，也許是上帝感動了我們周遭的人，也許是人性光輝穿過了大家每天戴的面具，這份禮物極其珍貴。」

你可以選擇讓這種靈性（創造的力量、上帝、至高者）進入你的生命中，給你機會用新的眼光檢視以往的挑戰與可怕的處境，最後會得到一種新的自我認知。當你選擇了成長，你就是對自己及生活中的其他人說：雖然這種改變的經歷很痛苦，但是「我會度過，變得更好」。

眞的可能把哀傷轉化成創造力嗎？

是的，事實上，我們建議你找到方法把哀傷化爲創造力。你現在正在讀的書就是一個例子。奧運花式溜冰金牌選手伊可德琳娜・歌蒂娃（Ekaterina Gordeeva）運用了這種能量，在丈夫兼溜冰伴侶遽逝後，首度回到冰上。她在冰上的舞蹈正是化哀慟爲創造力極其動人有力的例證。

伊可德琳娜．歌蒂娃在《冰舞深情：懷念我的沙凱》（*My Sergei*，台灣先智，一九九七年）中寫道：「對我而言，新生活迎面而來，與我所知的生活全然不同。我第一次有這種感受是在摯愛沙凱葬禮後兩週回到莫斯科時。我在哀慟時覺得已經失去自我。爲了找到自己，我做了想得到的唯一一件事，也是我最會的事，是我從四歲起就被訓練的事。我去溜冰。我到了冰上，那曾是沙凱與我最喜愛親近的地方。我在那裡看到年輕人正接受教練們的訓練，看到他們對未來光明的夢想與希望。我心想，新生活開始了。」

書中也披露：「當伊可德琳娜與教練瑪瑞娜一起編〈向沙凱致敬〉的舞蹈時，瑪瑞娜爲了幫助伊可德琳娜觀想這支冰上舞蹈，這樣對她說：『想像你正跟沙凱最後一次在冰上表演……現在你失去他了。你正在思念他，你找他，可是找不到。你跪下來，問上帝怎麼回事。你覺得腿斷了，沒有力氣。你不能動，內在的每樣東西也都破碎了，你必須向上帝求助。你必須告訴上帝，你了解生活要繼續，而現在你必須溜冰。你必須感謝祂給過你沙凱，這是你生命中最美麗的一段。這有關人們如何從困境站起來，往前走，以及擁有毅力。你可以找到一個爲他而活的人，你現在可以有自己的生活。」

你用不著是奧運溜冰選手就可以有創意地表達自己。也許是寫幾首詩，也許寫或譜一首歌。製作一組相片集錦也不錯，或者可以寫一本書或創立一個組織。總之，爲自己找到合適的創作出口。

哀傷有一種完全改造的力量。我們失去某人時，也失去了他給我們的一切，不論是經濟保障、愛情、指引、或是三者都有。自己挺身承擔這些需要，或另闢蹊徑來解決這些問題，會是讓生命豐富的經驗。想想你心中那人之所以特別之處。我們最欣賞的東西，也就是我們渴望與哀慟的東西，藉著內在強化這些特質，摯愛的精神就永遠存在。

寫日記和寫信

有一種有效的幫助復原的工具，就是以日記方式寫下你眞實的情感——不帶任何修飾與批判。寫信給逝者也很有安慰的力量。你最初的感覺可能很強烈，或甚至是憤怒。不要因此中途而廢，你需要宣洩。過一陣子，由於情緒作用減輕，你的筆調會軟化。你要說一個獨特而有意義的故事，關於一段感情的開始、中段、以及結束。說你的故事、在日記上寫下來、寫詩、聽別人的故事，都是一些療癒的方法。要讓這種練習發生作用，不必把你寫的給別人看，雖然你或許希望將其中一部分說給你的扶持團體聽。有位女士對我說：「對我最有用的做法是，我有一本只寫感謝的日記，這使我看到自己的生活中除了哀慟與失落，還有很多。我的生活得以保持平衡，同時也有一種可以增加自己力量的生活態度。」

不要對寫作抱持太大希望，但也不要加以任何限制，只要寫就好。如果你覺得很難開始，找一個五分鐘的計時器，隨意寫下腦中當時出現的東西。不要停。這種寫作可能沒什麼連貫性，但會讓你習慣將想法化成白底黑字。不要擔心寫錯字、文法、格式等問題，只要寫出字來就好。盡量每天早晨起床後或晚上就寢前都寫個五分鐘。

花點功夫找一個訴說自己故事的方法。聽自己的故事，也聽別人的故事。

自助書籍

剛開始時，讀整本書可能有些困難。不過，市面上確實有些有用的哀傷方面的書。別打算從頭到尾讀完，包括你手上這一本。只要從索引或目錄找你最需要的主題，一次讀一兩頁，慢慢的，你會有時間多讀一些。

關於自助、心理治療與療癒常見的問題

我知道我需要團體扶持，但哪種團體最適合我？我如何知道哪個是對的？

扶持或治療團體可以是探索感覺的理想場所。你以前的朋友圈可能不再適合你，因此在幫助你重建自我這方面，扶持團體十分重要。我們就來看看基本的幾種團體。

專業主導的扶持團體是由一位心理治療師、神職諮商人員、社工人員、或其他心理健康專業人士組織與主持。在這種團體裡，你應該會得到不帶批判性的扶助與滋養。由於主持者是專業人士，可能會需要繳一些費用。

同儕主導的扶持團體正如其名，是由經歷過摯愛驟逝而決定幫助他人的人帶領的，通常此人在哀慟道路上已經走了一兩年。一般來說不會收費，但也許會請大家樂捐。

專家帶領的治療團體要求你與此專業人士有私下諮商關係，且此團體的活動與付費參加的諮商療程有關。你也可能感到被扶助與滋養，但是專業治療師可能會挑戰你在療癒過程中所產生的一些想法。

許多組織都有這類團體，醫院和宗教組織有時候會資助這些團體。治療師與社工也會組織哀傷扶持團體。如果你在第一次聚會當中和結束後思考自己的直覺，選擇合適的團體就不會太難。通常在不太確定自己的判斷能力時，不妨讓直覺引導自己。不要放棄，一直試到找到對的團體爲止。

你會想問主事者一些問題：

＊要收費嗎？

＊多久聚會一次？一定要出席嗎？

＊一定要分享或講話嗎？

＊總共有多少人？（如果超過十人，你的需求未必能被滿足，因每個人分到的時間有限。）

＊這個團體是專門幫助男性或女性嗎？（只有女士的團體有助參與者發展出互相扶持的姐妹關係；只有男士的團體有助男性吐露心聲。）

首次參加一個扶持或治療團體時，以下的做法很有用。帶一支筆和一張紙去，在聚會中間或剛剛結束時，寫下你的感想。專注於內心的感覺。第二次聚會時再做一次，第三次再做時問自己，你仍跟第一、第二次時感覺一樣嗎？如果你的經驗大多是正面的，就繼續待在這個團體裡；如果你寫下的多是焦慮、恐懼、壓力或羞辱，那麼就不用再去了。不斷尋找，直到找到一個能給你正面感覺的團體。記住，一個扶持團體必須是你扶持系統的一部分。然而也要知道，你不可能每次去都精神抖擻，因爲哀慟過程需要時間，心情起伏是正常的。

我們聽過的哀慟故事全都不同，就像指紋一樣，總有些許差異。當我們跟與會者分享時，不論我們各自處於傷心的哪個階段，或如何失去摯愛，都會驚訝於彼此的共同性。我們互相扶持，產生依賴，而且幾乎立刻了解彼此的痛苦。這種社群感與被接受的感覺，對我們靈性與情緒的療癒都非常重要。

讓團體有機會對你「施予」。努力讓自己相信有權利接受。不要害怕討論或表達你的感覺，畢竟那是你來的原因。你若猶豫不前，就得不到來尋求的扶持。想想你生命中的朋友們，記住他們之間友誼的程度與深度是經過時間考驗才顯現的。團體經驗也是一樣。

我可能花太多時間獨處了，這樣是不是很不好？

獨處和團體生活一樣重要。重要的是要取得平衡。如果我們不怕獨處，就有機會放慢生活步調、反思，並且對我們的責任、需要、以及自己做更深刻的內在關照。但是我們如果獨處太久，就可能會被打擊我們的負面感覺說服。因此，如果你配合自己的獨處，每週參加一次扶助團體，效果可能比較好。團體活動使你有機會檢驗自己獨處時學到的東西，並且可以確定是否一直在對自己說眞話。

我覺得生命已經完結了，每件事都懸在那裡——永遠地

要做正向改變的第一步，就是認知到所愛那個人的生命已經結束，而你的生命還在。要做到這一點，必須重整你的思想與話語。許多哀慟中的人緊抓著摯愛會回來的想法不放，因而發現自己處於等待或生活停擺的狀態。這種等待與呆滯耗去許多可以用在別處的能量。你必須有意識地把自己的思想從過去拉到現在，以便盡量用自己的能量創造一個正向的、向前看的現在。

我不喜歡服用處方藥，妹妹鼓勵我試試草藥和天然療法，你覺得怎樣？

有些人吃草藥很成功、很放鬆，有些人覺得有小小的進步，還有一些人覺得沒什麼不一樣。我們在 www.griefsteps.com 上面列出了一系列應付哀慟過程所產生的沮喪、倦怠、分心與許多其他症狀的方法。服用任何草藥或使用另類療法前，都最好先問過醫生。

大家都說我應該找一個扶持團體，但是我家附近似乎找不到這樣的團體

這些團體刊登的廣告可能是：

哀傷團體
哀傷扶持
新近喪偶
年輕喪偶
孩子被謀殺
自殺扶持

如果你在住家附近找不到合適的團體，或許可以自己辦一個。建議造訪鄰近的圖書館，他們通常可以出借空間給社區居民使用。請教社區的神職人員，看看他們願不願意組織一個扶持團體，讓你來當聯絡人，這樣你就不用單獨去開會。許多現成的團體都會提供成立團體的資料。聯絡政府機構，打聽這些資源。也請記住，網際網路上有廣大的扶持來源。而網際網路最棒的一點就是隨時都可以得到資訊。

我考慮參加一個一週聚會一次的扶持團體。我沒去的時候，他們也會幫我嗎？

加入一個哀慟扶持或治療團體後，當你感到某種情況很難熬時，實際上所有的成員都會陪著你，你永遠不會全然孤獨。有時候如果你要求，其他成員不論是精神或形體上都會陪伴你。就像莫琳要出門去領兒子的死亡證明，她對扶持團體透露了自己的焦慮與恐懼，表示自己擔心在大庭廣眾前崩潰，這時另一位成員莎莉自告奮勇陪她去，並表示如有必要還可開車載她。

家人和朋友都說我需要有同樣經歷的人的扶持，但是我還不想跟別人面對面談這件事，有其他選擇嗎？

幸好有。網際網路已有許多交換分享此類資訊的地方，最受歡迎的是聊天室。雖然很多聊天室沒有特定的主題或專人負責，但也有不少爲了扶持哀傷者而設定的聊天室，你可以上網傾聽別人的故事，也分享自己的。你可以隱藏身分。聊天室的另一個優點是在需要時就尋求幫助。如果你半夜情緒低落、無法入眠，只要登入，就可找到安慰你的網友。請至哀慟網站 www.griefsteps.com了解布蕾克的免費扶持團體，以及其他網路資源。

除了傳統的諮商與團體治療，還有其他選擇嗎？我不覺得先前那些適合我

治療師與哀慟諮商專家都同意，哀傷（尤其是遽逝的情況）與創傷壓力反應的情形類似，因此確實還有一些額外的心理治療方式。哀慟網站 www.griefsteps.com 上有更多資訊。

喪親事件後，我的生活已經發生許多改變，我要怎樣應付？

你的生活突然改變了，但是如果你願意面對每個改變的意義，就不會覺得難以招架。以下是一些原則性的建議：

- 直接面對你的感覺。如果拒絕面對，結果只會拉長適應期而阻礙了健康的調適。
- 維持人際關係。孤立自己會導致跟拒絕面對感覺一樣的後果。
- 給自己時間。無人能一夜之間做好調適。
- 尋找「改變」的正向層面。這方面需要時間，但是你會發現自己開始看見之前不存在的新機會。
- 客觀看待你的改變。從大格局看。現在看來激烈的變動，從「一生」的角度來看似乎就不那麼重要了。

22 哀慟復原過程與練習

如果你釋放內在，
你所釋放的就會拯救你。

——多馬福音（*Gospel of St. Thomas*）

寫作有益於處理哀傷。寫作的過程會幫助我們釋放縈繞心頭的痛苦想法，而開始在紙上處理它們。本章的練習可以重複演練。維吉尼亞・琳・法蘭（Virginia Lyn Fry）在《部分的我也死了》（*Part of Me Died, Too*）一書中寫道：「我們沒有權利選擇誰會在我們活著時死去，但是可以選擇懷念他們的方法。當我們利用回憶寫下詩篇、畫一幅畫、或寫出故事時，就創造了一樣眞實的東西，讓我們能夠藉以存活。把我們的感覺……化為可以觸摸探索與珍藏的東西，我們就轉化了哀傷，也給我們帶來新的領悟與力量。」這些練習有助你將感覺轉化為創意。

不是每種做法都適合你。全部先看一遍，了解一下自己的感覺，如果你對某個感興趣，或覺得適合你的哀慟階段，就試著做完它。如果你讀了某種做法，覺得不舒服，不要馬上放棄，找出哪裡不舒服。不舒服的感覺往往來自自己的敏感與恐懼，但那對你可能就是最有價值的做法。

最後要說的是，這些做法只是哀慟作業的工具，並不能代替扶持團體或其他資源。www.griefsteps.com上有更多練習，也有適合個人與團體的扶持旅程，幫助你做各種練習。

抒發怒氣

有個對付怒氣或許有用的方式，就是將憤怒轉化爲大聲的祈禱或與神對吼，例如：

> 親愛的上帝：這種痛苦太可怕了。我氣自己。我氣那個人。我氣祢！我知道祢可以處理我的憤怒，因爲不管怎樣祢都愛我。可是祢爲什麼不能停止！叫痛苦離開！祢要我忍受多少？

當你吼叫著祈禱時，不妨對著床或沙發揮拳，這樣痛苦與鬱悶的能量就能通過全身。你會發覺做過以後，整個人都輕鬆下來，可能還會有受到祝福的感覺。如果你覺得單獨做此練習未必安全，可以跟治療師或可靠的朋友一起做。

如果你的叫喊聲連自己聽了都害怕，不妨先給死者寫個短信。下面每封信的寫作者都經歷過哀慟過程中除了憤怒外沒有其他感覺的階段：

親愛的愛莉森，你拋下孩子跟我，讓我很受傷，也很生氣。關心你的羅伯

克里斯，我只想對你發脾氣和哭泣。布蘭達

親愛的湯姆，如果我現在可以把手放在你身上，我要因爲你離開我而殺了你。愛你的安妮

親愛的阿提，朋友不會拋棄朋友。你眞的把事情搞砸了。

當然，你想寫多少就可以寫多少。重要的是你找到發洩怒氣的出口。第三章談過更多憤怒與情緒的出口。

「謝謝你」練習

當你繼續成長與痊癒時，終究會發現至少有某件你可以感謝的事，不論這件事看來多麼微不足道。如果你現在沒有那種感覺，應該只是暫時的情況。

你在正視過憤怒後，若已經準備好，或許可以試試「謝謝你」練習。跟其他行爲相比，表達感謝最能促進個人與靈性的增長。不論開始時有多難，表達對過往生活的感謝，有助從悲劇

中找到意義。用書寫的方式肯定你倆關係中鼓舞你、提升你的地方，將有助昇華你們共有的東西，也就是保有那有價值的地方，而除去認爲對方已死所以不能再激勵你的錯誤想法。

爲什麼要拿一支筆寫一點東西？爲什麼不能只是想一想？寫的動作、選擇筆和紙的種類、墨水的顏色、用筆從紙上劃過、看到寫出的字……都使你說的話更眞實、更具體。你會看到自己的能量轉變，從爲了要寫什麼而困惑、爲了第一次或第一千次必須梳理生活而生氣、在知道自己已經失去什麼時而哭泣、到最後因爲終於能夠表達沒說過的話而鬆了一口氣。

在便條上寫下日期，然後放在一個特別的地方，或夾在日記裡。你可能希望扔掉便條。記住這跟表達需要表達的感覺有關。不過，數月或數年後再讀一次，有時候很有用，所以你可能希望留著，以備不時之需。一段時間以後再寫一段話也很有用。你每寫一次，就會帶入新的看法。如果你有孩子，或許會想等他們大一點時唸給他們聽。

以下是一個例子：

親愛的吉姆，謝謝你抱著我。當我需要被擁抱時，你抱得很好。當我很難學習相信別人時，你幫我知道自己有能力去愛別人。

我悲傷時，你抱著我。那時我非常悲傷。謝謝你曾經說過很多次：「沒有問題，一切都會變好的。」謝謝你進入我的生命。這一次我學到長久以來不願承認自己需要學習的東西。我學到什麼？我學到爲了得到幼年時父母不曾給的東西而嫁給一個人並非聰明之舉。重要的是滋養和愛自己。

謝謝你做了孩子的父親，你是我但願自己有過的父親。謝謝你給了我們十年婚姻，讓我感受了十年的愛。謝謝你在我生兒子時陪在身邊，也謝謝你供養我們，讓我可以在孩子幼小時待在家裡養育他。還有，最重要的是，我要爲我們的兒子謝謝你，因爲如果沒有你，他不會出生。愛你的瓊安。

瓊安表示，她寫完後雖然啜泣了不止半個小時，但確實感到輕鬆不少。她藉著此信表達了對丈夫的感激之情，對自己的感覺也比以前的某些時候好得多。

從喪親中學習

派翠西亞十四歲的兒子唐恩死於擦槍走火。她提出十個從哀慟中學到的正面生活態度：

1. 我讓感覺自由流動。它們是我生命的血液，不會害我，會療癒我。（順便一提，拳擊袋是把憤怒化爲淚水的好方法。）
2. 我順其自然，只需要知道現況，然後等著下一步。
3. 我能信任上蒼挺我，其作爲或可見或不可見。

4.外援是有的，我只需要偶爾提出要求，然後相信他人會協助這些事：

體力上：幫我除草，刷洗陽台（兒子去世的地方）。

心靈上：為我祈禱，在靈性中擁抱我。

心理上：傳遞給我你們對唐恩的記憶，你們覺得有意義的詩句。

5.我會正視魔鬼。焦慮不是阻攔或放棄的訊號，只是放慢腳步產生創意的地方。

6.感恩，任何處境都有恩賜與限制。我不忽視限制與痛苦，但也會讓自己看見恩賜與好處。

7.做別人的朋友。我能給別人最好的禮物就是接受對方的本我。

8.人生是一段旅程，而不是目的地。生活中有哀傷，也有快樂，我要過足每一天。

9.哀傷潮水襲來，每一波都把我推向下一波。大海永遠不會是死水。

10.我會祈禱、冥想、用各種方式和宇宙能量保持接觸。

派翠西亞最後說：「完成這些後……我在春天及復活節時經歷到一波新的哀傷。我感到自己需要不斷重讀筆記，記住自己在巨大痛苦中學到的功課。我想起之前對自己的一個承諾：**我要告訴一個朋友自己體認到的眞理，以便哪天我忘記時，朋友會提醒我**。因此，親愛的讀者，在日子變得難熬時，提醒我吧。」

派翠西亞選擇利用哀慟功課的力量面對哀傷。這種做法既能療傷，也能添力。請你也試試看。到文具店買一個裝訂漂亮的小本子，在上面記下你從哀傷過程中學到的事。這會是你對每一步的美好回憶，也是幫助你更了解目的與意義的好方法。（派翠西亞・艾倫提供）

摯愛留給我的……

某人去世後，你在某方面覺得被拒絕與拋棄，這是很平常的事。當你感到被拋棄的椎心痛苦與憤怒時，就更難想到有可能把痛苦轉化爲有意義的東西，或這段關係最後能透過死亡幫助你成長。但其實這是可能的，尤其是如果你依賴對方鼓舞自己。現在就當作內省以確定自己有價值，這也是回憶與重演摯愛生前所說那些正面話語的時候。每個人都至少從伴侶那裡聽過一次值得一聽再聽的正向話語，在日記裡列出這些話語，或者把它們寫成信（例如，親愛的__________，這些是我留給你肯定你生命的話。愛你的__________）。

讓這些正向話語提升並鼓舞你。

尖叫操練

有時候你唯一能做的事只有尖叫。情緒充塞內心時，需要出口。盡量大聲尖叫，說任何你想說的話，既可釋放，也能放鬆。不過要找一個恰當的地方做這件事不太容易，你可能要跋涉許久才能找到一塊沒人聽得見你的空曠所在。以下是帕蜜拉與妹妹瑪瑞琳的做法。

「喬治遽逝後幾個月，我還在哀悼姐夫的死亡，我們決定到加拿大參加一個工作坊，期間我們抽空開車穿過數哩渺無人煙的區域。一天下午，身處加拿大『無人帶』時，我倆在車中大喊：『你爲什麼死掉！』『我恨你竟然死了！』『這場死亡眞討厭！』以及一連串三字經。我們爲彼此的荒唐大笑，然後又爲非這樣做不可而哭泣。我們決定讓不哭的人開車，因爲眼中有淚水看不清路。」

緊繃的情緒需要出口，否則我們會生病。一個很好發洩情緒的途徑，就是去一個隱密的地點（靜止的車內就不錯）盡量**尖叫**和**呼喊**。我們容許自己這麼做時，就是肯定了自己與自己的療癒時程。不要限制自己說出痛苦的需要。作爲一個人，如果你想，你就有權利用這個方法表達自己最深的情感。

界定先後次序

失去摯愛後，我們往往覺得世界失序，不確定自己的位置，這時不妨想像什麼事對你重要，並探索你能改進的地方。以下的演練能幫你界定生活中的先後次序。記住，答案沒有對或錯。

＊什麼是你最在乎的三件事？

*靈性上你最看重的是什麼？

*你最看重自己擁有的什麼東西？哪些人對你最重要？（列出名字）

*你認為需要完成什麼才能讓自己的生命有價值？

*你死後希望別人記住你什麼？

*你每天能做哪兩件事，使那天顯得特別？

*你最感激生命中的什麼？

在日記中回答這些問題後，用一頁寫下你對自己的感想，再寫下你對下面問題的答案：

*生活中對我最重要的東西是什麼？（你往往會發現答案彼此有關聯）

*根據自己學到的功課，我如何定義圓滿的生活？

*要邁向圓滿的生活，我現在能採取什麼方法？下一步呢？

對付罪惡感

如果你正苦於「只要當時」「但願我當時」等思考，心中深深遺憾自己不能更幫助摯愛或阻止死亡的發生，試試這個練習：

寫一封至少一頁的信給逝者，告訴他們你想做的事，但是要包括下列幾件：

* 已經發生的事實
* 你對已發生之事的想法
* 這件死亡如何影響了你的生活

現在翻過此頁，想像逝者如何回你的信。向逝者問問題會使這個練習更有價值。所以，請寫下類似這樣的問題：「你怎麼看待這件事？」「你願意原諒我的＿＿＿＿＿＿嗎？」「對於我應該負責的那部分（真的或想像的），我被處罰夠了嗎？我還能做什麼事讓你知道我有多抱歉嗎？」「怎樣才能讓你看到我受了多少苦？」然後閉上眼睛，就像逝者透過你說的那樣回答這些問題。

如果你發現自己一個人很難做這件事，可以找一位心理治療師或可靠的朋友靜靜地坐在你身旁。如果你被心裡的聲音「告知」要做傷害自己的事，請馬上求助專業人員。

詩

詩在物質與創意及精神世界之間架起了一座橋樑。造訪或加入創作詩的團體，對於哀慟的療癒很有益處。平日我們每個人都戴上了面具，詩直指面具後面眞正的感情。我們戴著哀慟的面具時，可能覺得別人無法了解我們正在經歷的痛苦，儘管我們損失巨大，每天仍然必須過日子，結果就可能覺得與那些沒有同樣喪親經驗的人失去連結。我們可能覺得自己感情的強度無法被別人接受。然而，感情正是寫詩者的動力。在這些作詩團體裡，你會透過書寫與口語找到一個歡迎你的、體貼你的家。

你可以上網查詢你居住地區的作詩團體，參加他們的讀詩聚會，打聽附近還有什麼這方面的活動。

你也可以自己寫詩。市面上有很多書可以給你靈感與指導。到圖書館或書店找書。每週一次，在一家咖啡店，花一個上午，把詩句寫在一個美麗的本子上，是洗滌心靈很好的方法。無需擔心格式，只要用創意寫下能表達自己的字眼。寫詩吧。

在金姆．阿多尼秋（Kim Addonizio）和朵麗安．勞克斯（Dorianne Laux）兩位作者撰寫的《詩人伴侶：快樂寫詩指引》（*The Poet's Companion: A guide to the pleasures of writing poetry*）中，有一篇專門談死亡與哀慟。他們爲想寫這個題材的人提出十個建議，其中一個是：「寫一首關於死亡的詩。這首詩可以關於傳統的葬禮、守靈、或某種更私密或個人性的紀念方式。如果儀式中某個時刻出現了　種使人愉悅的美感，也寫下來。」另一個建議是：「如果你手邊有逝者曾經擁有過的東西，就要詳細描述，也要敘述你對此人的回憶或形象，同時還可以談談你現在怎麼用這個東西。」

感恩日記

暢銷書《靜觀潮落：簡單富足／生活美學日記》（*Simple Abundance: A Daybook of Comfort and Joy*，立緒，二〇〇九年）的作者莎拉．班．布瑞斯那（Sarah Ban Breathnach）提倡使用感恩日記，她說那是「超乎想像地改變生活品質的工具」。我們完全同意。莎拉這樣解釋感恩日記：

我有一本漂亮的感恩日記，每晚就寢前，我會寫下五件值得感恩的事情。有些日子充滿了令人驚奇的事情，有些日子只是簡單的快樂。「米奇在暴風雨中走失了，但是我找到牠時，牠瑟瑟發抖，渾身濕透，不過沒有受傷。我一面清理屋子，一面聽普希尼，想到自己是多麼喜歡歌劇。」

有些日子——不順的日子，我可能覺得自己找不出五件可以感謝的事，所以就寫下生活基本所需：我的健康、丈夫與女兒、他們的健康、我的動物、我的房子、朋友，以及那張我馬上就要投身其上的大床，加上一日將盡的事實。那也可以。真實生活不會每天都很完美或如我們的意，但是重複認知生活中進行的事，不僅可以幫助我們繼續活下去，也能克服難處。

當我們被黑暗包圍時，重新肯定生活中的正面事實就顯得特別重要。我們往往專注在失落感和不順利的發展，而看不到任何好的事物。最初幾個月特別難有正面的感覺，但過了這段時間，我們需要重新尋找，不論這些正面的事多麼微小。你的單子上可能會有「今天我能夠起床」這麼簡單的事，重要的是，我們開始看到生活中確實有正面的事情。承認這一點，我們就能吸引更多正面的事情進入生活之中。

請爲自己買一本特別的筆記本，當作感恩日記，放在床邊，每晚關燈入睡前，回想這一天五件正向的事。

撫平情緒

壓力、焦慮、悲傷、沮喪等情緒會讓我們的內心糾結不安。呼吸練習可以幫助我們放鬆並整理糾纏不清的內在。以下的練習能在你遭受試煉時撫平情緒。

把一隻手放在腹部。吸氣時，感受腹部而不是胸部的震動。數到十，然後呼出，也是十下。若想得到深沉的放鬆，請重複做十至十五次。

要放鬆整個身體，請在一個安靜的地方躺下來，深深呼吸，緩慢地吸氣與呼氣。左腳先開始，盡量收緊肌肉，數三下，然後放鬆肌肉。同樣練習右腳、左手臂、右手臂。然後把身體上移，緊縮骨盆，接著是胃，胸部，肩膀，脖子，最後是臉部肌肉。做完這個練習後，你應該會感到非常安定平和。想像海邊或其他平靜的景象來深化這種放鬆的感覺。

觀想

有創意的觀想可以成爲安撫身心很好的辦法。我們的身體放鬆時，不妨在腦海中播放舒緩、療癒與鼓勵的「電影」，這些電影或影像能夠促進療癒、寬恕與平安。

觀想需要一些時間才能習慣。第一次做的時候，你可能覺得自己「什麼也沒看到」。給自己一點時間，就像任何練習一樣，觀想也需要練習。同樣地，你可能想躺在地上或坐在椅子上觀想。如果你在床上坐，可能很容易就睡著，因爲這個過程非常放鬆。

開始時，先依照撫平情緒練習的方式讓全身放鬆。當你的身體完全且絲毫沒有緊張的感覺時，開始觀想。

進行這個練習時，腦中會出現很多想法與影像，值得記下來，因此最好在身旁準備一本觀想日誌。

以下是一些觀想方式，選擇你覺得最自在的一種，也可以創造你自己的方法。將這些正向的訊息帶入腦中，有助減少焦慮與沮喪，並且幫助你在生活中感到更多平靜和快樂。

＊想像自己正把哀慟用在創意上。注意你做的事、誰在你旁邊、你的感覺，以及你看到什麼。

＊如果死亡事件讓你覺得愧疚，就想像你把所有的遺憾與不安吹到一個氣球中。觀看罪惡感慢慢離開你的身體，經過肺部，進入氣球。看著氣球逐漸變大，裡面滿是你的愧疚。緊緊抓住氣球的繩子，最後一次感覺這些罪惡感，然後就放手。注意氣球帶著罪惡感離開你。你可以用這個方法處理自己想除去的任何人和情緒，像是恨意、怒氣、妒忌、報復等等。

＊如果你想和逝者溝通，或者想感受到與他們同在，請觀想他們坐在一個熟悉的環境裡，你走向他們，提出問題與關心的事，等待他們回應。

＊想像一兩年後的情況。你看到自己會變成怎樣的人，有了什麼改變？心中在想什麼？誰在你身旁？你的日常生活怎麼樣？你相信什麼？

製作追思紀念冊

製作一份追思紀念冊是紀念摯愛非常好的一個方法。布蕾克的哥哥去世後，她把相關文章、照片和其他紀念物放在一個紀念冊裡。她用不同的色紙、色筆、簽字筆和貼紙爲每頁做了獨特的相框。

這些年紀念冊變得流行，許多剪貼簿文具店甚至提供工作坊，教人如何發揮創意儲存記憶。利用集錦、橡皮印章、紙片裝飾和其他方法，我們可以做出一本漂亮的追思集。

此外，許多書本雜誌也可以提供創意指導。就算你不認爲自己有創意，市面上也有幫助你著手的工具。你可以在店裡的手工藝類找到剪貼簿，販售手工藝材料的公司也會幫你選擇材料，並提供創意指導。也有很多剪貼簿愛好者主持網路聊天室，讓大家交換心得與訣竅。

以下是製作追思紀念冊的幾個基本注意事項：

1. 選擇一個好的冊子保存回憶。盡量用無酸性紙張，這樣照片才經得起時間考驗。
2. 挑選所有可能會用到的材料。可用的不盡其數，如明信片、雜誌上的話語、照片、特別的詩句，任何你想放上去的都可以。
3. 整理收集好的東西，直到你可以看到書本的雛形出現。你可以按時間先後或主題式的方式來編排。
4. 收集色筆、貼紙和色紙，作爲裝飾之用。工藝用品店和剪貼簿文具店是最佳採購所在。此外，辦公室用品店也常有這類價廉物美的用品。
5. 決定每一頁要使用的材料，上下左右移動它們在頁面上的位置，直到你對設計滿意爲止。如果你苦於呈現方式，可以找前面提過的參考資料來研究。
6. 慢慢來，製作追思紀念冊沒必要趕時間。許多人在「呆坐」與創造中找到樂趣。這可能是你終生都在修訂的一本書。

線上材料

網際網路透過線上追思會，帶給我們新的分享、珍視與紀念摯愛的方法。短片、文字、錄音、音樂和照片，都可載入永久網站讓大家回憶與記住逝者。

這種安排也有助家族裡的幼兒長大後，進一步了解自己早年喪失的親戚或家人。www.legacy.com與www.muchloved.com兩個網站有更多這方面的資訊。

儀式

儀式是生活中重要的一部分。透過儀式，我們得以觀察、記憶與建構信仰和感情。《活過哀慟》作者凱瑟琳．M．桑德斯說：「以前，生命中的每個轉折點透過儀式加以認定，是文化中重要的一環。綿延相連的家族成員爲了彰顯個人而聚在一起。在混亂變遷的時代，這些意識提供了重要的方向和精神力量。」

葬禮安排就是一種儀式，指導我們並提供方向，讓我們得以與同遭喪親的人相聚以紀念生命。

聽起來，創造自己的儀式可能有點難，但其實未必。首先，你要問自己想記住或慶祝什麼。對許多人而言，在逝世週年舉行一個儀式很有價值。也有一些人想在逝者生日時舉行儀式。如果逝者是配偶，結婚紀念日也可以是很好的選擇。儀式不必設限，你可以每一季都舉行一個儀式，也可以每年或每兩年辦一次。當你在決定儀式的頻率時，想想儀式的目的。對大多數哀慟中的人而言，儀式期間使他們得以離開日常生活的例行公事，專心體驗哀慟，讓心思只放在對摯愛的回憶上。

接下來，你要決定這個儀式只爲你自己，還是也要與別人分享。你可能會發現一群朋友同來參與儀式對自己很有幫助。但也有人想利用這段時間探索自己的感覺。

再來的問題是儀式的地點。也許有個地方對你與逝者具有特別的意義。你可能想待在離家不遠的地方，或者也可能想到海外去做此事。同樣地，選擇地點時要把目的放在心上。

以下是我們的朋友辦過而且覺得很得安慰的幾個儀式。請儘管套用其中覺得合適的做法，或參考來創造你自己的。

凱倫的母親五十歲遽逝時，凱倫住在法國，只剩下父親與弟弟在美國。每年母親的忌日，凱倫會回家一個禮拜，她和父親利用這段時間回憶過往並掃墓。

潔西卡、莫妮卡、勞娜與愛麗是大學好友，住在一起。勞娜突然死於車禍時，其他三人痛不欲生。每年勞娜的忌日，三人都會聚在一起，參加一個郵輪之旅，共同回憶歡樂的大學時光。這些女孩子畢業已經五年了，每年仍然這麼做。

大衛希望在兒子冥誕時獨處。他會在山上租一間小木屋，除了換洗衣服，什麼都不帶。他在林中散步，欣賞野外美景，同時跟兒子「說話」。

卡珊德拉是單親媽媽，女兒突然死了。每年女兒的忌日，她會請前夫照顧別的孩子，自己利用週末書寫、哭泣、看電影、翻閱舊照片。

找個安靜的時間坐下來，想想什麼事可以幫助你療傷，然後決定一種儀式，在日曆上記下日期。

23 長路漫漫……作者的結語分享

本書第二版付梓前，帕蜜拉與我遲疑著是否要包含前一版的這個部分、應該換一個新的內容、還是乾脆不要。我開玩笑地跟帕蜜拉說，至少我那部分應該刪掉，因爲我現在的寫作技巧好多了。但說正經的，我確實想改寫或增訂之前的版本。過了這麼多年，我知道之前認爲的「走出」哀慟，實際上是「進入」哀慟。最後，我們決定保留第一版的內容，但是簡單描述我們的現況。有一件事我們可以確定，一九九九年我們放在本章前面的引言仍然非常合適：

我們所謂的開始往往是結束。
做一個了結也就是起了一個開始。
結束正是我們開始的地方。

——T・S・艾略特

布蕾克・諾爾，一九九九年十月四日

帕蜜拉和我瘋狂趕工，已完成這本書的初稿，現在這部分該我來寫。信不信由你，我將此事列入待做事項那天，正是凱樂柏去世兩週年（一九九九年十月四日）。這很有趣，去年此時我還跟行屍走肉一樣完全無法工作，一個人跑去旅行。今年我發現自己在這個週年日裡仍能正常生活——雖然我覺得自己依然比較像個機器人。

我爲自己的大幅進步而自豪。母親和我、加上幾位好友創辦了一個紀念凱樂柏的划水錦標賽。去年夏天我們舉辦了第一次。把他的興趣和熱情納入我們生活的一部分，感覺眞好。至於我自己，適應得還不錯，在許多方面還沒完全感到失落。我仍然會逃避痛苦，而不是正面去感覺它，不過寫這本書有助自己停止這種做法。我學到，即使還有一段路要走，仍然需要探索感覺的全部。

我不再怕死或生活，對於自然與宇宙的過程和循環，已建立起信心。大多數時候我不清楚宇宙，但相信自己在有能力時就會了解。

我已從極端痛苦的黑繭中破繭而出，來到一個哀傷與我共存的地方。現在的哀傷力量比較小，但已融入我身，教我笑、享受生活，並且珍惜每一刻。

我現在處於什麼階段？我還活著，正在重建。曾經有一段時間，你若爲了安慰我而說喪親會帶來正向的果實，我鐵定會嘲笑你。但現在我看到這種可能。這次喪親給了我生命——透過哥哥的死亡，我學到如何生活。

布蕾克・諾爾，二〇〇七年七月二十九日

再兩個月就是哥哥逝世十週年，也是你手上這本書能夠出版的催化劑。那場悲劇後，我渴望在混亂中理出頭緒，在茫然中找到意義。世界轉個不停，快速而模糊，我分不出東南西北，站在中間喃喃自語，**爲什麼是我？爲什麼是他？現在怎麼辦**？我需要找到目的與立足點。

我從沒預期要更新「現在的處境」，但上回我也沒預期能寫出什麼。當年我在高中揣測未來的道路、或大學翻閱課程表時，從沒想到有一天電話會響起，另一端有個記者想知道我對悲劇的看法。

那個陌生的聲音說：「我打這通電話給你是因爲需要哀慟專家的意見。」每次接這樣的電話，我都必須努力眨眼睛，雖然對方看不到我。我活在一個不曾有過也無法想像的生活裡，扮演一個從沒打算要演的角色。

一九九七年時，我的想法很單純：我需要跟別人分享經歷。如果有一個人能比我更好地預期哀慟長路中的遠景，那麼也許我能從這沒有意義的事情中找到一點意義。是的，不能否認，我一度也想把這段哀慟旅程包裝得按部就班、井然有序。我曾希望能那樣做，把那難以消化的內容轉化成美美的東西，可以吸引人從書架上拿下來——當然也會放回去。

我學到哀慟不能這樣處理，即使你已是哀慟專家也無法這樣做。生命也不是那樣進行的。不管我如何掌握、計劃、夢想、希望，生命自有其轉彎之處，有時候是你不希望的轉彎——轉向恐怖黑暗。

一九九七年的某個瞬間，生命把我送上一個我不想去的路徑，我馬上就知道自己跟那些不曾來過此處的人「不一樣」，雖然我無法精確敘述箇中原因。

一九九七年十月四日，我在沒有機會選擇要或不要的情形下，得到一副有色的哀傷眼鏡。在以後的歲月裡，我會知道有這副眼鏡是生命中最大的責任，極爲沉重；但如果戴的人能夠調整眼鏡並學到如何聚焦，這副眼鏡就可能是一個禮物。

我一生都戴眼鏡，幫助我把**想**看的東西看得更清楚，並且把視力**矯正**到跟一般人一樣。我的哀慟有色眼鏡完全不像我以往知道的眼鏡，它們起先因爲我滿眼是淚而模糊不清，讓我只能看到前方一吋之地，我掙扎著找東西穩住自己。我痛得想取下這副眼鏡，打破，並且退回去。但當時那是不可能的。現在也一樣。眼鏡一輩子跟著我。

最後，模糊的鏡片上開始出現一小塊透明鏡片。我看到**東西**了。隨著時間過去，我發現自己的視力並未得到矯正，但也沒壞掉，只是**被改變**了。我能看見每一樣東西的深處，前面、後面、中間、周圍的空間，以及空間之間。

今晚，就在我寫此段落時，我戴著哀慟色彩眼鏡，它既不模糊也不重。事實上，我戴得越久，看到的就更多。我曾經在調整焦距後看到許多東西，我要與你們分享其中幾件特別的。

我們最早寫這本書時，加上此一段落的原因是想避免這本書不夠「完整」。那時我並不像現在一樣知道這種事不會有結尾，有的只是一連串開始。這些年是一段旅程，而旅程還沒有結束，這點我很確定。但是我知道自己在哪裡。現在是開始？是轉彎？是轉捩點？是往回走？是回頭路？還是完全另外一條路？我不再需要知道。我可以不用羅盤就活得豐富。

情況並不總是這樣。我剛淹沒在毫無章法可言且不請自來的哀慟世界裡時，需要知道：**接下來會怎樣？還有別的狀況嗎？**極度的傷痛使我提出無法回答的問題。那是一些我五歲以後就不會問的問題：**誰創造了世界？什麼最先出現？我們爲什麼會在這裡？**困惑的權威人士和導師們已經提出各種答案。青年時期的我開始了解有些問題沒有簡單的答案——有些甚至完全沒有答案。

我不覺得自己已能在答不出的問題面前泰然自若，大多數時候我只是不再問。漸漸地，一年一年長大，那些問題成了「無解」。一大堆無法回答的問題，不能歸類後安放在日常生活的邏輯與忙碌之中。然而，哀慟毫無預警地把這一大堆無解問題倒在我身上。就像五歲的孩子，我提出比這些問題還多的問題：**接下來會怎樣？他能聽見我嗎？我該做什麼？他以我爲傲嗎？他知道當時的情形嗎？我現在的年齡比他死時大，那他還是我哥哥嗎？有人能夠熬過這一切嗎？我瘋了嗎？這麼痛苦是正確的嗎？**

十年前，因爲痛苦太深，我覺得自己理當得到答案。我會去找答案。後來我了解，哀慟跟答案無關，而是要與問題同處。問題太大，無法擱在一旁；太重要，無法不理不睬；太複雜，不可能有簡單清楚的答案。這些問題最後將我從安於現狀的人改變爲探索的人，從旁觀者改變爲冒險者，從渾渾噩噩度日轉爲眞正活在當下。

今天是二〇〇七年七月二十九日，我坐在兒時老家的湖畔碼頭上。這是小時候媽媽爲了養育哥哥和我而打造的家。凱樂柏在這裡教我打水漂、爬上北方杉樹、騎單車、赤腳划水、畫畫、依照頭盔樣式認出NFL每個球隊的名稱、造一艘滑水船駛出河灣、投出我的第一顆棒球、在水下憋氣、做夢。就是在這個湖上，媽媽、我、還有幾位凱樂柏的好友把他的骨灰撒開。這個湖叫做休息湖。

這裡似乎是寫作的好地方，因爲我很可能看到一隻老鷹。我幾乎總是會看到。凱樂柏和我還不到十歲時，會在湖邊花好幾個鐘頭，問許多天眞的假設性問題。有一次我們曾經問彼此：**如果你可以是一種動物，你要做哪種？**凱樂柏不假思索就說：我要當老鷹。

今晚看老鷹看得有點晚了。我已在這裡坐了兩個小時，一部分的我盼望見到老鷹飛下來，劃下奮力一搏的一道飛行線，讓我感到內在那發出光芒的平和。我舉目望天，看不到雲朵、太陽或月亮。這是湖上那種轉換中的時光，也是我哀慟旅程中的轉換時光。

我現在處於什麼階段？凱樂柏去世後的每一年，我都會到這座湖邊，睜大眼睛呼喊著，等候老鷹的來臨。我**需要**看到一隻老鷹。每一年，我都看到了。

至於其他問題：他還在這裡嗎？我會記住嗎？我撐得過去嗎？……一年前，我確實會仰望天空尋求答案。今晚是凱樂柏三十七歲生日，他已在天上慶祝過十次，我只需要審視內心。當然，我會很高興看到一隻老鷹——但是我已不再需要看到。**他還在這裡嗎？我會記住嗎？我撐得過去嗎？**我已回答了這些以往無法回答的問題，而三個問題的答案都是肯定的。

帕蜜拉·D·布萊爾，一九九九年

喬治去世已經九年了。現在我有個很棒的丈夫，自己做心理治療師，專門治療以死亡與離婚為主的失落與改變。兒子易安已經上大學，他是一位音樂家，在星巴克咖啡店兼職做經理。女兒艾咪生了一個漂亮的兒子德瑞克，已經八歲，他只能由媽媽的描述中知道喬治。艾咪記得那無條件的愛、信任、以及有趣的個性。我不確定易安記得什麼。我猜他記得在洋基球場跟爸爸練球、到爸爸工作的照相器材店看他，以及全家到迪斯尼樂園旅行。我嗎？我記得我們短暫婚姻當中的甜蜜與苦澀、他的擁抱、我們一起產生的寶貝孩子，以及維生系統拔除的那一天——從那天起不再有新的回憶。

我還是有失落的感覺，但我也感到裡面有新生命。每一件喪親事件都隱藏了可能性。它藏在裡面不動，直到有人將它搖鬆。就像一隻襪子藏在剛洗好的床單一角。襪子就在那兒，你只需抖一抖床單，就會跑出來了。

喪親會把我們帶到什麼光景？它帶我們去我們從未要求去的地方，帶我們步上未曾計劃、神秘、不熟悉的旅程，進到我們靈魂深處。我們在那裡跌跌撞撞地蹣跚走過哀慟的泥漿，然後抵達另外一邊。就是這樣。我要告訴你們的是，一個人可以熬過那種混亂，抵達彼岸。雖然死亡的確會結束一條生命，但絕不會結束一段關係。

帕蜜拉・D・布萊爾，二〇〇七年七月二十九日

我準備開始寫這部分時，想到丈夫若是讀到我每天仍會想一會兒喬治時，不知有什麼感覺。如果我承認那些跟失去喬治有關的想法和感覺時，他會覺得我背叛了愛情嗎？你們當中很多人讀到這裡也會這麼想。但是那些曾經失去配偶又再婚的人，一定懂我的意思。喬治永遠都會是我個人歷史和孩子們歷史中的一部分，我的現任丈夫史提芬了解這樣的歷史無法抹去，我們從中得到教訓，因而成長。就像一本教科書，我們會不時翻閱查考某件事實，再一次感受故事的強度。

喬治遽逝已經十五年。我們的兒子易安已經長大離家，在維蒙特州的伯靈頓經營一家餐廳。我忍不住想像，喬治若是某天造訪易安的生活，該會多麼引以為傲。

每當我想到喬治錯過了兒子的生活，總會很激動。但他眞的錯過了嗎？他是不是在「那兒」俯瞰著他，並且得意地微笑呢？是的，我相信正是這樣。

女兒艾咪（喬治的繼女）跟她兒子德瑞克住得離我們很近。她記得喬治是個很棒的人，進入她生命，給了她生父不曾給過的擁抱和仁慈話語。我喜歡想像喬治的能量包圍著她。她和我

常常一起追憶喬治。易安若被我們推一把，也會談起對父親的回憶。他的臥室掛了一幅放大的父親照片，以及父親去世前不久，他在父親節寫的關於父親的文章。他不願意忘記。

我的丈夫史提夫盡全力填補父親的空位，我對他充滿感激。在二十四年的幸福婚姻後，我們正計劃退休。以我的年齡而言，死亡在我的家人與朋友身上將越來越真實。我知道自己會度過那些時刻，然後變得更堅強。我知道當我跌倒時，跟諸位親愛的讀者一樣的人會提供幫助與扶持，把我拉起來；在我走向不可知的未來時，你們會激勵我。

《我還沒準備說再見》是我的第一本書，我非常感謝合作者和我一起重頭到尾把這個計劃完成。不過，這不是結束。我已經寫了另外一本書《以後五十年》（*The Next Fifty Years*），並且會一直寫下去。但是，不論我寫了多少本，此書在我心中將永遠有一個特別的位置；喬治也是一樣。

願你們在只有黑暗的地方看見亮光，
在只有失望的地方看見希望，
願你們的恐懼被信心與洞見取代，
願你在挫敗中感到有些許勝利
以及一張將我們都編織進去的神聖網絡。
最重要的是，
願你縱使被黑暗圍繞，
依然保有愛生命的能力。

附　錄

聯絡清單

以下清單提供你需要聯絡的對象。建議你把這份清單交給幫你忙的人，做好必要的聯絡。

＊首先找一個能幫你忙的人，請他幫你打必要的電話，有問題再問你。

＊找一家葬儀社幫你安排喪葬事宜。訂好葬禮與追思儀式的時間。

＊聯絡相關宗教儀式主持人。如有必要，也先找好司儀。

＊如果是土葬，請選好抬棺人。

＊列一個必要通知者名單。找出逝者的通訊錄，以便取得電話號碼和決定其他可能需要通知的人。

＊接洽刊登訃聞的報紙。訃聞通常包括以下內容：年齡、死因、出生地點、職業、教育背景、軍旅經驗、傑出成就、遺屬，以及喪禮的時間與地點。

＊選擇一個接受禮物或奠儀的基金會或慈善機構。

＊通知投保的所有保險公司或有死亡撫恤的機構。

＊及時聯絡債權人。保險公司可能會取消一些貸款。其他貸款請商洽新的付款方法。

＊如果逝者是獨居，就聯絡房東和水電等公用設施單位。找一些人幫忙把遺物搬出住處。

＊如果逝者有留下遺囑，就聯絡律師和遺囑執行者。如果沒有遺囑，可請教律師。

邀請扶持團體聚會邀請函（樣本）

我們舉以下的信爲例（請見下頁），介紹一種具有創意的組織扶持團體的方式。

這封信是由遽逝者凱瑟琳的姐姐凱倫撰寫。凱瑟琳在長期癌症與精神疾病折磨下自殺而死。這封信的信紙一角印著T．S．艾略特的話：「我們所謂的開始往往是結束。做一個了結也就是起了一個開始。結束正是我們開始的地方。」

各位親朋好友：

過去幾週我與各位之中一些人談到凱瑟琳之死對各位的影響，那些討論幫助了我對付自己的哀傷。

有幾個人提到自己總是忙得沒有時間體會自己的感覺，更別說處理這個悲劇帶來的失落感。世界上很多社會都有幫助民眾度過艱苦哀傷過程的儀式，而我們這個進步的社會才剛開始了解自己這方面的不足。為了克服情緒孤立，我們的社會把協助我們處理哀慟的工作交給了心理諮商專家與精神醫療機構。這些機制有其價值，但我覺得另一個有用的做法或許是讓凱瑟琳生活圈的成員們聚在一起，大家坐下來談談，藉以療傷止痛。

凱瑟琳死亡的方式留給我們許多疑問。我跟各位當中的幾位談過這些疑問後，覺得大家一起討論或許有助所有人都找到內心的平靜。

附上凱瑟琳去世當晚，艾伯尼醫院給我們的報告。我們發現，定期閱讀這些資料，有助檢視自己療癒的進展。

如果凱瑟琳曾經接受過安寧照顧，他們就會為家屬提供一個評估哀慟進程的架構。凱瑟琳的精神疾病確實已無可救藥。為了讓大家順利走過哀慟，我打算召集以下幾次聚會。

另外，身為凱瑟琳的家人，我們打算將她的生命歷程整理出來。你若能提供曾與凱瑟琳的交往經驗，我們就可以將這些點點滴滴融入她的人生故事中。

謝謝你們花時間打電話來，期待進一步討論，讓我們得到更多啓發。

哀慟聚會的時間和地點：

1月27日星期六，凱瑟琳去世三個月

4月27日星期六，凱瑟琳去世六個月

7月27日星期六，凱瑟琳去世九個月

10月27日星期六，凱瑟琳去世一年

第一年是體會到空虛與尋找填補方式的時候，日子十分難熬。如果你無法參加這些聚會，我請求你找時間自己追憶過往。

請回覆此信，告訴我你能否參加聚會。

你們之中有些人了解凱瑟琳對於美國原住民文化的興趣，因而可能記得她提過原住民與「自己所有人際關係」的交流習慣。也就是說，我們都是一個網絡或社群的一部分。一張網當中的一根線斷了，就會出現一個破洞，除非有人來補好破洞，否則斷線就在那裡飄蕩。我們如何修復破網，跟我們是怎樣的人、以及彼此如何互相扶持有關。謝謝你們願意提供安慰以及接受安慰。但願我們最初受到打擊時那引起我們極大痛苦的回憶，經過一段時間以後，能夠化為明顯的慰藉，以及成長的養分。

祝福各位，

愛你們的凱倫

感謝語

帕蜜拉・D・布萊爾

感謝Charlotte Tomaino醫生、Kathy Murphy，以及創傷性腦部傷害（TBI）的每個人。感謝Gary Leistico、Patricia Ellen、Alyce Branum、Carl 和 Wilma Machover夫婦，以及Delores Paddie和Keri的啓發。感謝我的孩子艾咪、易安，以及瑞秋的參與。感謝外子史提夫，我眞心感謝你相信我。感謝妹妹瑪麗蓮・豪斯頓不斷地支持與提供意見。我要大大感謝所有來找我諮商而啓發我的病友們，以及那些在我深受煎熬時幫助我的人。感謝我的寫作夥伴與靈性伴侶布蕾克・諾爾，我感激你的識見、才能、還有從此書醞釀到完成的堅持。

最後，感謝那些我不論見過與沒見過的能爲本書做見證的人。

布蕾克・諾爾

本書第一版從發想到出版的過程頗爲孤單。對於新版能夠找到Sourcebooks出版社這麼熱情、體貼、才華洋溢、深思遠慮的團隊，我充滿感激。你們太棒了。特別要謝謝Dominique、Barb、Peter和Todd的貢獻，使這段過程有了結果。感謝我的編輯Shana，謝謝妳從頭到尾的耐性、尊重、鼓勵的話，以及智慧。你正是我心目中理想的編輯。

還有Sara Parrow，感謝你為我的生命領航。特別是一九九七年與二〇〇年，你的友情是我生命中一筆很大的財富。感謝Mary Ann Klotz陪我走過生命幽暗期。感謝所有凱樂柏的朋友，特別是Rob、Steve與Jeremy，謝謝你們守護我們，成為家中的一份子。感謝帕蜜拉·D·布萊爾，遇到妳實在太幸運了。謝謝妳在我療傷止痛期間與這本書寫作過程中給我的指導、幫助、意見、扶持與合作。

我要感謝我的家庭。安迪：謝謝你不論生活的高潮與低潮都在我身邊。我的世界分崩離析時，你讓我有一個穩妥的臂膀可以依靠。山米：十年前我寫第一版時，你是每天讓我看到生命美麗的小天使。這些年來，你愈來愈像天使，依舊是我最大的喜悅。還有媽媽，謝謝你在我跌宕起伏的生命中給我的愛與支持，你是最棒的母親，我全心全意愛你。

橡樹林文化❖❖眾生系列❖❖書目

JP0001	大寶法王傳奇	何謹◎著	200元
JP0002X	當和尚遇到鑽石（增訂版）	麥可・羅區格西◎著	360元
JP0003X	尋找上師	陳念萱◎著	200元
JP0004	祈福 DIY	蔡春娉◎著	250元
JP0006	遇見巴伽活佛	溫普林◎著	280元
JP0009	當吉他手遇見禪	菲利浦・利夫・須藤◎著	220元
JP0010	當牛仔褲遇見佛陀	蘇密・隆敦◎著	250元
JP0011	心念的賽局	約瑟夫・帕蘭特◎著	250元
JP0012	佛陀的女兒	艾美・史密特◎著	220元
JP0013	師父笑呵呵	麻生佳花◎著	220元
JP0014	菜鳥沙彌變高僧	盛宗永興◎著	220元
JP0015	不要綁架自己	雪倫・薩爾茲堡◎著	240元
JP0016	佛法帶著走	佛朗茲・梅蓋弗◎著	220元
JP0018C	西藏心瑜伽	麥可・羅區格西◎著	250元
JP0019	五智喇嘛彌伴傳奇	亞歷珊卓・大衛－尼爾◎著	280元
JP0020	禪　兩刃相交	林谷芳◎著	260元
JP0021	正念瑜伽	法蘭克・裘德・巴奇歐◎著	399元
JP0022	原諒的禪修	傑克・康菲爾德◎著	250元
JP0023	佛經語言初探	竺家寧◎著	280元
JP0024	達賴喇嘛禪思365	達賴喇嘛◎著	330元
JP0025	佛教一本通	蓋瑞・賈許◎著	499元
JP0026	星際大戰・佛部曲	馬修・波特林◎著	250元
JP0027	全然接受這樣的我	塔拉・布萊克◎著	330元
JP0028	寫給媽媽的佛法書	莎拉・娜塔莉◎著	300元
JP0029	史上最大佛教護法－阿育王傳	德千汪莫◎著	230元
JP0030	我想知道什麼是佛法	圖丹・卻淮◎著	280元
JP0031	優雅的離去	蘇希拉・布萊克曼◎著	240元
JP0032	另一種關係	滿亞法師◎著	250元

JP0033	當禪師變成企業主	馬可・雷瑟◎著	320元
JP0034	智慧81	偉恩・戴爾博士◎著	380元
JP0035	覺悟之眼看起落人生	金菩提禪師◎著	260元
JP0036	貓咪塔羅算自己	陳念萱◎著	520元
JP0037	聲音的治療力量	詹姆斯・唐傑婁◎著	280元
JP0038	手術刀與靈魂	艾倫・翰彌頓◎著	320元
JP0039	作為上師的妻子	黛安娜・J・木克坡◎著	450元
JP0040	狐狸與白兔道晚安之處	庫特・約斯特勒◎著	280元
JP0041	從心靈到細胞的療癒	喬思・慧麗・赫克◎著	260元
JP0042	27%的獲利奇蹟	蓋瑞・賀許伯格◎著	320元
JP0043	你用對專注力了嗎？	萊斯・斐米博士◎著	280元
JP0044	我心是金佛	大行大禪師◎著	280元
JP0045	當和尚遇到鑽石2	麥可・羅區格西◎等著	280元
JP0046	雪域求法記	邢肅芝（洛桑珍珠）◎口述	420元
JP0047	你的心是否也住著一隻黑狗？	馬修・約翰史東◎著	260元
JP0048	西藏禪修書	克莉絲蒂・麥娜麗喇嘛◎著	300元
JP0049	西藏心瑜伽2	克莉絲蒂・麥娜麗喇嘛◎等著	300元
JP0050	創作，是心靈療癒的旅程	茱莉亞・卡麥隆◎著	350元
JP0051	擁抱黑狗	馬修・約翰史東◎著	280元
JP0052	還在找藉口嗎？	偉恩・戴爾博士◎著	320元
JP0053	愛情的吸引力法則	艾莉兒・福特◎著	280元
JP0054	幸福的雪域宅男	原人◎著	350元
JP0055	貓馬麻	阿義◎著	350元
JP0056	看不見的人	中沢新一◎著	300元
JP0057	內觀瑜伽	莎拉・鮑爾斯◎著	380元
JP0058	29個禮物	卡蜜・沃克◎著	300元
JP0059	花仙療癒占卜卡	張元貞◎著	799元
JP0060	與靈共存	詹姆斯・范普拉◎著	300元
JP0061	我的巧克力人生	吳佩容◎著	300元
JP0062	這樣玩，讓孩子更專注、更靈性	蘇珊・凱瑟・葛凌蘭◎著	350元
JP0063	達賴喇嘛送給父母的幸福教養書	安娜・芭蓓蔻爾・史蒂文・李斯◎著	280元

眾生系列 JP0064X

我還沒準備說再見：突然失去摯愛後，你可以這樣療癒自己

作　　者／布蕾克・諾爾（Brook Noel）&帕蜜拉・D・布萊爾（Pamela D. Blair）
譯　　者／馬勵
編　　輯／陳芊卉
版面構成／歐陽碧智
封面設計／兩棵酸梅
業　　務／顏宏紋
印　　刷／中原造像股份有限公司

發 行 人／何飛鵬
事業群總經理／謝至平
總 編 輯／張嘉芳
出　　版／橡樹林文化
城邦文化事業股份有限公司
115台北市南港區昆陽街16號4樓
電話：(02)2500888#2738　傳眞：(02)25001951
發　　行／英屬蓋曼群島家庭傳媒股份有限公司城邦分公司
115台北市南港區昆陽街16號8樓
客服服務專線：(02)25007718；(02)25007719
24小時傳眞專線：(02)25001990；(02)25001991
服務時間：週一至週五上午09:30～12:00；下午1:30～17:00
劃撥帳號：19863813；戶名：書虫股份有限公司
讀者服務信箱：service@readingclub.com.tw
城邦讀書花園網址：www.cite.com.tw
香港發行所／城邦（香港）出版集團有限公司
香港九龍土瓜灣土瓜灣道86號順聯工業大廈6樓A室
電話：(852)25086231　傳眞：(852)25789337
E-mail：hkcite@biznetvigator.com
馬新發行所／城邦（馬新）出版集團【Cité(M) Sdn.Bhd.(458372 U)】
41, Jalan Radin Anum, Bandar Baru Seri Petaling,
57000 Kuala Lumpur, Malaysia.
電話：(603)90563833　傳眞：(603)90576622
E-mail：services@cite.my

初版一刷／2012年2月
二版二刷／2024年9月
ISBN／978-986-06415-0-9
定價／400元
城邦讀書花園
www.cite.com.tw

國家圖書館出版品預行編目資料

我還沒準備說再見：突然失去摯愛後，你可以這樣療癒自己/ 布蕾克·諾爾(Brook Noel), 帕蜜拉·D·布萊爾(Pamela D. Blair)著；馬勵譯. -- 二版. -- 臺北市：橡樹林文化，城邦文化出版：家庭傳媒城邦分公司發行, 2021.04
面； 公分. --（眾生系列；JP0064X）
譯自：I wasn't ready to say goodbye : surviving, coping, and healing after the sudden death of a loved one
ISBN 978-986-06415-0-9（平裝）

1. 失落　2. 死亡

176.52　　110005043